Kulturtheorien zur Einführung

Für Cornelia Vismann
26. Mai 1961 – 28. August 2010

Iris Därmann

Kulturtheorien zur Einführung

JUNIUS

Junius Verlag GmbH
Stresemannstraße 375
22761 Hamburg
www.junius-verlag.de

Umschlaggestaltung: Florian Zietz
Titelbild: Zwei Arbeiterinnen umwickeln einen Draht mit Wolle © Pictura Paedagogica Online
Satz: Junius Verlag GmbH
Printed in the EU 2017
ISBN 978-3-88506-688-0
(zur Einführung; 388)
3., unveränderte Auflage 2017

Bibliografische Information der Deutschen Nationalbibliothek
Die Deutsche Nationalbibliothek verzeichnet diese Publikation in der Deutschen Nationalbibliografie; detaillierte bibliografische Daten sind im Internet über http://dnb.d-nb.de abrufbar.

Zur Einführung ...

... hat diese Taschenbuchreihe seit ihrer Gründung 1978 gedient. Zunächst als sozialistische Initiative gestartet, die philosophisches Wissen allgemein zugänglich machen und so den Marsch durch die Institutionen theoretisch ausrüsten sollte, wurden die Bände in den achtziger Jahren zu einem verlässlichen Leitfaden durch das Labyrinth der neuen Unübersichtlichkeit. Mit der Kombination von Wissensvermittlung und kritischer Analyse haben die Junius-Bände stilbildend gewirkt.

Von Zeit zu Zeit müssen im ausufernden Gebiet der Wissenschaften neue Wegweiser aufgestellt werden. Teile der Geisteswissenschaften haben sich als Kulturwissenschaften reformiert und neue Fächer und Schwerpunkte wie Medienwissenschaften, Wissenschaftsgeschichte oder Bildwissenschaften hervorgebracht; auch im Verhältnis zu den Naturwissenschaften sind die traditionellen Kernfächer der Geistes- und Sozialwissenschaften neuen Herausforderungen ausgesetzt. Diese Veränderungen sind nicht bloß Rochaden auf dem Schachbrett der akademischen Disziplinen. Sie tragen vielmehr grundlegenden Transformationen in der Genealogie, Anordnung und Geltung des Wissens Rechnung. Angesichts dieser Prozesse besteht die Aufgabe der Einführungsreihe darin, regelmäßig, kompetent und anschaulich Inventur zu halten.

Zur Einführung ist für Leute geschrieben, denen daran gelegen ist, sich über bekannte und manchmal weniger bekannte Autor(inn)en und Themen zu orientieren. Sie wollen klassische

Fragen in neuem Licht und neue Forschungsfelder in gültiger Form dargestellt sehen.

Zur Einführung ist von Leuten geschrieben, die nicht nur einen souveränen Überblick geben, sondern ihren eigenen Standpunkt markieren. Vermittlung heißt nicht Verwässerung, Repräsentativität nicht Vollständigkeit. Die Autorinnen und Autoren der Reihe haben eine eigene Perspektive auf ihren Gegenstand, und ihre Handschrift ist in den einzelnen Bänden deutlich erkennbar.

Zur Einführung ist in verstärktem Maß ein Ort für Themen, die unter dem weiten Mantel der Kulturwissenschaften Platz haben und exemplarisch zeigen, was das Denken heute jenseits der Naturwissenschaften zu leisten vermag.

Zur Einführung bleibt seinem ursprünglichen Konzept treu, indem es die Zirkulation von Ideen, Erkenntnissen und Wissen befördert.

Michael Hagner
Dieter Thomä
Cornelia Vismann

Inhalt

I. Zum Auftakt

Das Haus und die Verwandtschaft, das Opfer, die Küche und die Magie, das Spiel und die Dinge, Ritualität, Performativität und Theatralität sind in dieser Einführung Themen einer Geschichte der Kulturtheorien. Dabei liegt der Akzent auf solchen Theorien, die sich mit kulturellen Praktiken, mit Riten, Prozeduren, Kultur-, Reproduktions- und Körpertechniken auseinandersetzen. Zugleich werden die Klassiker der modernen Kulturtheorie, John L. Austin, Roland Barthes, Roger Caillois, Norbert Elias, Arnold van Gennep, Erving Goffman, Martin Heidegger, Johan Huizinga, Jacques Lacan, Claude Lévi-Strauss, Marcel Mauss, Friedrich Nietzsche, Georg Simmel, Victor Turner, Jean-Pierre Vernant u.a., in eine Transformationsbeziehung zu den einschlägigen Autoren der Antike und der Neuzeit gestellt.

Im Rekurs auf diese Kulturtheorien der Praktiken rücken zwei systematische Gesichtspunkte in den Vordergrund. Zum einen geht es um die sozialitäts- und beziehungsstiftenden Aspekte: Intersubjektivität, Sozialität, Gemeinschaft oder Gesellschaft sind nicht einfach gegeben, haben nicht von sich aus eine dauerhafte und stabile Existenz, sondern müssen durch verschiedene kulturelle Praktiken je von Neuem hergestellt, unterhalten, unterbrochen oder abgeschlossen werden. Wie gelingt es den Praktiken, soziale Beziehungen und Gemeinschaftsformen in ihren unterschiedlichen Konfigurationen herzustellen oder sie zu widerrufen? Wie werden soziale Ungleichheiten gesetzt und stabilisiert, wie wird jemand in Ämter und Positionen eingeführt?

Zum anderen stehen die Grenzziehungen zwischen Natur und Kultur und die Differenzen zwischen Tieren, Menschen und Göttern infrage. Durch welche Sprechakte, Rituale und Techniken werden anthropologische Grenzen und zoologische Hierarchien eingeführt und aufrechterhalten? Durch welche Prozesse und gewalttätigen Akte vollzieht sich der Übergang vom Tierreich zur Dimension des Menschen, vom Naturzustand zum Gesellschaftszustand? Auch wenn man die These von einer westliche »Priorität der Kultur vor der Natur«[1] nicht einfach unterschreiben kann, so gibt es keinen Schritt vor die Kultur zurück. Trifft es vielmehr zu, dass sich Natur nicht frontal zeigt, sondern dass wir uns je schon *in* Kultur befinden, dann wird zugleich die Frage virulent, wie Grenzen, Ränder und Schwellen bei allen reproduktiven Vollzügen immer wieder in Richtung Natur überschritten, wie sie vervielfältigt und destabilisiert werden.

Für zahlreiche Anregungen und Zuspruch danke ich herzlich: Friedrich Balke, Hartmut Böhme, Kathrin Busch, Nacim Ghanbari, Albrecht Koschorke, Susanne Lüdemann, Thomas Macho, Kirsten Mahlke, Maria Muhle, Günther Ortmann, Leander Scholz, Marcus Twellmann, den Studierenden am Institut für Kulturwissenschaft der Humboldt-Universität sowie den Mitgliedern meiner Forschergruppe *Cultural Theory and its Genealogies*: Anna Echterhölter, Nina Franz, Marco Heiter, Stefanie Klamm, Rebekka Ladewig, Evke Rulffes, Caroline Schaper und dem Berliner Exzellenzcluster *Topoi. The Formation and Transformation of Space and Knowledge in Ancient Civilizations*.

Die Anregung, dieses Buch zu schreiben, verdanke ich Cornelia Vismann. Ihr ist es deshalb gewidmet.

Hamburg und Berlin, im Januar 2011

II. Küche und Tischgemeinschaft

Essen und Trinken sind elementare Bedürfnisse und alltägliche Praktiken.[2] Von wenigen Ausnahmen abgesehen, hat die europäische Philosophie das Essen ganz auf die Seite des Körpers und der Natur geschlagen und den Akt der Nahrungsaufnahme auf einen asozialen und natürlichen Vorgang reduziert, der bloß der eigenen Selbsterhaltung dient.[3] Damit hat sie nicht nur die sozialen und kulturellen Dimensionen der Küche und des Essens marginalisiert, sondern auch die gastfreundlichen Dimensionen der Tischgemeinschaft unkenntlich gemacht. Die Kulturwissenschaft, die ausdrücklich vom »Kulturphänomen und Kulturthema Essen«[4] spricht, hat die Nahrungsaufnahme vom Anschein einer unveränderlichen Natur und Geburtsausstattung befreit. Bereits ein rascher Blick auf die historisch-kulturell unterschiedliche Art, Menge, Zubereitung und Gestaltung, die Teilung, Präsentation, Abfolge und Aufnahme der Nahrung zeigt, dass wir es mit einem *fait social total* im Sinne Marcel Mauss' zu tun haben: Im Essakt, in der Tischgemeinschaft und in der Küche – als Ort der Zubereitung der Nahrung und »Kostform«[5] zugleich – treffen soziale, rechtliche, religiöse, ökonomische, medizinische, ethische, sexuelle, affektive, imaginäre, symbolische, verwandtschaftliche, technische und ästhetische Dispositive aufeinander, die sich wechselseitig verstärken, organisieren, verdrängen oder abschwächen können. Die jeweilige Küche ist zudem ein *fait de civilisation*,[6] auf das keine Kultur oder Nation exklusive Besitzrechte anmelden kann. Es ist immer schon Produkt interkultureller Wechselwirkungen, Gabentäusche und Entlehnungen. Als grenzüberschreitendes Reisephänomen ist es zur kulturellen Migration, Wanderschaft und Aneignung bestimmt. Die institutionelle Verkörperung der Nahrungsaufnahme in Gestalt der Mahlzeit und Tischgemeinschaft fungiert ferner als Darstellungs- und Repräsentationssystem, das politische Verhältnisse, kulturelle Standards, religiöse Glaubensvorstellungen und soziale Wirklichkeiten inszenieren, transformieren und hervorbringen kann. Die Tafel ist der Ort, an dem die Nahrung und die alimentäre Gemeinschaft zu Bildern und zu hergerichteten Szenen in eben jenem Sinne werden, in dem »man sagt: Der Tisch ist hergerichtet«, es ist angerichtet.[7] Die arbiträre Definition dessen, was als Essbares und was als Nicht-Essbares gilt, das (mythische) Inventar der Gegensätze, die differenzielle Anordnung, Zubereitung, Reihenfolge[8] der Speisen, Gerüche, Aromen und Gewürzmittel kann in strukturalistischer Manier selbst als Zeichensystem und als eine Art Sprache betrachtet werden. Die Kulturphänomene der Mahlzeit und der Küche erweisen sich als komplexe soziale Organisationssysteme, in denen zentrale Differenzen und Grenzziehungen zwischen Wildheit und Zivilisation, Mensch und Tier, Mann und Frau markiert werden, wie im Folgenden mit Claude Lévi-Strauss' *Kleiner Abhandlung in kulinarischer Ethnologie*, Georg Simmels *Soziologie der Mahlzeit* und mit Seitenblicken auf Norbert Elias' *Prozeß der Zivilisation* deutlich gemacht werden soll. Bei Lévi-Strauss steht vor allem das Problem des Verhältnisses von Natur und Kultur hinsichtlich des Ursprungs der Küche und der Tischsitten infrage; bei Simmel und Elias die kulturalisierenden und sozialitätsstiftenden Aspekte der Mahlzeit. Das bietet Stoff für einige abschließende Überlegungen zur Mahlzeit heute.

II.1 Kulinarische Ethnologie

In seinen vierbändigen *Mythologica* widmet sich Claude Lévi-Strauss der vergleichenden Untersuchung von insgesamt 813 Mythen indianischer Gesellschaften aus der südlichen und nördlichen Hemisphäre Amerikas. Das Feld der Mythen erweist sich als jener ausgezeichnete Bereich, an dem sich eine Logik der sinnlichen Qualitäten und Differenzen – der Farben, Aromen, Gewürze, Geschmacksmittel, Geräusche, der Rausch- und Genussmittel – explizieren lässt, welche die in der westlichen Philosophie klassisch gewordene Opposition von Sensiblem und Intelligiblem, von Mythos und Logos, überwindet. Der Mythos offenbart kein prälogisches, stammelndes, primitives und defizitäres Denken. Die sinnlichen Qualitäten bilden vielmehr dasjenige Medium, in dem und mit dem auf ebenso abstrakte wie kohärente Weise gedacht wird.[9] Im mythischen wie im wissenschaftlichen Denken ist die gleiche Logik am Werk: Menschen haben »allezeit gleich gut gedacht«.[10] Beim Mythos handelt es sich um eine Ursprungs- und Gründungserzählung ohne Subjekt und ohne identifizierbaren Autor. In seinen Transformationsanalysen der Mythen möchte Lévi-Strauss daher zeigen, »wie sich die Mythen in den Menschen ohne deren Wissen denken«, und genauer noch: dass und wie sich »die Mythen auf gewisse Weise *untereinander* denken«.[11] Dabei operiert Lévi-Strauss mit der semiologischen Einsicht, dass die Mythen als eine Sprache in Betracht zu ziehen sind, mittels deren eine Gesellschaft unbewusst ihre je eigene Struktur zum Ausdruck bringt und ihre inhärenten Widersprüche bzw. Konflikte »verschleiert« (AkE 532). Mythen sind Organisationsmodelle für »Aporien«.[12] Damit sind sie nicht autonom, stehen sie nicht außerhalb der Realität, sondern bilden einen formalen alimentären Rahmen, um Gegensätze anderer Art, nämlich kosmologische, soziologische, politische, anthropologische oder geschlechtsspezifische darzustellen (AkE 512), wie die unzähligen Variationen und Transformationen der süd- und nordamerikanischen Mythen über den Ursprung der Küche und der Tischsitten zeigen.[13] Sie bewegen sich dabei in einem semantischen Feld, das von den Kategorien des Rohen, Gekochten und Verfaulten einerseits und den Kategorien des Gebratenen, Geräucherten und Gesottenen andererseits abgesteckt wird, wie ein entscheidendes Resultat des aufwendigen strukturalen Mythenvergleichs lautet.

Das kulinarische Ausgangsdreieck von Lévi-Strauss geht auf die mythische Erkenntnis zurück, dass sich die Nahrung für den Menschen in drei wesentlichen Modalitäten zeigt: »Sie kann roh, gekocht oder verfault sein. In bezug auf die Küche bildet der rohe Zustand den nicht ausgeprägten Pol, während die beiden anderen stark ausgeprägt sind, jedoch in entgegengesetzten Richtungen: das Gekochte als kulturelle Verwandlung des Rohen, und das Verfaulte als dessen natürliche Verwandlung. Dem Hauptdreieck liegt also ein doppelter Gegensatz zwischen *verarbeitet/unverarbeitet* einerseits und *Kultur/Natur* andererseits zugrunde.« (AkE 511) Dabei unterliegt es einer großen Bandbreite von Interpretationen, was eine Kultur jeweils unter diesen drei alimentären Zuständen versteht. Das Rohe ist niemals ganz roh, sondern weist stets gewisse Spuren der Bearbeitung und Zubereitung auf: des Waschens, Schälens, Schneidens, Würzens usf., Bearbeitungsformen, die unter dem Einfluss einer anderen Kultur erweitert oder begrenzt werden können. Und ebenso weist die Kategorie des Verfaulten eine gewisse Variationsfülle auf, die zwischen der kostbaren Delikatesse und dem schlechterdings Ungenießbaren und Ekelerregenden oszilliert (AkE 512). Was schließlich für eine bestimmte Kultur jeweils »gekocht« bedeutet, birgt ebenfalls große Spielräume, wie etwa ein Blick in jene Kochbücher verrät, welche im 16. Jahrhundert in Italien und Frankreich aufkommen und der Erfindung nationaler oder besser: nationalisierender Küchen Vorschub leisten. Hier kommt alles darauf an, *wie* etwas gekocht wird, das heißt wie lange oder kurz, ob weichgekocht oder *al dente*, in welchen Behältern, mit welchen Zutaten, von wem und für wen gekocht wird. Für viele Kulturen bilden das Gesottene und das Gebratene wiederum zwei gegensätzliche Modi des Gekochten, die dem Verfaulten einerseits und dem Rohen andererseits nahestehen. Mit seiner Affinität zum Rohen und Unverarbeiteten scheint das Gebratene eher auf der Seite der Natur als auf der Seite der Kultur zu stehen. Nicht zufällig muss das Roastbeef oder Steak, zumindest so, wie wir es genießen, von innen »blutig« und nur von außen angebraten, kurz: *à point* sein, wie man in Frankreich zu sagen pflegt: »(wörtlich: auf dem Punkt, genau richtig), was eigentlich mehr eine Grenze anzugeben heißt als einen abgeschlossenen Zustand«.[14] Da es beim Braten zu einem unmittelbaren Kontakt, zu einem »nicht vermittelten Verhältnis« zwischen Nahrung und Feuer kommt, steht das Gebratene real und symbolisch auf der Seite der Natur, während das Gesottene als »kulturelle Verwandlung« des Rohen sowohl real als auch symbolisch der Kultur zugeordnet wird. Real, da das Kochen ein Gefäß, das heißt ein Artefakt voraussetzt, symbolisch, weil das Element des Wassers, das zum Kochen benötigt wird, mit dem Element des Feuers, das den Garprozess bewirkt, vermittelt ist. Diese Vermittlungsform entspricht dem grundlegenden Einsatz der Kultur, der eine Vermittlung zwischen Mensch und Welt zuwege bringt (AkE 514 f.). In derselben Weise, in der das Gebratene Bezüge zum Rohen und Unverarbeiteten aufrechterhält, weist das Gesottene eine Familienähnlichkeit mit dem Verfaulten auf, das einer natürlichen Bearbeitung des Rohen entspricht. Diese Ähnlichkeit wird schlagend bei Rezepten für das *pot pourri*, den Pfeffertopf oder Eintopf, die empfehlen, Fleisch und Gemüse zusammen über einen langen Zeitraum möglichst zu Brei zu zerkochen (AkE 515). Hier führt, was zunächst paradox anmutet, eine kulturelle Technik zu einem quasi-natürlichen Resultat (AkE 523). Mit dem Gegensatz zwischen dem Gebratenen und Gesottenen verbindet sich eine Fülle weiterer Gegensätze, die in den einschlägigen Mythen, Riten und in den alltäglichen Praktiken der Küche (AkE 516) je von Neuem gesetzt, inszeniert und aufrechterhalten werden: so der Gegensatz zwischen Innen und Außen, da das Gesottene von innen mit einem Behälter gekocht und die jeweilige Nahrung von außen gebraten wird. Innen und Außen können mit dem Gegensatz von Familien- und Fest- bzw. Repräsentationsessen zusammenfallen: Das Suppenhuhn ist für den inneren Kreis der Familie bestimmt, der Braten hingegen für Gäste und den größeren Kreis der Verwandten. Ferner können sie sich mit einer geschlechtsspezifischen Nahrungszubereitung und Nahrung verbinden, die von Kultur zu Kultur variiert: Fleisch gegen Gemüse, virile Grillküche im Garten gegen weibliche Salat- und Dessertzubereitung in der Küche, Wildnis und Jagd gegen Dorf und Agrikultur. In unserer Kultur ist vor allem der Mann derjenige, der Tiere schlachtet, tötet und, zumindest im Freien, auch zubereitet. Männer sind Fleischesser, »die virile Kraft des erwachsenen Mannes, Vaters, Gemahls oder Bruders« geht auf das Fleischessen zurück: Auch heute muss »der Chef [...] Fleischesser sein«[15]. Desgleichen lassen sich soziale bzw. politische Distinktionen mithilfe des Gegensatzes zwischen Gebratenem und Gesottenem akzentuieren: Da das Braten mit dem Verlust des Fleischsaftes und das heißt mit einer gewissen Form von Vergeudung einhergeht, kann es als aristokratische Form der Zubereitung gelten, während das Kochen mit Wasser auf den Erhalt des Fleischsaftes und der übrigen Zutaten zielt und daher mit Sparsamkeit und einem plebejischen Geschmack assoziiert wird. Dabei kann es wiederum zu einer Hierarchisierung von bestimmten Distinktionsmerkmalen kommen, um eine Spannung zwischen widerstreitenden Distinktionsanforderungen auszuhebeln. Die in unseren Breitengraden vorherrschende Zuordnung der Frau zur Küche kann zugunsten aristokratischer Repräsentationspflichten oder im Namen des Prestigestrebens der Mittelklasse aufgehoben werden. So galt das Kochen in viktorianischen Haushalten in der Mitte des vorletzten Jahrhunderts als nicht *ladylike*. Die Entfernung der Dame des Hauses aus der Küche aufgrund des Zwangs zur Vornehmheit und zum Müßiggang ging so weit, dass sie ihre Küche noch nicht einmal betreten durfte, um ihren Bediensteten Anweisungen zu geben.[16]

Das kulinarische Dreieck mit den Kategorien des Rohen, Gekochten und Verfaulten, das Lévi-Strauss mit den beiden gegensätzlichen Modi des Gekochten – dem Gebratenen einerseits und dem Gesottenen andererseits – verschränkt und jeweils dem Rohen und dem Verfaulten zugeordnet hat, wird in einem letzten Schritt durch die Kategorie des Geräucherten komplettiert. Das Geräucherte wird wiederum mit dem kulturellen Optimum des Gekochten in Verbindung gebracht und steht in einem differenziellen Verhältnis zu seinen beiden Gegenpolen. Wie das Braten, so kann auch das Räuchern als eine nicht vermittelte Vermittlung verstanden werden, da es ohne Behälter und ohne Wasser auskommt. In beiden Fällen befindet sich zwischen Nahrung und Feuer nichts weiter als Luft. Beim Braten ist die Distanz freilich auf ein Minimum reduziert, beim Räuchern auf ein Maximum angelegt (AkE 522). Zu dem Oppositionspaar *nah/fern* gesellt sich dasjenige von *schnell/langsam*: Das Braten erfordert wenige Minuten, das Räuchern dauert tagelang. Während der Bratenvorgang ohne Gerät vonstattengehen kann, ist das Räuchern auf ein Artefakt wie das Räucherrost angewiesen und verweist somit auf das Kochen mit Wasser, das eines Behälters bedarf. In den indianischen Kulturen (z.B. der Guayana) macht Lévi-Strauss einen praktischen Unterschied im Umgang mit den kulturellen Geräten des Räucherns und Kochens ausfindig, der den binären Abstand, der ansonsten zu wenig ausgeprägt geblieben wäre, in eindeutiger Weise markiert: Töpfe und Kessel sind Gegenstände besonderer Achtsamkeit, die jeweils an die nachfolgende Generation vererbt werden. »Der Räucherrost dagegen muß sofort nach Gebrauch zerstört werden, sonst würde das Tier sich rächen und seinerseits den Jäger räuchern.« (AkE 522)

Das komplementär verdoppelte kulinarische Dreieck weist eine verwirrende Vielfalt von differenziellen Bezügen auf, die die strikte Unterscheidung und die Achse zwischen Kultur und Natur aus den Fugen bringen. Aus der Perspektive vieler indianischer Gesellschaften stellt das Räuchern »die abstrakte Kategorie des Gekochten dar«. In dem Maße, in dem das Gekochte auf der Seite der Kultur und das Rohe auf der Seite der Natur zu stehen kommt, ist das Räuchern die »kulturellste« Form des Kochens, da das Gesottene mithilfe der kulturellen Technik des Siedens einen Nahrungszustand erreichen kann, der dem Verfaulten entspricht, jener Modalität der Nahrung also, die durch eine natürliche Verarbeitung zustande kommt. Zwischen dem Räuchern mit Luft und dem Kochen mit Wasser besteht indes ein bemerkenswerter Parallelismus, wie Lévi-Strauss unterstreicht, und zwar im Hinblick auf die Dauer: Einmal betrifft das Merkmal der Dauer die kulturelle Technik, das andere Mal das Resultat. »Das Kochen mit Wasser vollzieht sich mittels eines Gefäßes aus Töpfererde«, das von Generation zu Generation weitergegeben wird und »zum haltbarsten aller Kulturgegenstände« gehört, während das Kochen selbst, zumindest terminologisch, mit einem Zerstörungs- bzw. Fäulnisvorgang gleichgesetzt wird. Dagegen ist das Räuchern dasjenige Verfahren, das die Nahrungsmittel für die längste Zeit der Fäulnis entzieht, während sein Artefakt, das Räucherrost, unmittelbar nach dem Gebrauch zerstört wird: »Alles sieht so aus, als würde der anhaltende Genuß eines Kulturwerks bald auf der Ebene des Ritus, bald auf der des Mythos ein Zugeständnis an die Natur nach sich ziehen: wenn das Resultat dauerhaft ist, muß das Mittel hinfällig sein – und umgekehrt.« (AkE 524) Ähnlich verhält es sich mit dem Gebratenen; von außen verbrannt, von innen blutig, »verkörpert« es »die Ambiguität des Rohen und Gekochten, der Natur und der Kultur« (AkE 524). Die Küche steht demnach nicht eindeutig auf der Seite der Kultur, sondern markiert die Grenze, den Übergang und den Zwischenraum, der Natur und Kultur zugleich voneinander trennt und miteinander verbindet: »Indem sich die Küche nach den Bedürfnissen des Körpers richtet und in jedem ihrer Modi durch die besondere Weise geprägt ist, mit der sich der Mensch ins Universum einfügt«, gehört sie zu beiden Bereichen und spiegelt sowohl die Dualität als auch ihre »notwendige Verschränkung« auf verschiedenen Ebenen und »in jeder ihrer Erscheinungen wider« (AkE 524). Das von Lévi-Strauss eingeführte zweite kulinarische Dreieck dient demnach vor allem dazu, den Gegensatz zwischen Natur und Kultur zu verschränken, um ihn in jenen Doppeldeutigkeiten, Legierungen, Übergängen und Schwellen vorzuführen, die wir beim Kochen und Essen jeweils in die eine oder andere Richtung überschreiten.

II.2 Soziologie der Mahlzeit

Die Frage der Mahlzeit hat zweifellos eine eminent soziale und politische Dimension:[17] Arme essen, so sie nicht Hungers sterben, Reiche hingegen speisen.[18] Die je bestimmte Ernährungsweise einerseits und die besondere Tischordnung andererseits bezeichnen Codes, Arenen und Austragungsorte für »Ausscheidungs- und Konkurrenzkämpfe«[19], soziale Schichtung und Differenzierung, für Abgrenzungen von oben nach unten, Stand und Person, ökonomisches und symbolisches Kapital und verfügen damit über Zugehörigkeit oder Unzugehörigkeit zu einer gesellschaftlichen Gruppe oder Kultur. In paradigmatischer Weise hat das Gerhard Baudys Analyse der griechischen Opferküche gezeigt: Indem die antike Opfergesetzgebung bestimmten Berufsständen unterschiedliche Portionen zumesse, der Tierkörper damit selbst den symbolischen Aufriss der Polis widerspiegele und die gemeinsame Opfermahlzeit »Zusammengehörigkeit und Unterschiede zwischen den Kommensalen« markiere, konstituiere die Verteilung des Fleisches je aufs Neue die sozial-hierarchische Struktur der Polis.[20] Gemeinschaftsmähler bringen (Mahl-)Gemeinschaften hervor,[21] die die Gleichrangigkeit oder aber die Ungleichheit ihrer Mitglieder betonen können. Das gemeinsame Mahl »besiegelt Friedens- und Bündnisschlüsse«,[22] ja es nimmt selbst, wie etwa im frühen Mittelalter bei den Gemeinschaftsessen der Genossenschaften, Gilden und Zünfte, bei fürstlichen Gelagen und Banketten den Charakter einer »rechtsrituellen Handlung« an, die eine friedens-, bündnis- und gemeinschaftsstiftende Funktion besitzt.[23] Dank des gemeinsamen Mahles erhalten öffentliche Beziehungen den Status von verwandtschaftlichen Beziehungen, so dass einander zuvor Fremde oder Feinde zu Brüdern werden, die sich gegenseitig Schutz für Leib und Leben zusichern. Das gilt auch und zumal für die Gesetze der Gastfreundschaft, die Fremde in Verbündete verwandeln können. In den höfischen Gesellschaften Europas tritt das rechtsrituelle Verständnis des Mahles zugunsten einer herrschaftlichen Ausrichtung zurück. Das Bankett, das Reichtum und Macht des Gastgebers zur Schau stellen soll, wird vor allem bei Krönungen zum Staatsakt.[24] An den fürstlichen Tafeln hat eine alimentäre Selbstdarstellung von Herrschaft statt, deren demonstrative Sichtbarkeit zur höfischen Kultur der Repräsentation gehört.

Mit Norbert Elias, dem an Freud und Marx geschulten Theoretiker und Historiker des europäischen Zivilisationsprozesses, lässt sich namentlich am Einsatz, der Handhabung und Positionierung des Tafelwerkzeugs, der Esstechniken und Tischsitten die Formierung der höfischen Gesellschaft im Unterschied zum bäuerlichen und bürgerlichen Milieu aufzeigen, Techniken und Sitten, deren elitäre und zugleich pazifizierende Verhaltenscodes, Gesten, Gebärden, Manieren, »Affekt- und Peinlichkeitsstandards« – Ekel, Angst, Scham – im 19. und 20. Jahrhundert schließlich zum Modell und Alltagsritual für die ›ganze‹ Gesellschaft aufsteigen sollten. Die soziale und psychische Distanz, die die Beherrschung der Tischsitten und der Essgeräte zwischen den unterschiedlichen gesellschaftlichen Schichten errichtet, prägt sie zugleich auch den höfischen Körpern im Verhältnis zu sich selbst und zu anderen Körpern auf, in deren Dunstkreis man sich möglichst nicht aufhält und mit denen auf Tuchfühlung zu gehen der einzelne, im Essen vereinzelte Körper vermeidet. An die Stelle des Essens mit den Fingern aus der gemeinsamen Schüssel treten Messer, Gabel, Löffel, der individuelle Teller und Becher, die in militärisch exakter Ordnung auf dem Tisch ausgerichtet sind und so Zwischenräume zwischen den Essenden, ja einen Raumcode der Mahlzeit schaffen. Bestecke wie Messer und Gabel sind geradezu »Inkarnationen« neu errichteter – innerer wie äußerer – Trieb- und Körperschranken.[25] Esswerkzeuge verlangsamen nicht nur die Nahrungsaufnahme und verkleinern die je verinnerlichte Nahrungsmenge; das Aufkommen der individuellen Gedecke verhindert auch Unmittelbarkeit, schaltet »jede sichtbare Berührung der gemeinsam verzehrten Speise, jede Kontamination mit [den] Körperausscheidungen« der Mitessenden aus.[26]

So heißt es in französischen und englischen Etiquettebüchern seit dem 15. Jahrhundert: »Man soll das Stück, das man schon im Munde gehabt hat, nicht wieder auf die allgemeine Schüssel legen. [...] Man soll sich nicht bei Tisch in die Hand schneuzen. [...] Reinige die Zähne nicht mit dem Messer. Spucke nicht auf oder über die Tafel.« Man soll, sagt wiederum eine deutsche Tischzucht, »nur unter den Tisch und an die Wand spucken«. »Laß dich nicht bei Tisch gehen [...] Wisch dir die Lippen ab, bevor du trinkst.« Denn stets trinken mehrere Personen aus einem Becher. »Wenn du Brot in den Wein getunkt hast, trinke ihn aus oder gieße den Rest fort. Mache deine Zähne nicht mit dem Tischtuch sauber. Biete nicht den Rest deiner Suppe an oder das Brot, von dem du schon abgebissen hast, schneuz dich nicht zu laut. Schlaf nicht bei Tisch ein.«[27] An der höfischen Tafel muss der offene dem geschlossenen Körper weichen: Schmatzen, Schlürfen, Saugen, Beißen und andere Körperäußerungen überschreiten die neu gesetzten und in der Folge habitualisierten Scham- und Peinlichkeitsgrenzen. Richtet die Aristokratie ihr elitäres Regelwerk bei Tisch und die Ästhetisierung der Tafel gegen das aufstrebende Bürgertum und dessen barbarische Tischsitten, so erfindet sich dieses mit Salon, Kaffeehaus- und Tischgesellschaft[28] seine eigene halböffentliche, halbprivate Ess- und Geselligkeitskultur, zu der Kants Kritik der Tischgesellschaft und Schleiermachers *Versuch einer Theorie des geselligen Betragens* das theoretische Konzept geliefert haben.

Die Tischgenossen sind nicht von Natur aus, nicht von Rechts wegen, sondern aufgrund der gemeinsamen kulturellen Praxis der Mahlzeit miteinander verbunden: »Feinschmeckerei ist ein Hauptband der Gesellschaft.«[29] Hier drängt sich das Problem der gemeinschaftsstiftenden Funktion der Mahlzeit diesseits des aristotelischen *zoon politikon* und des hobbesschen Vertragskonstrukts einschließlich der Frage auf, aus welchem Grund die Tischgesellschaft als Modell, Metapher, Supplement, politische Lebensform und kulturelle Praxis von Gemeinschaft, Sozialität und Mitsein philosophisch bisher weitgehend unbeachtet geblieben ist. Schematisch gesagt, lassen sich dafür das antikulinarische Selbstverständnis und die anorektische Körperfeindlichkeit der abendländischen Philosophie in Anschlag bringen. Aber auch die aristotelische Unterscheidung zwischen *Oikos* und *Polis* als Differenz zwischen dem bloßen und dem guten Leben trägt das Ihre zur Marginalisierung der Mahlzeit bei, die in den rechts- und staatsorientierten Theorien der Neuzeit eine Fortsetzung findet. Essen gilt als private, nichtöffentliche und der bloßen Selbsterhaltung dienliche Handlung.

Erst die junge Disziplin der Soziologie entdeckt auf der Schwelle zum 20. Jahrhundert die sozialitätsbildenden und kulturalisierenden Dimensionen der Tischgesellschaft. In seinen Überlegungen zu einer *Soziologie der Mahlzeit* setzt Georg Simmel auf die polare Spannung zwischen dem Egoistischen und Gemeinsamen einerseits und dem Niedrigen (Sinnlichen) und Höheren (Vergeistigten) andererseits.[30] Die Notwendigkeit des Essens und Trinkens sei nicht nur das allen Menschen Gemeinsame, sondern, wie Simmel in einer sprachlichen Überbietung unterstreicht, »das Gemeinsamste« überhaupt. Zugleich aber sei dieses universale alimentäre Faktum auch das »Egoistischste«, das »am unbedingtesten und unmittelbarsten auf das Individuum Beschränkte«. Dabei verleiht er dem semantischen Gehalt des Wortes »Egoismus« einen durchaus neuen Sinn, wenn er hervorhebt, dass dasjenige, »was der einzelne ißt, [...] unter keinen Umständen ein anderer essen [kann]« (SdM 140). Das schließt nicht nur die Aufnahme derselben Substanz im identitätslogischen Sinne, sondern, was noch entscheidender ist, die Teilung derselben alimentären Substanz strikt aus, die jeweils nur von einem Einzigen konsumiert zu werden vermag. Während das vom einzelnen Individuum Gesehene oder Gedachte der Mitteilung fähig und daher mit Anderen teilbar sei, bedeute die Nahrungsaufnahme des Einen den faktischen Nahrungsverzicht des Anderen. Erstaunlicherweise sitzt dieser trennenden Gemeinsamkeit, die das Egoistischste der Menschen ausmacht, die Institution der Tischgemeinschaft auf. Mit ihrer Hilfe gelingt es, an die »exklusive Selbstsucht des Essens eine Häufigkeit des Zusammenseins, eine Gewöhnung an das Vereinigtsein [zu knüpfen]«, wie es wohl keine andere kulturelle Institution und »geistige Veranlassung« je vermag. Darin liegt für Simmel die »unermeßliche soziologische Bedeutung der Mahlzeit«, dass sie nämlich dem radikal Egoistischen einen sozialen Sinn verleiht, indem sie der Sozialisierung und Kulturalisierung des Individuums einschließlich seiner »stofflichen Interessen« Vorschub leistet (SdM 141). Der »ungeheure soziale Wert« der Mahlzeit zeigt sich für Simmel *ex negativo*, nämlich in den auf die Bildung von Tischgemeinschaften mit bestimmten Personen zielenden Verboten innerhalb der europäischen Kulturgeschichte. Dadurch nimmt sie den Charakter einer geschlossenen Gemeinschaft an, die sich auf den Ausschluss gründet und die Gesetze der Gastfreundschaft lädiert. »So bestimmt die Cambridge Guild im elften Jahrhundert eine hohe Strafe für den, der mit dem Mörder eines Gildebruders ißt«; das Wiener Konzil von 1267 verbietet den Christen die Tischgemeinschaft mit den Juden. Im mittelalterlichen Gilde- und Vertragswesen, wo das gemeinsame Mahl rechtliche Kooperationen besiegelt und der Gilde ihre Identität sichert, erweist sich die Mahlzeit für Simmel hingegen als eine Art »Symbol, an dem sich die Sicherheit des Zusammengehörens immer von neuem orientiert« (SdM 141). Die Mahlzeit ist eine stete Initiation in die Gesellschaft (der am Tisch Vereinten) und verleiht allererst, wie man im Anschluss an Marcel Mauss sagen könnte: »die Fähigkeit zu essen«.[31] Der Fortschritt, an dem Simmel den Prozess der europäischen Zivilisation bemisst, ist die allmähliche »Überwindung des Naturalismus des Essens« durch Tischordnung, Essgerät und Tischdekoration. Soziologisches Gewicht erlangt die Mahlzeit in dem Maße, wie sie einer überindividuellen Regulierung, Stilisierung und Ästhetisierung der Nahrungsaufnahme stattgibt. Man kann sich allerdings fragen, ob die radikale und ursprüngliche Kluft, die Simmel hier zwischen dem unteilbaren Individuum und der Gemeinschaft aufreißt, um sie hernach durch die Institution der Mahlzeit zu überbrücken, nicht dem naturalistischen Vorurteil des Hungers und seiner »physiologischen Primitivität« (SdM 141) aufsitzt. Muss das Individuum – sieht man einmal von der Kultivierung der Nahrungsaufnahme ab – tatsächlich erst in Gemeinschaft mit Anderen essen lernen und sozialen Umgang mit seinem monadisch eingeschlossenen, egoistischen Hunger üben? Oder ragt die intersubjektive alimentäre Beziehung nicht vielmehr von Anfang an in das Individuum hinein, um es aufzubrechen (wie man Brot bricht), um es zu teilen (wie man die Nahrung teilt) und dadurch zur alimentären Gabe zu nötigen und zur Schenkung zu befähigen?

Simmel ist nicht an der »Speise als Materie« und ihrem sinnlichen Geschmack, das heißt auch nicht an der Frage der Kunst ihrer Zubereitung, der sozialen Position des Kochs und Gastgebers, sondern ausschließlich an der »Form ihrer Konsumierung« (SdM 142) interessiert, also an dem, was der Mahlzeit Regel, Stil und eine gewisse Eleganz verleiht und so die »primitive« Sinnlichkeit des Essens und das egoistische Bedürfnis des Hungers kulturell und sozial überformt. Die zeitliche Ordnung, die den Tag nach unterschiedlichen Mahlzeiten gliedert, bedeutet für Simmel die erste (1) regulative »Überwindung des Naturalismus des Essens«; dazu gesellt sich (2) eine weitere formale Norm, die »die Hierarchie der Mahlzeit« betrifft und die, je nach lokaler Gemeinschaft verschieden, die Reihenfolge festlegt, in der sich die Teilnehmer von der Speise bedienen dürfen (SdM 142). Die Stilisierung der Nahrung wirke (3) zurück auf die sozialisierende Bedeutung der Mahlzeit, da hierfür ein ästhetischer Aufwand erforderlich sei, zu dem der Einzelne allein nicht imstande wäre. Distanz zum Essen und zur »reservelosen Begierde« gewinne die Institution der Mahlzeit schließlich (4) auch durch »die Regulierung der Eßgebärde«, die zunächst nur in der höheren Gesellschaft, nicht aber in den niederen Ständen eine Beherrschung von Sinnlichkeit und Materialität bewirke. Zu solch »typischen Regulativen« zählt Simmel ebenso wie Norbert Elias die Handhabung von Messer und Gabel, Zurückhaltung bei körperlichen Äußerungen des Wohlbehagens und die thematische Strukturierung der Tischunterhaltung (SdM 145 f.). Das Entscheidende dieser »überpersönlichen Regulierung« und »sozialen Normierung« des Essens sieht Simmel indes (5) im Gewinn einer »Freiheit des Individuums«, die sich mit dem »naturalistischen Individualismus« des Essens gerade nicht in Deckung bringen lässt. Gegenüber der »weniger eifersüchtigen« Form der Schüssel, aus der sich alle gemeinsam bedienen, billigt der geschlossene Kreis des Tellers jedem seinen Anteil innerhalb eines gegliederten Ganzen zu. Damit aber findet sich der »symbolische Individualismus« des Tellers zugleich in einer »höheren formalen Gemeinsamkeit«, nämlich in der demokratischen Gleichartigkeit aller Teller wieder aufgehoben, deren Design keine Individualität verträgt (SdM 143 f.).

Was ist der soziologische Sinn der kulturellen Institution der Tischgemeinschaft? Simmel ist es ersichtlich um die Verwindung des alimentären Egoismus bzw. des »naturalistischen Individualismus« durch die mit dem höheren Ganzen der Mahlzeit verbundenen sozialen Regulierungen und Normierungen zu tun, die erst eine gewisse Freiwerdung des Individuums von der Bürde niedriger Bedürftigkeit ermöglichen und somit eine der entscheidenden Voraussetzungen für die Freiheit des Individuums bezeichnen sollen. Aufgrund der mythischen Identifizierung des Brotes mit dem Leib Christi gesteht Simmel dem Abendmahl das einzigartige Privileg zu, »die wirkliche Identität auch des Verzehrten« und damit die höchste Ordnung einer austeilenden Gerechtigkeit und egalitären Gemeinschaft begründet zu haben, in der jeder am Ganzen partizipiert, ohne dem Anderen dieses Ganze vorzuenthalten. Für Simmel bezeichnet das Abendmahl das Telos einer jeden Mahlzeit, insofern dabei eine Teilung ohne Teilung stattfindet: »Denn hier, wo nicht jeder ein dem andern versagtes Stück des Ganzen zu sich nimmt, sondern ein jeder das Ganze in seiner geheimnisvollen, jedem gleichmäßig zuteilwerdenden Ungeteiltheit, ist das egoistisch Ausschließendste jedes Essens am vollständigsten überwunden.« (SdM 141) Offenkundig scheint Simmel von der teleologischen Warte eines universalen Abendmahls aus besehen den substanziellen Sinn jeder Mahlzeit, nämlich die Teilung und Unvertretbarkeit der Nahrung (dass niemand anderer an meiner Stelle jene Nahrung essen kann, die ich mir soeben in den Mund schiebe), die er selbst zunächst so überpointiert herausgearbeitet hatte, zu verfehlen, wenn er auf deren Überwindung durch die allseitige und ungeteilte Konsumtion des mythischen Leibs Christi als »Ganzes« zielt. Damit stellt sich die Frage nach dem Essensgut und dem Guten des Essens.

II.3 Das Gute des Essens

Die Tischgesellschaft aus kulturwissenschaftlicher Sicht zum Leitfaden eines Denkens der Gemeinschaft machen zu wollen kann in historischer Absicht womöglich noch plausibel erscheinen.[32] Mit dem Verschwinden der Institution der Mahlzeit sowie dem Praxisverlust einer alltagstauglichen Küche respektive Kochkunst scheint sich die Frage der Essgemeinschaft in systematischer Perspektive jedoch bereits wieder erledigt zu haben. Die drei Hauptmahlzeiten sind den sogenannten Zwischenmahlzeiten gewichen, und dank der supplementären Einverleibung von Kaugummis, Snacks, Süßigkeiten, Nikotin usf. befindet sich der introjektive

Durchschnittsmensch der westlichen Esskultur in einem Zustand beinahe ununterbrochener oraler Aktivität, in dem er alles, auch und gerade das Nichtalimentäre, in sich hineinstopft.[33] Dabei scheint sich das Essen auf nichts anderes mehr als auf sich selbst und auf eine orale, autoerotisch gewordene Sexualität zu stützen, während sie sich zugleich als introjektives Modell von Erfahrung und Intersubjektivität, Aktivität und Rezeption, überhaupt anbietet. An die Stelle der Essgemeinschaft tritt zunehmend das vereinzelte Essen, die isolierte Nahrungsaufnahme auf öffentlichen Plätzen, das einsame Mahl vor dem Fernseher und der Konsum von Kochsendungen. Mahlzeiten im Familien-, Verwandtschafts- und Freundeskreis stellen dagegen zunehmend alimentäre Ausnahmeereignisse dar.

Soziale Einöde, alimentäre Wüste, Anorexis oder Adipositas: Vielleicht leben wir in einer Zeit, in der sich die kulturelle Institution der Essgemeinschaft (rituell, sozial, politisch) erschöpft und die ihr eigene Bedeutung sowohl im Hunger der Welt als auch in der einsamen Mahlzeit entblößt hat. Die Essgemeinschaft ist die tägliche Miteröffnung des Miteinanderdaseins, die Menschen am selben Ort zu gleicher Zeit zusammenführt. Sie rührt an das Gemeinsame der gemeinsamen Erfahrung des Essens und der Unterhaltung und vermag ihre Teilnehmer zumindest für die Dauer der Mahlzeit miteinander zu verbinden. Allerdings gibt es keine Gemeinschaft ohne eine Teilung ihrer Mit-Glieder, keine Verbindung ohne deren ursprüngliche Trennung. Die Essgemeinschaft ist in sozialer Hinsicht immer schon überdeterminiert, da sie die beiden gegensätzlichen intersubjektiven Ereignisse der Teilung und Zusammenfügung, der Trennung und Verbindung, auf kulturell sehr unterschiedliche Weise aufeinandertreffen lässt. Was der Einzelne jeweils isst, können alle anderen unter keinen Umständen essen, das hatte Simmel betont (SdM 140). Mit der Aufnahme unserer je eigenen Portion stillen wir unseren eigenen, nicht aber fremden Hunger. Der eigene Hunger lässt keine Delegation und Stellvertretung zu. Die singuläre Aufnahme der Nahrung vereinzelt und teilt uns rückhaltlos. Dieser Modus der Teilung schlägt sich im Schmerz des Hungers oder beim einsamen Essen, aber auch in den proxemischen Raumcodes der Tischordnungen, den separierenden Esswerkzeugen nieder. Die Vereinzelung, das einsame Essen erscheint also – mehr oder weniger hervorgehoben – immer auch inmitten der Essgemeinschaft und ist Bestandteil jeder gemeinsamen Mahlzeit. Zugleich aber teilen wir etwas, wenn wir gemeinsam und nicht alleine essen: Wir teilen uns die Nahrung, ihre Menge und ihren Wohl- (oder Nicht-)Geschmack. Wir teilen das Erlebnis unseres Zusammenseins und unserer Unterhaltung. Diese Teilung im doppelten Sinne teilt die Tischgenossen und führt sie zugleich zusammen. Nur ursprünglich voneinander getrennte Wesen, die nicht zur gleichen Zeit am selben Ort leiblich »hier« sein können, haben das Begehren, miteinander da zu sein. Zusammensein kann nur das Getrennte, gesellig sein kann nur das Ungesellige.

Der Skandal des ungestillten Hungers und das einsame, isolierte Essen haben die eine Seite der alimentären Teilung symptomatisch offengelegt, um damit die andere Seite, nämlich die gemeinsame Teilung der Nahrung im Modus ihres Fehlens nur umso deutlicher hervortreten zu lassen. Gerade die auf das Banalste reduzierte Tischunterhaltung zeigt jedoch, zumindest dort, wo sie noch stattfindet – etwa wenn sich zwei unbekannte Esser zufällig vor einer Imbissbude, am Arbeitsplatz oder auf einem öffentlichen Platz begegnen –, dass es in der Unterhaltung bei Tisch um nichts anderes als um die Unterhaltung des prekären Mitseins und der Unterhaltung selbst geht: »Auch wieder hier?«, »Na dann Mahlzeit!«, »Ja, guten Hunger!«, »Schmeckt's?«

Vielleicht existiert das Mitsein nicht zuletzt als Begehren nach dem Anderen. Dasjenige, was Malinowski einst als »phatische

Kommunion«[34] bezeichnet hat, wäre dann nichts anderes als der Versuch, dem (alimentären) Mit Gestalt zu verleihen und es als solches zu unterhalten. Das Mit, das von sich aus über keinerlei »stabile Substanz«[35] verfügt, bleibt zwischen und unter uns: nämlich als Begehren, mit Anderen zu sprechen, zu trinken und zu essen.

Essen und Sprechen haben ihre Herkunft im Anderen. Keine Selbsterhaltung ohne Fremderhaltung: Wir sind zuallererst Wesen, die angesprochen und gefüttert werden, bevor wir selbst zu essen und zu sprechen beginnen. Wir sprechen und essen zuallererst umwillen Anderer und bleiben daher im Essen und Sprechen,[36] in diesen so unterschiedlichen phatischen Artikulationen des Mit, auf das Mitsein mit Anderen bezogen. Gut zu essen und zu sprechen kann demnach nur heißen, in diesem Begehren nach dem Mit, der Gabe und Teilung der Nahrung nicht nachzulassen. Mit ihren verschiedenen Modi der Teilung und Zusammenfügung umreißt die Tischgesellschaft eine kulturelle Institution und politische Lebensform, die – bezogen auf das Begehren und das Ereignis des Mitseins – von keiner Politik hergestellt zu werden vermag. Das Politische als Begehren nach dem Mit geht über jede Politik hinaus, obgleich es selbst eine ihrer unausschöpflichen Quellen ist. In diesem Sinne lässt sich nicht zuletzt unter den Bedingungen moderner, westlicher Oralität, unter denen sich die rituelle Essgemeinschaft in ihrer Wirkung verbraucht hat, die Frage des guten Essens zum Dreh- und Angelpunkt eines Denkens der Gemeinschaft machen, deren »Substanz« die Teilung, Mitteilung, Zuteilung und die »denkbar freigebigste« Gabe des Essens wäre: Was ist das Gute des Essens, das Essensgut? »Die unendlich metonymische Frage zum Thema ›Man muss gut essen‹ darf nicht bloß für mich einen Nährwert haben, für ein Ich, das in diesem Fall schlecht essen würde; sie muß aufgeteilt werden [...], und zwar nicht nur sprachlich: ›Man muß wohl gut essen‹ heißt nicht als erstes, etwas in sich aufzunehmen und zu umfassen, sondern essen zu lernen und essen zu *geben*, Lernen-dem-Anderen-zu-essen-zu-geben. Man ißt nie allein, das ist die Regel des ›Man muss gut essen‹. Es ist ein Gesetz unendlicher Gastfreundschaft.«[37]

III. Rituelles und moralisches Opfer

Ausgehend von ihrer Analyse der antiken Opferküche haben die wichtigsten Vertreter der École de Paris – Jean-Pierre Vernant, Marcel Detiènne, Louis Durand – den Opfertheorien des 19. und 20. Jahrhunderts vorgeworfen, das antike Opferritual auf unzulässige Weise christianisiert zu haben. Diese Verwechselung des rituellen mit dem moralischen Opfer wird durch eine kulinarische Auslegung des »Stiftungsmythos des Opfers bei Hesiod«[38] rückgängig gemacht, die Nachdruck auf die *differentia specifica* und die Einhaltung der Grenzen zwischen den Tieren, Menschen und Göttern legt. Der Organisation der blutigen Fleischopfer liegt demnach die Sorge um die räumliche Trennung des tierischen, menschlichen und göttlichen Geschlechts zugrunde, die mit der Aufteilung des Opfertieres je von Neuem vollzogen wird. Die *thysia* stellt sich unter diesem Blickwinkel als eine rituelle Wiederholung des einschlägigen Gründungsmythos dar, der nichts mit dem moralischen Opfergeist des Christentums, sondern mit kosmologisch-anthropologischen Stellungslagen, Situierungen und Grenzziehungen zu tun hat.

Nun lässt sich allerdings im Hinblick auf die gegen das Opfertier gerichtete Gewalt zeigen, dass das rituelle vom moralischen Opfer nicht durch einen radikalen, sondern allenfalls durch einen »mimetischen Bruch« (Wng 52) geschieden ist. Das von Sokrates und Jesus Christus exemplarisch vorgelegte und von der kantischen Ethik ausgearbeitete gewaltsame Selbstopfer richtet sich – spätestens seit dem Auftritt der neuzeitlichen Anthropologie – gegen das Tier, das der Mensch selbst ist und das mit dem sinnlich-begehrlichen Anteil seiner Person identifiziert wird. Diese eigentümliche Verlegung des rituellen Tieropfers nach innen korrespondiert mit dem, was Nietzsche einst »Verinnerlichung des Menschen« (KSA 5, 322) genannt und Freud als »Wendung gegen die eigene Person«[39] bezeichnet hat. In jedem Fall hat sie mit der Konstitution eines inneren Opferraums zu tun, bei dem das moralische Opfer selbst jene quasi-rituelle und Distanzen setzende Praxis darstellt, die die von Kant benannten Anlagen zur Tierheit, zur Menschheit und zur Persönlichkeit in einer hierarchischen Konfiguration gliedert und voneinander abgrenzt. Kurzum: Sowohl im blutigen Opfer alimentären Typs als auch im gewaltsamen Opfer moralischen Typs steht auf je verschiedene Weise die prekäre Zwischenposition des Menschen – zwischen Tier und Gott – auf dem Spiel.

III.1 Antike Opferrituale

Im *Ikaromenippos* erzählt Lukian von einem Kommunikationsmodell antiken Zuschnitts, das mit zwei Stationen und einem Kanal operiert. Dabei ist der Fußboden im »Audienzzimmer« des Zeus von Löchern durchbohrt, die der Götterkönig bei Bedarf mit Deckeln verschließen kann, um sich vor lästigen und mit verbrecherischen Bitten beladenen Opferdünsten abzuschirmen. Ansonsten genießt er das Aroma der aufsteigenden Düfte und widmet sich den Namen und Geschicken derer, die ihm zu Ehren geopfert haben.[40] Während Zeus in dieser Geschichte den Kanal zustopfen und souverän über Empfang oder Zurückweisung von Opfergerüchen und menschlichen Bitten entscheiden kann, ist es Aristophanes in seiner 414 v. Chr. uraufgeführten Komödie *Die Vögel* um einen besetzten Kanal zu tun. Hier sind es die

Vögel, die, von Peithetairos angestiftet, versuchen, den Göttern im Olymp die Herrschaft streitig zu machen, und zu diesem Zweck eine Stadt zwischen Erde und Himmel errichten, die auf göttlicher Seite den Empfang des Opferrauchs blockiert und so die »vertikale Kommunikation« zwischen Menschen und Göttern verhindert. Für die Vögel jedenfalls führt diese parasitäre Störung des geregelten Austauschs zwischen dem sterblichen und dem unsterblichen Geschlecht zum gewünschten Erfolg. Zeus knickt ein und überlässt den Vögeln die *Basileía*. Prometheus indes überbringt den Menschen, die von Peithetairos dazu angehalten worden sind, nunmehr den Vögeln zu opfern, heimlich die Botschaft vom Leiden der Götter, denen es ergehe »wie bei den Thesmophorien«: »keines Schenkels Duft steigt auf«, kurz: »die Götter fasten«.[41] In dem Augenblick, da Peithetairos sich mit der *Basileía* vermählt, »steigt« indes »ein unbeschreiblicher Duft in das höchste Himmelsgewölbe auf und leichte Brisen verteilen die Weihrauchschwaden« (1706-1717). Die Kommunikation zwischen Unten und Oben, der prekäre Übertragungsraum zwischen Erde und Himmel, ist wiederhergestellt, allerdings unter Verwendung eines neuen Kanals, der zugleich eine Botschaft ist: »Der Duft der Gewürze löst den Fleischgeruch ab, mit dem die neuen Könige des Himmels nichts anzufangen wissen«[42], wie Marcel Detiènne in seiner Analyse der pythagoreischen Opferküche hervorhebt, die das Ritual des blutigen Tieropfers zurückweist. Statt der Rauchsäule, die durch das gegrillte Opferfleisch in den Himmel steigt, setzten die pythagoreischen Opfersektierer auf jene wohlriechende Duftsäule, die entsteht, wenn man die aus Arabien importierten Gewürze: Weihrauch und Myrrhe[43] ins Opferfeuer wirft, um die Götter anzuziehen und so eine Verbindung zwischen der irdischen und der olympischen Welt herzustellen. Bekanntlich laben sich die Götter an Düften und Ambrosia. Man kann also in der kritischen Travestie der blutigen Staatsopfer und den vegetarischen Regeln der Pythagoreer – ungekochte Kost und bescheidene Mahlzeiten aus Honig und Brot –, mit denen sie sich außerhalb der Polis stellten, das Begehren erkennen, sich wie die Götter zu ernähren und zugleich eine friedliche Verwandtschaft mit den Tieren, vor allem aber mit den Ackertieren, aufrechtzuerhalten. Den gegensätzlichen Pol dieser exzentrischen Opferposition bilden die dionysischen Zerreißorgien und »die Omophagie, der *diasparagmos* der Bacchantinnen, das heißt das Verschlingen des rohen Fleisches eines gehetzten und lebendig in Stücke gerissenen Tiers« (DO 76), bei dem es augenscheinlich darum geht, eine Behauptung der Gleichheit mit den wilden Tieren *in actu* zu vollziehen.

Jean-Pierre Vernant hat sich vor allem mit dem zentralen Opfer der griechischen Religion, mit der *thysia*, auseinandergesetzt: Bei dem blutigen Ofer, das nicht im Tempel der Gottheit, sondern am Außenaltar, einem viereckigen Steinblock, abgehalten wird, handelt es sich in der Regel um ein Haustier, das, mit Kränzen und Bändern verziert, in einer Prozession zum Altar geführt wird, wo es mit Reinigungswasser und Gerstenkörnern besprengt wird. Die Kehle des Opfertiers wird mit einem kurzen Schwert durchschnitten und das auf den Altar spritzende Blut aufgefangen. Die mit Fett umhüllten Knochen werden auf den Altar gelegt, mit Gewürzen dem Feuer ausgesetzt, so dass eine wohlriechende Rauchsäule gen Himmel steigt, die die Götter anziehen soll. Auf Spieße gesteckt, werden die Innereien über dem Altar auf dem Feuer gebraten, um der Gottheit ihren Anteil zukommen zu lassen; die gebratenen Fleischstücke selbst sind für die Ausführenden des Opfers bestimmt. Der Rest des Fleisches wird in Kesseln gekocht, in gleiche Teile zerlegt und an Ort und Stelle gemeinsam verzehrt (DO 63 ff.). Aus Vernants Beschreibung des Opferrituals geht hervor, dass der von den Pythagoreern verschmähte Bratenduft und der von ihnen favorisierte Gewürzduft im blutigen Opfer miteinander verschmolzen sind, so als ob es darum ginge, eine doppelte vertikale Kommunikation mit den Göttern herzustellen. Vernant führt die Bedeutung des blutigen Opferrituals, der einzigen Gelegenheit im Übrigen, zu der die Griechen Fleisch zu schlachten und zu essen pflegten, exklusiv auf den in der *Theogonie* und in den *Werken und Tagen* erzählten Mythos von der prometheischen Erfindung des Opfers zurück,[44] dem man den Status einer genuinen Kulturentstehungslehre zusprechen muss.[45] Darin wird berichtet, wie das Goldene Zeitalter, da die nahrungsspendende Erde ohne menschliche Mühsal reichlich Früchte »von selbst« gab und die Menschen einträchtig mit den Göttern und den Tieren zusammenlebten,[46] zu Ende ging und sich die Lebens- und Ernährungsweise der ersten Menschen, die einst an derselben Tafel wie die Götter speisten, grundlegend veränderte. Nachdem Zeus zum König der Götter aufgestiegen und Ämter und Funktionen gerecht unter den Göttern verteilt hatte, verlangte er von Prometheus, das menschliche vom göttlichen Geschlecht zu trennen. Prometheus vollzog diese Aufgabe mithilfe eines starken Stiers, den er erschlug und sodann »wohlerfahren« zerteilte. In der von ihm figurierten Gründungsszene des Opfers lässt Hesiod Prometheus den Menschen das Fleisch und die fetten Eingeweide, eingehüllt in den ungenießbaren Magen und die Haut des Rindes, vorlegen, den Göttern aber die weißen Knochen des Rindes, die der Titan wiederum unter einer glänzenden Fettschicht verbarg.[47] Zeus indes durchschaute den Trug und sann auf baldige Vergeltung: »Seither«, so heißt es, »sieht man auf Erden die Stämme der Menschen den Göttern weißliche Knochen verbrennen auf dufterfüllten Altären« (555 ff.). Die *Theogonie* selbst führt also die blutigen Opferrituale auf die prometheische Zerteilung und listenreiche Verteilung des Stiers zurück. Durch die Zerlegung des Opfertiers stellt jedes Opferritual je von Neuem die von Zeus angewiesene Trennung her, die den Raum der Menschen von dem der Götter grundlegend unterscheidet. Denn mit dem fetten Fleischanteil, den Prometheus den Menschen zugedacht hatte, geht die Gemeinschaft zwischen Menschen, Göttern und Tieren zu Ende. Zeus ahndet den Betrug, indem er mit dem »schönen Unheil« (585) namens Pandora »all das Elend unter die Menschen bringt, das sie vorher nicht kannten – Geburt durch Zeugung, Mühsal, harte Arbeit, Krankheiten, Alter und Tod« (DO 73), und namentlich die Gewalt gegen die (Haus-)Tiere. Nicht zuletzt verordnete er den Entzug des himmlischen Feuers, der die Menschen dazu verdammt hätte, das Fleisch, wie die wilden Tiere, roh zu verschlingen, wäre es Prometheus nicht gelungen, in der Kerbung eines Narthexrohres einen Funken mit auf die Erde zu bringen (565 ff.). Damit aber sind die Menschen immerhin im Besitz eines vergänglichen Feuers, mit dessen Hilfe sie ihre Nahrung kochen und sich solchermaßen von den Tieren unterscheiden können. Zeus hat den Menschen einen Platz zwischen den Tieren und Göttern zugewiesen. Es sind nicht zuletzt die Nahrung und ihre Zubereitung, in denen sich diese Zwischenposition des Menschen artikuliert. Insbesondere die alimentären Regeln des Opferritus wachen, aus Sicht Vernants, über den spezifischen Status des Menschen: Anders als die Tiere, die sich gegenseitig fressen, und im Unterschied zu den Göttern, die niemals Hunger leiden und unsterblich sind, weil sie sich von Düften und Ambrosia nähren, ist der Status des zivilisierten Menschen dadurch bestimmt, dass er das Fleisch des Opfertiers im gekochten Zustand und das Getreide, das er dem Ackerboden durch mühevolle Arbeit abgerungen hat, in gebackener Form zu sich nimmt. Dank des prometheischen Raubs des Feuers unterscheiden sich die Menschen von den Tieren und stehen doch zugleich noch mit den Göttern in Verbindung, die ihrerseits im Besitz des himmlischen Feuers sind. Der Opferritus unterstreicht, so Vernant, sowohl diese Gemeinsamkeit der Menschen mit den Göttern als auch die Trennung von ihnen: Während die den Göttern zugemessenen Knochen auf dem Opferaltar verbrennen und in einer Rauchsäule gen Himmel steigen, erhalten die am Opfer beteiligten Menschen je ihren gekochten Fleischanteil. Die gekochte Nahrung unterscheidet sie wiederum von der rohen Nahrung der Tiere, mit denen sie jedoch über ihre Kreatürlichkeit verbunden sind (DO 73-75).

Worin liegt die Bedeutung des Opferrituals in seiner Beziehung zum Prometheusmythos? Für Jean-Pierre Vernant geht es dabei im Wesentlichen darum, die Erinnerung an den gescheiterten Betrug des Prometheus wachzuhalten, für den die Menschen die Zeche zahlen mussten, und um die Mahnung, die einmal gezogenen Grenzlinien nicht mehr zu übertreten, kurz: sich im »angemessenen Abstand« zu den Tieren und den Göttern zu bewegen und die Kommunikation mit den Göttern dennoch nicht abreißen zu lassen (DO 75). Das antike Opfer ist demnach nichts anderes als die rituelle Wiederholung des »Stiftungsmythos bei Hesiod«.[48]

Vielleicht ist es aber auch eine raumgliedernde Praxis. Während die beiden extremen Opferpole – das pythagoreisch-vegetarische Gewürzopfer einerseits und die bacchantische Omophagie andererseits – eine distanzlose Kommunion und Speisegemeinschaft mit den Göttern bzw. den Tieren zu begründen und damit an das Goldene respektive Eherne Zeitalter anzuknüpfen versuchen (DO 76 f.),[49] ist das blutige Tieropfer von der Aufmerksamkeit für die strenge Einhaltung von Grenzen, Unterscheidungen und angemessenen Entfernungen erfüllt, die mit der Zerlegung und Aufteilung des Opfertiers inklusive seiner rituellen Zubereitung je von Neuem gesetzt und aufrechterhalten werden. Die zwei miteinander vermengten Rauchsäulen des Braten- und Gewürzdufts erfüllen daher auch zwei unterschiedliche Funktionen: Während der Geruch des gebrutzelten Fettes jener aus der Zerlegung des Stieres hervorgehende Anteil ist, der den Göttern gehört und also die Trennung zwischen Göttern und Menschen markiert, nimmt die mit Gewürzduft beladene Rauchsäule die Kommunikation mit den Göttern auf und stellt so über die Entfernung zwischen Erde und Himmel hinweg einen respektvollen Kontakt zu ihnen her.

Das »griechisch-blutige Nahrungsmittel-Opfer«[50] ist ein raumgliederndes, das heißt ein räumliche Abstände schaffendes Ritual und im Sinne Lévi-Strauss' eine praktizierte, sinnliche Logik der Gegensätze zugleich. Anders als im prometheischen Mythos werden die Abstände und Grenzlinien im antiken Opferritual indes nicht nur gedacht, sondern vielmehr praktisch gezogen und vollzogen. Das griechische Opfer ist eine differenzielle, Abstände hervorbringende Praxis zur Stiftung und Organisation von Trennungen und Verbindungen, Nähen und Fernen, Tiefen und Höhen, Gegensätzen und Ähnlichkeiten, die einen räumlichen, symbolischen, sensuellen und figurativen Wert zugleich besitzen.

III.2 Das sokratisch-christliche Selbstopfer

Ausgehend von ihrer Analyse der griechischen Opferküche hat also die École de Paris den wichtigsten Opfertheorien des 19. und 20. Jahrhunderts zur Last gelegt, einer »jüdisch-christlichen Ideologie«[51] aufgesessen zu sein und das rituelle Opfer an den teleologischen bzw. evolutionären Kriterien des moralischen Opfers – des Geistes der Selbstverneinung und des freiwilligen Verzichts – gemessen zu haben. Gleichgültig, ob nun William Robertson Smith die ethische Bedeutung des ursprünglichen Opfers als gemeinsames Opfermahl mit der Gottheit unterstreicht, Marcel Mauss und Émile Durkheim die sozialitätsstiftende Funktion des

Opferritus im Allgemeinen herausstellen, Walter Burkert Nachdruck auf die Legitimation des Tötens bzw. Schlachtens legt oder Réne Girard auf die kathartische Funktion des Sündenbocks abhebt – in all diesen Opfertheorien lässt sich unter der Ägide eines »allumfassenden Christentums« das »willkürliche« Bemühen erkennen,[52] das rituelle und das moralische Opfer auf ein und dieselbe Bestimmung zu verpflichten, ohne dem blutigen Opfersinn selbst, der *thysia*, gerecht zu werden. Es muss allerdings fraglich bleiben, ob die antiken Opferrituale jemals eine wirkliche Einheit gebildet haben und auf eine einzige Bedeutung festgelegt werden können. So überzeugend auch die Berufung der französisch-hellenistischen Schule auf den prometheischen Gründungsmythos erscheinen mag: Sie ist nur eine Perspektive unter anderen opfertheoretischen Perspektiven. Denn der direkte Zugang zu den antiken Opferpraktiken bleibt uns für immer verschlossen und muss, vielleicht notwendigerweise, den Umweg über das moralische Opfer gehen, das bereits in der Antike, Seite an Seite mit dem rituellen Opfer, erfunden worden ist und die ökonomische Denunziation des rituellen Opfers angeleitet hat.

Zentraler Beleg für dieses Ineinander von moralischem und rituellem Opfer ist, wie namentlich Jean-Luc Nancy gezeigt hat, der platonische Dialog *Phaidon*: Sokrates, wegen Verführung der Jugend und Erfindung neuer Götter vom athenischen Staat, zumindest aus Sicht seiner Schüler, ungerechterweise zum Tode verurteilt, wartet in seiner Zelle auf den Schierlingsbecher. Statt zu fliehen oder den Freitod zu suchen (62c), nimmt er furchtlos (77e) die Verurteilung an, indem er sich die Gefängnissituation durch eine maßlose Verallgemeinerung zu eigen macht und sich unter der Berufung auf eine höhere Wahrheit freiwillig zu opfern bereit erklärt: Sokrates sitzt im »Gefängnis, er wird darin sterben, und so bezeichnet er das ganze irdische Leben als Gefängnis« (Wng 53), aus dem man nur durch den Tod befreit werden kann, der eine Lösung der Seele von den erkenntnistrübenden Bürden des Körpers, ihre Unsterblichkeit und den Zutritt zu reiner Erkenntnis bedeutet.[53] Die Philosophie stellt sich in dieser bedrängenden Situation nicht nur als das »Wissen um diese Befreiung, sondern als genau dieses Tun dar« (Wng 53): Auf die richtige Art zu philosophieren heißt dann, bereits zu Lebzeiten die körperlichen Begierden, die Lüste und Affekte im Namen reiner Erkenntnis zu opfern, kurz: so zu leben, als ob man bereits tot wäre.

Philosophie ist nichts anderes als Sorge um den Tod (*Phaidon* 81a). Die bedingungslose Bejahung der Verurteilung zum Tode als ein freiwillig angenommenes Selbstopfer exponiert die Wahrheit des Lebens selbst, das ein beständiges Opfer des körperlich-triebhaften Subjekts im Namen der reinen Erkenntnis ist, wie Nancy betont. Dabei wird das freiwillige Selbstopfer des Sokrates durch zwei rituelle Opferereignisse flankiert: Zu Beginn verzögert sich die Vollstreckung der Todesstrafe durch die rituelle Bekränzung des Schiffes, das die Athener jährlich zu Ehren des Theuseus nach Delos schickten. Um dem Krieg mit Minos, dem König von Kreta, ein Ende zu setzen, hatten sich die Athener zu einem alle neun Jahre zu sendenden Tribut verpflichtet: dem Opfer von jeweils sieben Mädchen und Knaben. Die Befreiung von diesem Tribut verdankten sie Theseus, dem es durch Erlegung des Minotauros gelang, die sieben Opferpaare bei der dritten Sendung zu erretten. Während dieser jährlichen rituellen Sendung aber war Athen gesetzlich dazu verpflichtet, sich rein zu halten und »von Staats wegen niemanden zu töten« (*Phaidon* 58b). Gegen Ende des *Phaidon* wiederum, in dem Augenblick, da Sokrates den Schierlingsbecher bis auf den letzten Tropfen ausgetrunken hat und sein Körper bereits vom Gift gezeichnet ist, trägt er Kriton auf, »dem marginalen Heilheros«[54] Asklepios einen Hahn zu opfern (118a). Der Einsatz dieser beiden Opferrituale zu Beginn und Ende des Dialogs ist nicht nur im dramaturgischen, sondern auch im inhaltlichen Sinne wohlkalkuliert. In beiden Fällen geht es darum, das rituelle Opfer – die mythisch-rituelle Erinnerung an das Menschenopfer und das dem Heilgott zugedachte Hahnopfer – mithilfe des freiwilligen Selbstopfers im Kontext der Jenseits- und Unsterblichkeitskonzeption und im Namen einer höheren, nichtirdischen Heilung der Seele zu überbieten und so die eigentliche Wahrheit des Opfers selbst zu explizieren.

Im Rahmen seiner Theologie und Götterkritik verleiht Platon, indem er die rituellen Opfer als ökonomische Operationen denunziert, dem Selbstopfer nicht mehr nur eine erkenntnistheoretische, sondern auch eine deutlich moralische Tinktion. In diesem Sinne prangert er das rituelle Opfer als eine vermeintliche Frömmigkeit an, die die kommerzielle »Kunst des Handels« auf die Beziehung zwischen Menschen und Götter überträgt (*Euthypron* 14e; *Nomoi* 716e-717a), um sich die Götter durch alimentäre Opfergaben, Überredungszwang, Gebete und Zaubereien zum eigenen Vorteil dienstbar zu machen. Der wahrhaft religiöse Mensch tut hingegen das Gerechte (*Politeia* 362c) und unterwirft sich ansonsten dem Willen der Götter, ohne sich der blasphemischen Erwartung hinzugeben, auf diese durch magische oder materielle Mittel einwirken zu können (*Politeia* 364b-c; *Nomoi* 909b). Die Erfindung des freiwilligen Selbstopfers, das im Namen einer höheren Wahrheit vollzogen wird und das ganze Leben als fortwährendes Selbstopfer und tägliches Absterben bestimmt, ist untrennbar mit der Beschuldigung des rituellen Opfers gemäß der Logik eines *do ut des* und mit dem Anspruch verbunden, es zu überbieten und abzuschaffen.

Jean-Luc Nancy hat das sokratische Selbstopfer zu Recht mit dem einzigartigen Kreuzopfer Jesu Christi parallelisiert, das das rituelle Schlacht- und Brandopfer endgültig aufzuheben sucht. Der singuläre und freiwillige Opfertod Jesu Christi wird im Namen der Sünden aller und für alle vollzogen und ist untrennbar – trotz oder gerade wegen der rituellen »›Wiederholung‹, Ausdehnung oder Nachahmung des Kreuzopfers in der katholischen und griechisch-orthodoxen Kirche durch Eucharistie und Transsubstantiation«[55] und trotz des protestantischen Abendmahls – mit dem Anspruch verbunden, den interessegeleiteten Ökonomismus des rituellen Opfers abzuschaffen. Es handelt sich um ein Leben, »das von Anfang bis Ende selbst das Opfer ist« (Wng 53). Das singuläre Selbstopfer Jesu Christi fungiert, wie der heilige Augustinus unterstreicht, als ein absolutes Paradigma: »Der APOSTEL [hat uns] ermahnt, unsere Leiber als lebendiges, heiliges, Gott wohlgefälliges Opfer [...] darzubringen [...], also ein Opfer, das wir ganz und gar selber sind.«[56] Diese ungeheure Opferanforderung kommt freilich nicht ohne eine neue Gabenökonomie und »Ökonomie des Himmels« aus. Die »neue Ökonomie« der Bergpredigt zumindest, der christlichen Nächsten- und Feindesliebe, bricht »alles, was sich im sinnlichen Körper von gleich zu gleich gesellt« und ein symmetrisches Paar bildet, auseinander: das rechte und das linke Auge, die rechte und die linke Hand, Schuld und Vergeltung (statt »Auge um Auge und Zahn um Zahn«).[57]

An Stelle der Opfergaben propagiert sie die Lehre Jesu über das rechte Almosengeben: »Wenn du aber Almosen gibst, so laß deine linke Hand nicht wissen, was die rechte tut, auf daß dein Almosen verborgen sei; und dein Vater, der in das Verborgene sieht, wird dir's vergelten.« (Matthäus 6, 3-4) Auch wenn diese neue Ökonomie mit dem merkantilen Tausch und der Reziprozität gebrochen hat, so setzt sie doch auf ein höheres ökonomisches Kalkül, ein Kalkül, das das eigene Seelenheil im amputierenden Selbstopfer sucht: »Ihr habt gehört, daß gesagt ist (2. Mose 20, 14): ›Du sollst nicht ehebrechen.‹ Ich aber sage euch: Wer eine Frau ansieht, ihrer zu begehren, der hat schon mit ihr die Ehe gebrochen in seinem Herzen. Wenn dir aber dein rechtes Auge Ärgernis schafft, so reiß es aus und wirf's von dir. [...] Wenn dir deine rechte Hand Ärgernis schafft, so haue sie ab und wirf sie von dir. Es ist dir besser, daß eins deiner Glieder verderbe und nicht der ganze Leib in die Hölle fahre.« (Matthäus 5, 27-30) Die Beschuldigung des rituellen Opfers als eines ökonomischen Tauschhandels mit den Göttern dürfte sich aus der Warte dieser neuen »Ökonomie des Himmels« als eine höchst wirkmächtige Rückprojektion auf die alten Opferrituale erweisen, die überhaupt erst unter der Voraussetzung einer höheren Ökonomie als beschränkte und pervertierte ökonomische Operationen denunziert werden können. Zugleich ersetzt die sokratisch-christliche Erfindung des freiwilligen Selbstopfers den Körper des Opfertiers durch den eigenen menschlichen Körper, der mit unverminderter Opfergewalt unter spezifischen Gesichtspunkten zerlegt und zerteilt wird. Es handelt sich um eine Opfergewalt, die nicht mehr gegen das Opfertier, sondern gegen dasjenige gerichtet wird, was – im stets prekären Abstand zur eigenen Gottähnlichkeit bzw. göttlichen Ebenbildlichkeit – das Sinnliche bzw. Tierhafte im Menschen selbst bezeichnet oder repräsentiert. Diese opfergewaltsame Wendung gegen den sinnlich-tierhaften Anteil der eigenen Person leistet der Konstitution einer inneren Räumlichkeit Vorschub: Anders gesagt, sie ist selbst jene heilsökonomische, rituelle Praxis, die die inneren Vermögen bzw. die von Platon geltend gemachten drei Seelenteile: Begehren, Mut und Vernunft je von Neuem auf Abstand hält, hierarchisiert und regierbar macht. Der zivilisierte Status des sokratisch-platonischen und des christlichen Menschen zeigt und beweist sich vor allem daran, dass er den sinnlichen Anteil seiner selbst im Zeichen der Behauptung seiner eigenen Gottähnlichkeit gewaltsam opfert und im Sieg über die eigenen Lüste und Begierden »sich selbst überlegen« wird (*Politeia* 431a).

Nun muss man allerdings einräumen, dass die platonische Psychologie zwar von einer Dreiteilung der Seele und einer spannungsvollen Interaktion der drei Seelenteile *epithymetikón* – *thymoeidés* – *logistikón* ausgeht (*Politeia* 439b-e),[58] die ihre mythische Entsprechung: begehrliches Ross – muthaftes Ross – vernünftiger Lenker in der Anamnesislehre des *Phaidros* (246a-b) findet, diese Trichotomie jedoch nicht mit den Kategorien des Göttlichen, Menschlichen und Tierischen identifiziert. Erst im *Phaidon* kommt – unter dem Eindruck der Auseinandersetzung mit dem jungen Aristoteles (und den Büchern IV-VI der *Topik*) – beim späten Platon eine Dichotomie ins Spiel, bei der der Seele als herrschender und regierender Instanz Gottähnlichkeit und Unsterblichkeit zugebilligt und die zu beherrschende Leiblichkeit als sterbliche qualifiziert wird. Auch der Schöpfungsbericht betont bekanntlich die Gottesebenbildlichkeit des Menschen,[59] ohne den Menschen oder zumindest einen Teil seiner selbst, nämlich seine Leiblichkeit, über die gemeinsame Geschöpflichkeit von Mensch und Tier zum Tierhaften des Menschen selbst zu erklären.[60]

III.3 Kantische Opfergewalt

Das Wort »Anthropologie« entstammt nicht dem klassischen Griechisch. Wenn es bei Autoren wie Didymus Alexandrinus, Pseudo-Dionysius Areopagita und anderen in Formen von *anthropologein* auftaucht, hat es damit eine »theologische« Bewandtnis, wie Odo Marquard hervorhebt.[61] Das trifft auch auf das sogenannte Manifest der Renaissance, die *Oratio de hominis dignitate* von Pico della Mirandola zu, das freilich eine Interpretation der göttlichen Schöpfungstätigkeit vorlegt, die der kosmologisch-metaphysischen und theologischen Verortung des Menschen den Boden entzieht und der Situation seiner Orts- und Identitätslosigkeit in der Moderne Vorschub leistet. Die *Rede über die Würde des Menschen* dramatisiert dessen vorbildlose und überflüssige Erschaffung: Nachdem Gott seine Schöpfungstätigkeit beendet hatte und ihm der Sinn nach einem Wesen stand, das die Größe seiner Schöpfung ermessen und bewundern könnte, zeigte sich, dass ihm kein Vorbild mehr zur Verfügung stand, da er bereits alle wesentliche Züge an die übrigen Geschöpfe verteilt hatte. Daraufhin stellte Gott den Menschen in den Mittelpunkt der Schöpfung, verlieh ihm nichts Eigenes (*proprium*), sondern gab ihm Anteil an all dem, was die übrigen Geschöpfe auszeichnete. Pico della Mirandola weist die Ebenbildlichkeit Gottes zurück und entlässt den Menschen stattdessen in eine kreatürliche Standortlosigkeit, die eine prekäre Freiheit zur Selbstbestimmung bedeutet: »Keinen bestimmten Platz habe ich dir zugewiesen [...] und auch nicht irgendeine besondere Gabe habe ich dir verliehen, [...] damit du den Platz [...] nach deinem eigenen Willen und Entschluß erhalten und besitzen kannst. Die fest umrissene Natur der übrigen Geschöpfe entfaltet sich nur innerhalb der von mir vorgeschriebenen Gesetze. Du wirst von allen Einschränkungen frei nach deinem eigenen freien Willen, den ich dir überlassen habe, dir selbst deine Natur bestimmen [...]. Du kannst nach unten ins Tierreich entarten [*degenerare*], du kannst aus eigenem Willen wiedergeboren werden [*regenerari*] nach oben in das Göttliche.«[62]

»In Ermangelung eines eindeutigen Ideenparadigmas« kann die Trennung zwischen dem Tierischen, Menschlichen und Göttlichen nicht mehr mythisch vorgezeichnet und rituell markiert, sondern nur noch ins Offene und zur Disposition gestellt werden. Die Stellungslosigkeit des Menschen im Kosmos, nämlich ohne designierten Ort und eigene Identität zu sein, birgt nicht nur die stete Gefahr, nach unten, in den Abgrund zu stürzen und zum Tier herabzusinken, sondern auch die Chance, nach oben, zum Göttlichen aufsteigen, auf menschliche Weise Gott werden zu können. Die moralische Dignität des Menschen wird dabei als »Inbegriff der Selbstbestimmungsfähigkeit«, seine schrankenlose Freiheit wiederum als Unabhängigkeit von jedem kosmologischen »Stellenrahmen« gedeutet,[63] ohne dass der Mensch bereits, wie im 18. und 19. Jahrhundert, unter dem Eindruck naturgeschichtlich-naturwissenschaftlicher Forschungen und ihrer genealogischen Verwandtschafts- und evolutionären Abstammungslinien, umstandslos zum Tier und seine animalische Natur zum genuinen Bezugspunkt seiner anthropologischen Bestimmung erklärt werden könnte.

Die kantische Ethik folgt Pico della Mirandola auf dem von ihm skizzierten Weg und versucht das Proprium des Menschen aus seiner Freiheit zu gewinnen, sich selbst ein allgemeines Gesetz zu geben, nicht ohne dabei das sokratisch-christliche Selbstopfer zu radikalisieren und ihm zugleich eine quasi-rituelle Gestalt zu verleihen. Für die Gewaltsamkeit dieses nach innen verlegten und gegen sich selbst gerichteten Opfers beweist Nietzsche jedenfalls eine feine Nase, wenn er betont, dass der »Kategorische Imperativ nach Grausamkeit [riecht]« (KSA 5, 300). Der üble Geruch der moralischen Grausamkeit gilt ihm als untrügliches Symptom für den folgenreichen kulturhistorischen Vorgang einer »Verinnerlichung des Menschen« und der »blutigsten Passionen« (KSA 12, 400 f.), die sich nicht mehr oder besser: nicht mehr allein in grausamen Straf- und Opferritualen entladen, sondern gegen die eigene Person zu richten beginnen und mit der inneren Aufrichtung solch moralischer Ideale wie »Selbstopferung, Selbstlosigkeit und Selbstverleugnung« (KSA 5, 326) eine signifikante Ausgestaltung erfahren.

Und in der Tat greift Kant in seiner praktischen Philosophie auffallend häufig auf die Begriffe »Opfer« und »Aufopferung« zurück, um das Maß der schmerzhaften »Überwindung« und »inneren Nötigung zu dem« zu unterstreichen, »was man« in der gewaltsamen Unterwerfung seiner Begierden unter das Gesetz nicht gerne tut (KW V, 83f.). Im Gegenzug weist er in *Die Religion innerhalb der Grenzen der bloßen Vernunft* das rituelle Opfer als »Fetischdienst«, »Religionswahn« und, wie Platon, als ökonomischen Tauschhandel mit der Gottheit zurück. Der Ritualist suche sich mit solch »moralisch indifferenten« Kulthandlungen das »moralisch Gute mit der Hand im Schoße, als eine himmlische Gabe von oben herab« zu erkaufen und so die selbsttätige »Aufopferung zum Behuf der Pflicht«, kurz: jene Opfergewalt zu ersparen, die der kategorische Imperativ gegen die eigene Sinnlichkeit zu vollstrecken fordert (KW VI, 106, 161).[64]

Bei dem Versuch der Bestimmung des menschlichen Charakters macht Kant im ersten Stück seiner Religionsschrift insgesamt drei »Anlagen« bzw. »Bestandstücke« ausfindig: »Die Anlage zur Tierheit«, die vitale Fähigkeit also, ein Lebewesen mit Selbsterhaltungs-, Fortpflanzungs- und Gesellschaftstrieb zu sein, eine Fähigkeit, der eine »physische und bloß mechanische Selbstliebe« attestiert wird. Sodann die »Anlage für die Menschheit«, die eine technisch-praktische Vernunft »zur Wurzel« hat, als »Triebfeder zur Kultur« verstanden und mit der Neigung der »vergleichenden Selbstliebe« versehen wird. Schließlich die »Anlage für die Persönlichkeit« im Menschen, die die »Empfänglichkeit der Achtung für das moralische Gesetz als einer für sich hinreichenden Triebfeder der Willkür«, kurz: die Anlage zur Sittlichkeit bezeichnet. Auch wenn der Anlage zur Tierheit die »Laster der Rohigkeit der Natur« und der Anlage zur Menschheit »die Laster der Kultur« aufgepropft werden können (KW VI, 26-28), so gilt Kant weder das eine noch das andere »Bestandstück« des menschlichen Charakters als Grund des Bösen. Dieses gehöre nicht zur anthropologischen Geburtsausstattung, sondern müsse der freien Entscheidung des Menschen angelastet werden, um zurechenbar zu sein. Um dieser moralischen Zurechenbarkeit willen führt Kant den Hang zum Bösen als jene »Fähigkeit oder Unfähigkeit der Willkür« ein, »das moralische Gesetz in seine Maxime aufzunehmen oder nicht«. In gradueller Folge macht er drei Äußerungsformen des Hangs zum Bösen namhaft, die von der Gebrechlichkeit über die Unlauterbarkeit bis hin zur Bösartigkeit reichen: Mit der Gebrechlichkeit zielt Kant auf die »Schwäche des menschlichen Herzens in Befolgung genommener Prinzipien überhaupt«. Mit der zweiten Äußerungsform, der Unlauterbarkeit, führt er den »Hang zur Vermischung unmoralischer Triebfedern mit den moralischen« vor Augen. Mit der dritten Stufe macht er endlich jenen »Hang der Willkür« geltend, »die Triebfeder aus dem moralischen Gesetz anderen (nicht moralischen) nachzusetzen«, das heißt die hierarchisch gegliederte Anordnung der Triebfedern und »Bestandstücke« des menschlichen Charakters »umzukehren« (KW VI, 30 ff.). Mit der freien Entscheidungsfähigkeit zur Wahrung oder zur Missachtung, Vermischung und Umkehrung der hierarchischen Konfiguration von Tierheit, Menschheit und Persönlichkeit gibt Kant dem einzelnen Subjekt selbst den Schlüssel an die Hand, auf das Niveau des Tieres herabzusinken, ein zivilisierter Mensch zu sein oder aber sich zur moralischen Person zu erheben. Das dafür gemäße Verfahren ist der kategorische Imperativ, der das gewaltsame Opfer des Subjekts einfordert, um die innerräumlichen Abstände in der richtigen Rangfolge der drei »Bestandstücke« des menschlichen Charakters einzusetzen und aufrechtzuerhalten. Uneingeschränkt gut kann der Wille nur dann genannt werden, wenn er sich der Allgemeinheit des Gesetzes rein aus Pflicht unterwirft. Von anderen Motiven wie dem Interesse am Resultat der Handlung, der Eigen- oder Fremdenliebe darf er sich nicht bestimmen lassen. Die ausdrücklich »Opfer« genannte »Gewalt« (KW V, 270), die das moralische Gesetz der »Sinnlichkeit antut«, bewirkt ein »negatives Gefühl« des »Schmerzes« und der »Demütigung«. Ihm korrespondiert ein positives »Gefühl«, nämlich das der moralischen Erhebung auf intellektueller Seite. Diese Interaktion von Erniedrigung auf der sinnlichen Seite und »Erhebung« auf der intellektuellen Seite bezeichnet Kant als »Achtung fürs Gesetz«, die es selbst einflößt. Das Subjekt »demütigt sich« (KW V, 73, 80, 74), wenn es sich erhöht, und es erhöht sich gerade dadurch, dass es sich vor dem Gesetz erniedrigt und sich für es aus freien Stücken opfert. Um die Härte dieses Selbstopfers jenseits allen opferökonomischen Gewinns abzumildern, preist Kant die »Affektlosigkeit« (KW V, 272) und die Tugend der »moralischen Apathie« (KW VI, 408), die der gewaltsamen Herrschaft der praktischen Vernunft über die eigene Tierheit zum dauerhaften Siege verhelfen soll. Wenn aber die sinnlichen Neigungen nicht mehr im Konflikt mit der Pflicht stehen, dann nähern sich die Befolgung des Gesetzes und das gewaltsame Opfer des Subjekts der Gleichförmigkeit eines rituellen »Mechanismus« an, »wo wie im Marionettenspiel alles gut gesticulieren, aber in den Figuren doch kein Leben anzutreffen sein würde« (KW V, 147).

III.4 Noch nicht festgestellte Tiere

Die in der Mitte des 18. Jahrhunderts in Paris und Chicago erbauten Schlachthöfe, La Vilette (1863-67) und die Union Stock Yards (1864), die die einstigen Haustiere auf Massenschlachtvieh und Lebendmaterial reduzieren,[65] zeugen davon: Bis heute definiert das Tieropfer, die systematische Eliminierung und industrielle Massentötung von Tieren, den zivilisatorischen,[66] das freiwillige Selbstopfer den moralischen Status des abendländischen Menschen. Zugleich ist die Opfergewalt gegen das Tier – das Tier wie auch das Tier, das der Mensch selbst ist – jene raumgliedernde und Distanzen schaffende Praxis, die das hierarchische Gefüge und die differenziellen Abstände zwischen der tierischen, menschlichen und göttlichen Welt je von Neuem stiftet und aufrechterhält. Im Zuge der opferökonomischen Denunziation des rituellen Opfers gelingt es weder der platonischen noch der christlichen noch der kantischen Ethik, »das Opfer zu opfern«; in deren substanziellem Zentrum steht vielmehr seine mimetische Überbietung in Gestalt des gewaltsamen »Opfers des Subjekts«, das im Namen einer höheren und universalen Wahrheit – der reinen Erkenntnis, der Sünden aller Menschen bzw. der Allgemeinheit des Sittengesetzes – vollzogen wird und den Anspruch erhebt, die eigentliche Wahrheit des rituellen Opfers selbst – des Geistes des Verzichts und der Selbstverneinung – zu exponieren.

In seinen beiden Schriften *Jenseits von Gut und Böse* und *Zur Genealogie der Moral* sucht Nietzsche der erdrückenden Geschlossenheit dieser moralischen Opfergewalt zu entkommen und skizziert zu diesem Zweck eine »Naturgeschichte der Moral« (KSA 5, 105 ff.). Was aber bedeutet Natur? Im Unterschied zu manchen Darwinisten, die den Menschen »ungeschminkt und ohne Gleichnis« (KSA 5, 124) den Tieren zurechnen, ist Nietzsches Rede vom Menschen als Tier metaphorisch gemeint; sie hält sich in der Spanne und Spannung zwischen Eigentlichkeit und Uneigentlichkeit.[67] Nietzsche bezeichnet den Menschen nicht einfach als Tier, sondern als »das noch nicht festgestellte Thier« (KSA 5, 81). Unter allen Tieren ist das menschliche Tier das noch nicht identifizierte Tier, das über keine Eigenheit, über keine im Voraus festgelegte Identität verfügt, wie es in großer Nähe zu Pico della Mirandola heißt. Zwar ist der Mensch immer auch Tier, doch seine Natur, sein Körper und seine Instinkte stellen ihn nicht auf endgültige, abschließende und definitive Weise fest. Sie sind vielmehr so geartet, dass ihm vielerlei Festlegungsmöglichkeiten offenstehen. Er ist nicht an ein einziges Modell gebunden, sondern trägt viele kulturelle Darstellungsformen in sich (KSA 11,

107). Einerseits ist es dem Menschen unmöglich, im Zustand des Noch-nicht zu leben: Seine Identitätslosigkeit bedroht und schwächt ihn, macht ihn »kränker, unsicherer, wechselnder, unfestgestellter als irgendein Thier sonst«: Aus diesem Grund auch nennt Nietzsche ihn »das gefährdetste Thier« (KSA 5, 367). Andererseits tut jede Festlegung, die den Menschen auf eine bestimmte Identität und Darstellungsform hin verpflichtet, der Identität seiner Nichtidentität Abbruch. Wenn sie noch dazu ihre eigene Einseitigkeit als notwendige, unbedingte und absolute Festlegung ausgibt, indem sie »hartnäckig und unerbittlich [sagt]: ›ich bin die Moral selbst und Nichts ausserdem ist Moral‹« (KSA 5, 124), verbirgt sie, dass neben ihr auch andere Festlegungs- und Darstellungsformen möglich sind. Jede dogmatische Moral, die, wie die platonisch-christlich-kantische Moral, die Fülle der Möglichkeiten beschneidet und den Menschen auf eine einzige opfermoralische Feststellung hin fixiert, vertiert ihn zum »Heerdenthier«. Der Mensch aber als das »noch nicht festgestellte Thier« ist sowohl Tier als auch Nichttier. Darum wehrt sich Nietzsche gegen eine Moral, die ihn zum uniformen Tier macht, und stellt ihr eine generösere Moral gegenüber, die viele, konkurrierende Moralen und Formen des Nicht-Festgestelltseins offenhält. Zum einen zielt jede uniforme Moral darauf, die Sinne, den Körper, die Begierden und die Affekte mit Gewalt zu tyrannisieren und zum Gehorsam zu zwingen, das heißt, sie unterjocht gerade dasjenige, was im Menschen natürlich ist. Als Tier soll der Mensch gehorchen. Zum anderen ist aber eben dieser tyrannische Charakter der wesentliche Zug der Natur selbst, der alle Tiere zu Tieren macht und sie auf eine einzige Lebensform festlegt. Daher ist Moral nicht nur »ein Stück Tyrannei gegen die ›Natur‹«, sondern selbst ein Stück Natur, die allerdings für lange Zeit ebenso notwendig wie fruchtbar ist, wie Nietzsche mutmaßt (KSA 5, 108). Wie alle »guten Dinge«, auf deren Grund »viel Blut und

Grausen klebt«, könnte jedoch auch die Opfergewalt an eine Schwelle der »Selbstaufhebung« geraten, an der sich eine »sublime Heiterkeit«, »Erfindsamkeit« (KSA 1, 495) und verschwenderische Hingabe an den Anderen zu erkennen gibt. Dabei könnte es sich um eine Erfindsamkeit handeln, die der kulturellen Feststellung einer Tier-Mensch-Beziehung gilt, welche sich nicht (mehr nur) auf Gewalt gründet. Die gewaltige Frage, die sich hier aufdrängt, lautet: Gibt es eine Ethik, gibt es Möglichkeiten und Praktiken variabler anthropologischer Grenzziehungen ohne Opfergewalt und Gewalt gegen Tiere: gegen Tiere und gegen das Tier im Menschen.

IV. Magische Kräfte

Die meisten Ritual- und Magietheorien sind von der Unwürdigkeit ihres Gegenstands durchdrungen. Aus der Perspektive einer aufgeklärten Vernunft muss sich jede Ethnologie und Theorie der Magie je schon von dem illusionären Glauben an die Existenz übernatürlicher, durch rituelle Handlungen und exzentrische Sprechakte kontrollierbarer Mächte verabschiedet haben. Andernfalls hätte sie ihren Status als Wissenschaft preisgegeben. Magische Vorstellungen und Praktiken zu untersuchen bedeutet, »sich von vorneherein zu untersagen, [ihnen] irgendeine Wahrheit zuzuerkennen«,[68] und läuft auf die Austreibung alles dessen hinaus, was sich nicht wissenschaftlichen Prinzipien fügt. Der eigentliche Skandal der Magie besteht freilich in ihrer Wirksamkeit, wie nicht zuletzt die Todesfälle durch Beschwörung und Verhexung oder die Heilung Kranker in vielen Gebieten der Welt bezeugen. Kann die Wirksamkeit gewisser magischer Handlungen nicht bezweifelt werden, so lässt sich die wissenschaftliche Dignität dieser illegitimen Praxis nur dadurch absichern, dass man hinter dem sinnlosen Abrakadabra, dem rituellen Plunder und »blauen Dunst« (EM 89, 131), den die Magier jeweils vor ihrem Publikum erzeugen, ein von ihren Akteuren selbst verkanntes Gesetz oder eine geheime Zweckmäßigkeit ausfindig macht, die die Magie als illusionär kennzeichnet und ihr doch zugleich eine gewisse hintergründige Funktionalität zumisst. Kann es überhaupt eine Wissenschaft und Theorie der magischen Vorstellungen und Riten geben, die sie nicht *als* Magie, in ihrem Eigensinn, von einer höheren Warte der Vernunft aus verrät? Inwieweit gelingt es den wichtigsten magietheoretischen Konzepten von Marcel Mauss über Claude Lévi-Strauss bis hin zu Jacques Lacan, von den außerordentlichen Kräften der Magie Rechenschaft abzulegen, ohne in die denunziatorische Falle der viktorianischen Anthropologie oder der philosophischen Ritualkritik zu tappen?

IV.1 Magische Wirksamkeit

Es ist zweifellos der Wirksamkeit vieler magischer Riten geschuldet, dass die Soziologen der Durkheimschule die Magie mit intensiver Aufmerksamkeit bedacht haben. Dabei machen Marcel Mauss und Henri Hubert in ihrem 1902/03 erschienenen *Entwurf einer allgemeinen Theorie der Magie* keinen Hehl daraus, dass es sich dabei um eine marginale Praxis handelt, die von den Ressourcen und Kräften der jeweils hauptamtlichen Religion zehrt. Für Mauss und Hubert gibt es freilich eine weiße und eine schwarze Magie:[69] Die weiße und kulturhistorisch frühere hat ihre Allgemeinwohlorientierung noch nicht eingebüßt und befindet sich in vertrauter Nachbarschaft zur Religion; die schwarze ist hingegen die »individuelle Aneignung« (EM 123) bzw. »eigennützige Entwendung« kollektiver Kräfte zum Schaden Anderer[70] (was im Übrigen die heute geläufige, zeitgenössische Formel für Korruption und Misswirtschaft ist). Durch die vergleichende Analyse heterogener magischer Systeme hoffen Hubert und Mauss, zu jenen »wesentlichen Elementen« der Magie vorzudringen, die für die verschiedensten Kulturen und Zeiten Geltung beanspruchen können. Die durch die Untersuchung der Magie »sehr primitiver Gesellschaften« bereitgestellten »elementaren Tatsachen« geben eine Probe ihrer »vollkommenen Form«. Wegen ihrer Fremdheit bedürften diese jedoch einer besonderen hermeneutischen Anstrengung, wären sie nicht mit den aus den differenzierten Gesellschaften bezogenen komplexen Tatsachen zu vergleichen, die die ersten an Verständlichkeit übertreffen und es schließlich erlauben, die »elementaren Tatsachen« überhaupt und die komplexen Tatsachen in einem wesentlichen Sinne zu begreifen (EM 48). Dieses methodische Zickzack-Programm zwischen elementaren und komplexen Tatsachen, das knapp zehn Jahre später Durkheims *Die elementaren Formen des religiösen Lebens* orientieren wird, wird durch eine soziologische »Reduktion« (EM 123) komplementiert. In deren Verlauf werden die drei »wesentlichen Elemente« der Magie – Akteure, Handlungen und Vorstellungen, Patienten bzw. Behandelte fehlen vollständig – auf diejenigen kollektiven Kräfte zurückgeführt, die diesen Elementen ihre eigentümliche Wirksamkeit verleihen. Damit erst kann die »Totalität«, das Ganze der Magie und ihre Teile, einer abschließenden Klärung zugeführt werden.

Die gestaltpsychologischen Implikationen dieses ins Soziale gewendeten Ansatzes, dem zufolge das Ganze mehr ist als die Summe seiner Teile, haben ihren Weg bereits durch Durkheims *Die Regeln der soziologischen Methode* gemacht, um auch hier in Form des berühmten-berüchtigten »Chosismus« wiederaufzutauchen. Durkheim legt Nachdruck darauf, die Magie, wie alle anderen sozialen Tatsachen auch, als bzw. wie ein Ding zu betrachten (vgl. EM 121). Mit dem Begriff des »Dings« zielt Durkheim nicht nur auf jenen Unterschied zwischen sozialer Wirklichkeit und »soziologischer Wahrheit«, der die soziologische Erkenntnistheorie allererst einrichtet und legitimiert. Soziale Tatsachen als Dinge zu betrachten heißt darüber hinaus, ihre Exteriorität, ihren Widerstand und (kategorischen) Zwang in den Blick zu nehmen, denen gegenüber Wille, Wunsch und Willkür des Einzelnen nichts auszurichten vermögen. Es kann also für Hubert und Mauss nicht darum gehen, die Magie in Kategorien individueller Glaubensvorstellungen zu behandeln, sondern die magischen Kräfte als kollektive Kräfte und die Riten als operativ wirksame, traditionelle Handlungen auszuweisen.

Wie genau gelingt es den magischen Riten (mithilfe der von ihnen eingesetzten Dinge, Künste und Fertigkeiten), Krankheiten zu heilen, einen spirituellen Vermittler zum hilfreichen Eingreifen in eine krisenhafte Situation zu bewegen, einer erfolgreichen Jagd Vorschub zu leisten oder einem soeben Verstorbenen zum sicheren Geleit ins Totenreich zu verhelfen? Die Wirksamkeit und poietische Macht der manuellen und oralen Riten besteht darin, dass sie etwas Spezifisches »machen«, »tun«, hervorbringen und »bewirken«, wie Mauss und Hubert in überraschender Familienähnlichkeit mit Austins viel späterer Sprechakttheorie betonen (EM 11, 35). Mauss und Hubert schenken den magischen Riten erstmals dieselbe Aufmerksamkeit wie dem magischen Denken und legen doch zugleich Nachdruck auf die Unterscheidung zwischen manuellen und oralen Riten. Dabei machen sie namentlich die »Inkantationen«, die Sprechgesänge, in ihrem Verhältnis zu den manuellen Riten zum Gegenstand einer Neubewertung, indem sie die Existenz bloß stummer Riten bezweifeln und im Gegenzug die große Zahl ausschließlich oraler Riten betonen (EM 88), die die Fähigkeit besitzen, eine »Kraft hervorzurufen und einen Ritus zu spezialisieren« (EM 90). Die Ansetzung dieses Gefälles ist in der Tat an einer sprechakttheoretischen Implikation *avant la lettre* orientiert: Magisch und das heißt vor allem im höchsten Maße formell zu sprechen bedeutet nichts anderes, als etwas zu tun und etwas hervorzubringen, das es ohne und außerhalb des rituellen Sprechens nicht gibt (EM 91). Zugleich wird selbst noch der manuelle Ritus in seiner Rückführung auf die Geste von der Warte einer stummen Inkantation aus gedacht, die sich auf das Sprechen zurückführen lässt:

»Die Geste ist ein Zeichen und Sprechen« (EM 90), so dass schließlich »jeder Ritus [als] ein Art Sprache« (EM 94) bestimmt werden kann, wie es in einer Saussure nahen Formel heißt, die Jahre später bei Lévi-Strauss im Hinblick auf die Verwandtschaft und bei Lacan in Bezug auf das Unbewusste wieder begegnen wird. Das magische Selbstverständnis traut den Riten, Dingen und der magischen Küche eine »unmittelbare und grenzenlose Wirkung« hinsichtlich der Veränderung von Zuständen zu; und so wird die Magie von denen, die sie praktizieren und die an sie glauben, als »die Kunst der Veränderung« (EM 94) bezeichnet. Die performative Kraft des Ritus rührt für Mauss und Hubert zum einen von der Tatsache her, dass es sich dabei um eine traditionelle und operativ wirksame Handlung handelt, die in der vorgeschriebenen Weise aus- und aufgeführt werden muss (EM 54). Zum anderen führen sie die affektive Energie, die Tatsache also, dass bestimmte Operationen mit einer spezifisch wirkungsverleihenden Kraft besetzt werden, auf jenen Affektbetrag zurück, der entsteht, wenn sich Menschen in der Erwartung versammeln, einem operativ wirksamen Ritual beizuwohnen. Die affektive Ladung ist eine soziale Ladung der *effervesence*, die den Ritus mit einer Besetzungsenergie ausstattet und ihn dadurch zur Poiesis befähigt.

Dass rituellen Dingen, Personen, Milieus und Worten eine magische Handlungs-, Herstellungs- und Affektmacht – *agency* – zugesprochen wird, liegt an den Prozeduren und dem konventionellen Formalismus der Sprechakte, in die sie jeweils eingebunden sind. Im Unterschied zu Austins späterer Sprechakt theorie fügt die soziologische Explikation den magischen Sprechakten und rituellen Handlungen jedoch noch die Größe des sozialen Affekts hinzu: Die performative Kraft geht auf eine gemischte Rede von sozialer Besetzungsenergie und traditionell vorgeschriebenen Handlungen zurück. Es ist die Formel selbst und –

so müsste man hinzufügen – der soziale Affekt, die die Kraft der Performative als wirksame Praktiken der Poiesis und Zustandsveränderung auszeichnen. Performative – und Riten zumal – bringen nicht nur die Sphäre von Praxis und Poiesis zusammen, sie sind zugleich auch Pathossätze und Affekthandlungen.

Dem Magier kommt die Aufgabe zu, über den Weg der Trance, Ekstase oder Besessenheit in Verbindung mit jenen Mächten, Geistern, Dämonen oder Seelen zu treten, deren Kräften er bei seinen magischen Operationen bedarf. Dabei erweist er sich durchaus als »Herr seiner Besessenheiten«, die er durch spezifische Techniken – Tanz, Musik, Drogen, Gifte – eigens hervorrufen und beenden kann. Die Besessenheitstechniken gehören ebenso wie die Riten zum Repertoire einer exklusiven traditionellen Ausbildung, die immer auch die Darstellungskünste miteinschließt. Der Magier tut nicht nur etwas, indem er etwas sagt und/oder rituell vollzieht, sondern auch dadurch, dass und indem er etwas darstellt, nämlich eine für alle Beteiligten sichtbare Wunscherfüllung. Die Magie ist die »Domäne des Begehrens« (EM 159); und der Magier der rituelle Darsteller – Schauspieler, Tänzer, Bildner – eines spezifischen Begehrens, das durch die Darstellung selbst, im unmittelbaren Zusammenfall von Darstellung und Dargestelltem, erfüllt wird (EM 162).[71] Hier greift dann das von James George Frazer für den Bereich der imitativen Magie geltend gemachte Gesetz der Ähnlichkeit, das zwei Ausgestaltungen kennt: »das Ähnliche ruft Ähnliches hervor« sowie »das Ähnliche wirkt auf das Ähnliche« bzw. »heilt das Ähnliche«.[72] Mauss und Hubert legen freilich Wert darauf, Ähnlichkeit nicht im Sinne des Abbildlichen, sondern im Sinne einer »quasilegalen Konvention« zu verstehen: Es kommt darauf an, was jeweils als Ähnliches gilt (EM 110f., 105).

Wie erklären sich Mauss und Hubert die Beziehungen zwischen dem Magier und dem Publikum? Die zunächst nur dem magischen Amtsträger zugesprochenen Alterierungs- und Verwandlungszustände stellen auf dem Wege affektiver Mimesis – »Ähnliches ruft Ähnliches hervor« bzw. »Ähnliches wirkt auf Ähnliches« – jene Ressource des Außersichseins für jeden Einzelnen bereit, aus dem die symbiotische Verschmelzung und Einswerdung aller mit allen, ja, aus dem Gesellschaft selbst hervorgehen soll. Die Affektion eines jeden Individuums durch die spiegelbildliche Versammlung aller anderen ereignet sich zugleich mit der Autoaffektion der Gesellschaft. Indem die einzelnen Individuen zusammentreten, sich unter Preisgabe ihrer Individualität gegenseitig durchdringen und »von einer einzigen Bewegung belebt« (EM 165) werden, stellt sich die »kollektive Erregung« (EM 161), die mit der Erregung bzw. Entstehung des ganzen Kollektivs zusammenfällt, als eine den Einzelnen überschreitende, ihn transformierende und fremde Macht dar. Sie wird allerdings nicht – wie es aus soziologischer Perspektive angemessen und geboten wäre – mit dem »sozialen Körper« selbst, sondern mit der wirksamen Kraft der Magie identifiziert und bewältigt. Kurz: Der mit dem Extremfall obsessiver Einswerdung und Selbstaffektion bezeichnete Ursprung von Gesellschaft geht mit einer wesentlichen Verkennung einher, die die Geburt der Magie einleitet. Ohne es selbst zu wissen, symbolisiert sich die Gesellschaft in der Idee und wirksamen Kraft der Magie selbst, und sie handelt eigentlich nur von sich, wenn sie die Magie praktiziert. Die soziologische Reduktion führt demnach alle wirksamen Elemente der Magie – Magier, magische Performative und Vorstellungen – in einer einzigen monogenealogischen Bewegung auf die *effervescence* zurück. Eine soziologisch aufgeklärte Besessenheitserfahrung hätte indes auf das trügerische Identifizierungsmittel der Magie verzichtet und sich die magische Kraft als soziozentrischen Affekt selbst zugeschrieben. Vor diesem Hintergrund erweist sich die magische ›Affekttheorie‹ als eine soziologische Gründungserzählung, die den Vertragstheorien des 17. und 18. Jahrhunderts die ›Wahrheit‹ eines pathischen Ursprungs der Gesellschaft entgegenstellt. Mauss und Hubert errichten mit der Magie das primitive Idealbild einer obsessiv gegründeten *volonté générale*, das mit der ganzen typografischen Kraft eines mimetischen Vorbilds auf die europäischen Gesellschaften (ein-)wirken soll:

> »Es gibt keine Individuen mehr. Sie sind sozusagen die Einzelteile einer Maschine oder, besser noch, die Speichen eines Rades, dessen magischer, tanzender und singender Rundlauf das ideale, vielleicht urtümliche Bild wäre [...], [das] in unseren Gesellschaften nicht mehr, nicht einmal von den erregtesten Massen, realisiert werden kann. [...] Alle Leiber haben dieselbe Schwingung, alle Gesichter tragen dieselbe Maske und alle Stimmen sind ein einziger Schrei [...]. In der Bewegung ihres Tanzes und im Fieber ihrer Erregung durcheinandergewürfelt bilden sie nur noch einen einzigen Leib und eine einzige Seele. Erst dann ist also der soziale Körper wahrhaft realisiert.« (EM 165)

Hinter dieser gegenüber den faschistischen Massenformationen theoretisch völlig ungeschützten Darstellung obsessiver Einswerdung, die es auch und gerade in den europäischen Gesellschaften mithilfe neuer Feste, Riten und Symbole zu reauratisieren gilt, ist die Ausgangsfrage der performativen Kraft der Magie nahezu untergegangen. Die Magietheorie von Mauss und Hubert ist offensichtlich weniger dazu geeignet, die europäische Faszination am primitiven Taumel der Ekstase zu analysieren, als vielmehr dazu, sie mit Nachdruck zu unterschreiben. Daher verwundert es nicht, dass Lévi-Strauss in seinen Studien zur Magie sowohl gegenüber den ritual- als auch gegenüber den affekttheoretischen Konzepten der Magie auf Distanz geht und stattdessen auf eine symbolische Erklärung zurückgreift, um die magische Wirksamkeit plausibel zu machen. Es fragt sich freilich, ob er dabei überzeugender sein kann als Mauss und Hubert.

IV.2 Symbolische Wirksamkeit

In dem 1949 erstmals veröffentlichten Text über *Die Wirksamkeit der Symbole* ist es Lévi-Strauss nicht um eine vergleichende Analyse verschiedener magischer Systeme, sondern um die Explikation eines einzigen magischen Heilgesangs zu tun, von dessen Erklärung er sich allerdings die Lösung des Rätsels der magischen Wirksamkeit insgesamt verspricht.[73] Dabei handelt es sich um den von Nils Holmer und Sir Henry Wassén 1947 in englischer Sprache übersetzten und 553 Verse umfassenden Heilgesang *Mu-Igala or the Way of Muu*,[74] den der Cuna-Indianer Guillermo Hayan von Rubén Pérez Kantule erhalten hat, der wiederum über viele Jahre als Sekretär des Chefmediziners der Cuna, des *nele* de Kantule gearbeitet hat.[75] Der Heilgesang, der bei schweren Geburten zum Einsatz gelangt, gibt den Ethnologen bis heute Rätsel auf. Denn es gelingt ihm ohne jede Arzneigabe, ohne jeden chirurgischen Eingriff und ohne eine einzige körperliche Berührung, eine ins Stocken geratene Geburt erfolgreich einzuleiten. Die schamanistische Medizin der Cuna von Panama rückt organischen Übeln nicht selten nur mithilfe von Sprechgesängen und abstrakt erscheinenden Ritualen zu Leibe, die in einer für europäische Augen unbegreiflichen Beziehung zur Krankheit selbst stehen. In jedem Fall hat man es mit einer Heilung *par distance* zu tun.

Lévi-Strauss konzentriert sich indes auf die Analyse des Inhalts und der Erzähltechnik des *Mu-Igala*, um die »psychologische Manipulation der kranken Organe« sinnfällig zu machen. Im Unterschied zu der ausführlichen Erzählung der Ereignisse im Heilgesang sind die rituellen Handlungen und Dinge, die der *nele* auf Bitten der Hebamme zum Einsatz bringt, auffallend beschränkt: Während der eineinhalb Stunden dauernden Behandlung, die nach Bedarf wiederholt wird, sitzt er am Kopfende der

Wöchnerin. Dabei verbrennt er zu seiner eigenen »Stärkung« und die seiner Kleider Kakao (Verse 65-66), der sich in einem Gefäß unter der Hängematte der Patientin befindet. Dort stellt er auch die aus Holz geschnitzten Figuren auf, die eine wichtige Rolle als therapeutische Assistenten und Schutzgeister (*nuchu*) spielen. Wie Baron Nordenskiöld, Fritz Kramer und andere Cuna-Ethnologen[76] vermuten, lässt sich der auffällige Kontrast zwischen der Ritual- und Dingarmut einerseits und dem inhaltlichen Detailreichtum des Gesangs andererseits mit der Preisgabe der »ekstatischen Séancen« in der Mitte des 19. Jahrhunderts bei gleichzeitiger inhaltlicher Übernahme der manuellen Riten in den Sprechgesang erklären. Mit den hölzernen Figuren – Lévi-Strauss nennt sie »heilige Bilder« oder »modellierte Figürchen« (WS 205, 206) –, die der *nele* im Kampf mit der Verursacherin der Geburtskomplikationen zu seinen wichtigsten Verbündeten macht, hat es eine besondere Bewandtnis. Nicht nur haben in den zu ihrer Herstellung verwendeten Holzarten »Schutzgeister« ihren Wohnsitz aufgeschlagen.[77] Die verwendeten Figuren sind darüber hinaus »nach Tracht und Physiognomie nichts anderes als Europäer«. Für die Cuna stellen sie – wie die westliche Zivilisation mit ihren großen Städten, Warenpalästen, Maschinen, Verkehrs- und Transporttechniken insgesamt – einen Teil ihrer Wildnis dar und gelangen im Kontext medizinischer Gesänge zum Einsatz, »um deren fremde Macht für das Heil der indianischen Gemeinschaft zu nutzen«.[78] Für die Schutzgeister der Pflanzen gilt jedenfalls aus Sicht der Cuna-Medizin, dass sie eine menschliche »Gestalt« annehmen müssen, wenn »sie in den Dienst des Menschen gestellt werden«.[79] In den 1950er Jahren verzichteten die *nele* allerdings auf die Aufstellung der Figuren und führten sie nur noch »durcheinanderliegend in einer Holzkiste«[80] mit. In seiner dichtgedrängten Paraphrase des Gesangs berichtet Lévi-Strauss, wie der *nele* bei seiner Ankunft in der Hütte der Schwangeren die »heiligen Bilder« unsichtbar und so tauglich macht für die diagnostische Suche nach der Urheberin der Geburtskomplikation und ihrer Überwältigung (WS 206 f.). Im Gesang heißt es, dass die in den Figuren inkarnierten Schutzgeister sich aufmachen in ein unwegsames inneres Gebiet, wo sie auf das Geistwesen Muu und ihre Töchter stoßen, die die Lebenskraft und Lebensseele der zukünftigen Mutter entführt haben. Unter Überwindung vieler Hindernisse – wie der Durchquerung verschiedener Gebirge und der Bezwingung wilder Tiere (Verse 241-247) – gelingt es ihnen, die mütterliche Lebensseele zu befreien: und zwar mithilfe ihrer »goldenen Kappen«, denen eine »Wolke, ähnlich wie Spinngewebe, Gestank und Rauch« entsteigt (Verse 383-400). Unter deren Gewicht brechen schließlich Muu und ihre ganze weibliche Entourage keuchend und hustend zusammen und werden so zur Herausgabe der mütterlichen Lebensseele gezwungen, so dass die »Integrität des Hauptkörpers« (Verse 430, 435) wiederhergestellt werden und die Entbindung erfolgen kann.

Für die Klärung der magischen Wirksamkeit ist für Lévi-Strauss die Entdeckung entscheidend, dass es sich bei dem Weg Muus und ihrem Wohnort »buchstäblich [um] die Vagina und den Uterus der schwangeren Frau handelt, die der Schamane« (WS 206) gemeinsam mit seinen Schutzgeistern erforscht. Als stilistische Eigenart fällt ihm die ausführliche und mit häufigen Wiederholungen arbeitende Eingangssequenz ins Auge, die von nichts anderem als von dem Gespräch der Hebamme mit der Kranken, ihrem Weg zur Hütte des Schamanen, ihrem Rückweg zur Hütte der Gebärenden und der Ankunft des *nele* erzählt. Die Heilung nimmt demnach ihren Ausgang mit einer Rückblende auf vorangegangene und belanglos erscheinende Ereignisse, die so detailbesessen und langatmig erzählt werden, »als ob sie im Zeitlupentempo gefilmt wären« (WS 211). Die Geburt der Zeitlupe im *Mu-Igala* als narrative Technik des Sprechgesangs erfüllt aus Sicht von Lévi-Strauss den Zweck, die durch Schmerzen getrübte Aufmerksamkeit der Gebärenden durch die Produktion einer halluzinativen Sichtbarkeit zu fesseln und ihr das intensive Wiedererleben der Ausgangssituation zu ermöglichen. Die Technik der zeitlichen Dehnung des Übergangs von dieser »profanen Realität« hin »zum Mythos«, vom physischen zum physiologischen Universum, von der Außenwelt zum Körperinneren, nimmt im Folgenden zusehends den Charakter einer »obsessiven Technik« an, um in einem überstürzten »Rhythmus ein immer rascheres Hin und Her zwischen den mythischen und physiologischen Themen« zu erzeugen (WS 212). Es hat den Anschein, als ob für die leidende Frau der Unterschied zwischen den verschiedenen Sphären ausgewischt werden müsste, damit der Mythos von Muu im Inneren der Frau selbst, und zwar auf dem Wege einer affektiven »Identifizierung« mit dem Handeln der mythischen Protagonisten, zu »wirken« vermag: »Diese dringen in die natürliche Öffnung ein, und es ist vorstellbar, dass die Kranke sie nach dieser psychologischen Vorbereitung wirklich eindringen spürt.« (WS 213) Die »wahrhaft mythische Anatomie«, die der Heilgesang vom weiblichen Körperinneren entwirft, deckt sich mit »einer Art affektiver Geographie« (WS 214), die Lévi-Strauss an ein »Inferno à la Hieronymus Bosch« (WS 215) erinnert, und die Identifizierung mit der mythischen Operation in Gang setzt.

Die »affektive« Identifizierung ist für Lévi-Strauss freilich noch nicht das letzte Wort zur Frage der magischen Wirksamkeit. Die heilende Kraft des Verfahrens besteht für ihn vielmehr darin, »eine Situation, die zunächst affektiver Natur ist, gedanklich faßbar und Schmerzen, die auszuhalten der Körper sich weigert, für den Geist annehmbar zu machen« (WS 216). Kurz: Die magische Wirkung ist für Lévi-Strauss keine affektive, sondern in letzter Konsequenz eine symbolische Wirkung: »Der Hauptzweck des Gesangs [scheint] zu sein, der Kranken« mithilfe fantastischer Ungeheuer und wilder Tiere ihre Schmerzen zu personifizieren, sie so darzustellen, dass »das Bewußtsein oder das Unterbewußtsein sie erfassen kann« (WS 214): Der Schamane leiht mithilfe des Mythos einer traumatischen Erfahrung eine Sprache, mit deren Hilfe diese für die Leidende überhaupt erst geordnet, erlebbar und verständlich gemacht werden kann. Insofern das Symbol das »signifikative Äquivalent« eines unzugänglichen, ja unbewussten Signifikats darstellt (WS 220), erlaubt es der betroffenen Frau ein intelligibles Verständnis der als solche unbegreiflichen Schmerzen. Kraft ihrer Symbolisierung finden diese ihren Ort in einem mythischen »Ganzen« (WS 217) und führen so zur organischen Lösung des ins Stocken geratenen Geburtsvorgangs.

So elegant freilich diese rationale Erklärung der symbolischen Wirksamkeit der Magie auch erscheinen mag, so sehr gerät sie angesichts neuerer ethnologischer Forschungen ins Trudeln. Der im *Mu-Igala* selbst angesprochene Umstand, dass die Gebärende sich im »Fieberwahn«[81] befindet und ihre Sehkraft »abgeirrt ist, eingeschlafen auf dem Pfade von Muu Puklip« (Vers 97), findet eine doppelte Resonanz in den ethnografischen Untersuchungen von Joel Scherzer und Norman Macpherson Chapin. Während Chapin unterstreicht, dass der Gebärenden die mythische Spezialsprache des *Mu-Igala* völlig unverständlich sei,[82] heißt es bei Scherzer unter Verschärfung dieses Einwandes: »Die kranke Person nimmt nicht aktiv an diesem Ereignis teil. Für gewöhnlich schläft sie oder ist bewusstlos vor Schmerzen. Es ist sogar möglich, dass sie gar nicht anwesend ist.«[83]

Damit stürzt Lévi-Strauss' rationale Deutung der magischen Wirkung wie ein Kartenhaus zusammen:[84] Wer der rituellen Sprache nicht mächtig, wer schlafend oder körperlich abwesend ist, dem vermag die Heiltechnik keine mythisch sinnvolle und symbolisch wirksame Übersetzung seiner unfassbaren Schmerzen bereitzustellen.[85] Lévi-Strauss verkennt also die magische Wirkung von Riten, die, wie schon Mauss und Hubert betonen, überall »zum Rätsel und Gestammel« und zu den »fremdartigen, unbegreiflichen Ausdrücken« tendieren (EM 90 f., 83). Kurz: Es kommt nicht darauf an, dass diese von den Beteiligten verstanden, mit Sinn und Bedeutung ausstaffiert, sondern nur darauf, *dass* sie überhaupt stattfinden und *für jemanden* vollzogen werden.[86]

IV.3 Bildliche Wirksamkeit

Wie also könnte das Rätsel der magischen Wirkung, auch und gerade aus der von Mauss und Hubert völlig ausgeblendeten Perspektive der Patienten, aufgelöst werden? Wie lässt sich das bei Lévi-Strauss, Mauss und Hubert ungedacht gebliebene Verhältnis zwischen Patient und Magier bzw. zwischen Patient und magischen Praktiken erklären? Mit der von Lévi-Strauss entdeckten Familienähnlichkeit zwischen dem Psychoanalytiker und dem Magier einerseits und dem Vorgang der affektiven Identifizierung mit den »heiligen Bildern« (WS 205) bzw. mit den dramatischen Visualisierungen des Sprechgesangs andererseits hat er, zumindest für Jacques Lacan, einige entscheidende Hinweise ausgestreut. In dem 1949 veröffentlichten Artikel *Das Spiegelstadium als Bildner der Ichfunktion* spielt der im selben Jahr erschienene Aufsatz von Lévi-Strauss über *Die Wirksamkeit der Symbole* jedenfalls eine entscheidende Rolle. Lacan ist es um die Funktion der »Imagines im Halbschatten der symbolischen Wirksamkeit« (DSp 65) und durchaus darum zu tun, Lévi-Strauss vom Kopf auf die Füße zu stellen. Der Text über das Spiegelstadium entwirft eine Theorie der affektiven Identifizierung und Mimesis, die von der typografischen Kraft der bildlichen Gestalt ausgeht und es verbietet, das Bild als einen schattenhaften Nachtrag der Realität zu verstehen. Die Grundzüge der lacanschen Überlegungen sind wohlbekannt: Den Ausgangspunkt bildet nicht die Krisensituation einer schweren Geburt wie bei Lévi-Strauss, sondern die anthropologische Tatsache der vorzeitigen menschlichen Geburt, die die Selbsterhaltung des Säuglings unauflösbar mit der Fremderhaltung durch Pflegepersonen verstrickt und sich in »motorischer Inkoordiniertheit« und einem »Unbehagen« (DSp 65) im »innerlichen Selbstbefinden«[87] zum Ausdruck bringt. Gegenüber dieser ursprünglichen Gebrechlichkeit des Säuglings macht Lacan eine »frühzeitige Reifung [seiner] visuellen Wahrnehmung«[88] und die jubilatorische Affektverausgabung des Säuglings angesichts seines eigenen Spiegelbildes geltend (DSp 63f.).

Lacan richtet sein Augenmerk auf die Macht der Anziehung, die das Spiegelbild auf den Säugling ausübt, wenn er in der aufgerichteten spiegelbildlichen Gestalt das »heilbringende Ideal«[89] seines eigenen Körpers begrüßt. In Anlehnung an Freud, für den das Ich als körperlich verfasstes »die Projektion einer Oberfläche«[90] darstellt, stiftet das »exemplarische« Ereignis der triumphalen Aufnahme des »Reliefs in Lebensgröße« aus Sicht Lacans jene »symbolische Matrix«, in die »das Ich (je) sich Hals über Kopf als eine primordiale Form hineinstürzt«. Die körperliche Form des Ichs, die bei diesem »Standbild« infrage steht und mit »narzißtischer Leidenschaft«[91] besetzt wird, ist das *je-idéal*, an dem es sich ausrichtet, mit dem es sich identifiziert, an dem es sich »mißt, dem es nachstrebt [und] dessen Anspruch auf immer weiter gehende Vollkommenheit es zu erfüllen sucht«.[92] Damit aber sieht sich das *Je* zeitlebens mit den unerfüllbaren Forderungen eines »fiktiven« Ideals konfrontiert, die das Imaginäre der Instanz des Ich-Ideals ausmachen. Denn die »totale Form des Körpers, kraft der das Subjekt in einer Fata Morgana die Reifung seiner eigenen Macht vorwegnimmt« (DSp 64), entspricht nicht der »eigenen Realität« des Gespiegelten. Diese Spannung zwischen dem imaginären Ich-Ideal und dem Ich kann in eine unerbittliche intrasubjektive »Rivalität« umschlagen, die die masochistischen und suizidalen Drohungen des Narzissmus erhellt.[93] Entscheidend ist für Lacan jedoch, dass mit der »orthopädischen« (DSp 67) Ganzheit des Spiegelbildes nicht nur die Geburtsstunde der Imago des ganzen, heilen, unversehrten und seiner selbst mächtigen Eigenkörpers schlägt, sondern damit zugleich auch die »Schwelle« zum Bild des zerstückelten Körpers überschritten wird, wie es sich in Träumen, Halluzinationen oder in seinen Projektionen auf bestimme Objekte darbietet (DSp 65).

Für Lacans Ausmalung der Imago des zerstückelten Körpers hat nun die im *Mu-Igala* der Cuna beschriebene und von Lévi-Strauss als »mythische Anatomie« bezeichnete innere »Welt des Uterus« ganz offenkundig Pate gestanden. Dafür spricht zum einen Lacans Verwendung des Begriffs der »phantasmatischen Anatomie« (DSp 67) und zum anderen sein Hinweis auf die Malerei von Hieronymus Bosch, an die sich Lévi-Strauss angesichts der mythischen Schilderung des »Infernos« der weiblichen Körperinnenwelt ausdrücklich erinnert fühlte: Die im *Mu-Igala* ins Werk gesetzte Visualisierung der Geburtsschmerzen durch »phantastische Ungeheuer und wilde Tiere, die mit herunterhängender Zunge [...] geifernd und schäumend, mit flammendem Schwanz, drohend gefletschten, alles zerreißenden Zähnen« (WS 213 f.) den weiblichen Körper in seinem Inneren zu zerstören drohen, findet in Lacans Imago des zerstückelten Körpers einen deutlichen Widerhall: »Er erscheint dann in der Form losgelöster Glieder und exoskopisch dargestellter, geflügelter Organe, die jene inneren Verfolgungen aufnehmen, die der Visionär Hieronymus Bosch in seiner Malerei für immer festgehalten hat.« Die im Organischen selbst fassbaren »Bruchlinien« dieser »phantasmatischen Anatomie« (DSp 67), an deren stets möglichem Aufbrechen der eigene Körper in Fetzen zu fliegen und auseinander zu platzen droht, konfigurieren nicht nur Heerscharen von individuellen Träumen und Angstphantasien; sie bestimmen auch die thematische Ausgestaltung von rituellen Heilgesängen und die Künste des Bildes insgesamt, wann immer sie sich der Darstellung des zerstückelten Körpers annehmen. Mit Lacan kann man der im *Mu-Igala* entworfenen »mythischen Anatomie« demnach den gleichen spiegelbildlichen Entstehungsort zuweisen wie den heilbringenden, hölzernen Figuren der Cuna-Mediziner, den *nelegan*, die sich für eine Projektion der Imago des unversehrten Körpers angeboten haben. Während Lévi-Strauss dem Heilgesang auf dem Niveau des organischen Körpers eine »symbolische« und zugleich heilsame »Wirksamkeit« attestiert, spricht Lacan wiederum der spiegelbildlichen Gestalt »bildnerische Wirkungen auf den Organismus« zu. Für diese »fonction informatrice«[94] bezieht er sich auf einschlägige Experimente (1939 von Leonard Harrison Matthews und 1941 von Robert Chauvin) mit Taubenweibchen oder Wanderheuschrecken, die angesichts ihres eigenen Spiegelbildes zu ovulieren beginnen bzw. sich vom solitären Typ in einen gregären Typ verwandeln.[95]

Worin aber besteht die bildliche Wirkung auf den kindlichen Körper? Diesseits und außerhalb der spiegelbildlichen Mimesis gibt es kein einheitliches Ich im Sinne einer fest umrissenen Gestalt des eigenen Körpers. Folglich geht dem Abbild kein »Urbild« voraus, das wirklicher oder wesentlicher wäre. Denn das Imitierte ist erst durch seine Imitation von sich als einem, wenn man so will, »Urbild«[96] betroffen. Die Imitation ist gegenüber dem Imitierten vorgängig. Indem die Imitation das Imitierte nachahmt, bringt sie es zugleich auf bestimmte Weise hervor. In Frazers Begriffen der imitativen Magie gesagt: »das Ähnliche ruft Ähnliches hervor« bzw. »das Ähnliche wirkt auf das Ähnliche«

bzw. »heilt das Ähnliche«.[97] Der Säugling, der von seiner »idealen Einheit, der heilbringenden Imago«[98] seines eigenen Körpers in Bann geschlagen ist, identifiziert sich mit dem, was er gerne »selbst sein möchte«.[99] Diese affektive Identifizierung mit dem souveränen Standbild setzt einen Prozess der Verähnlichung in Gang: Im Übergang von der körperlichen »Unzulänglichkeit auf die Antizipation« wird das »an der lockenden Täuschung der räumlichen Identifizierung festgehaltene Subjekt« (DSp 67) zur Erhebung und Aufrichtung seines Körpers, kurz: zum aufrechten Gang und dazu verführt, sich mit dem imaginären Ich-Ideal der integrativen körperlichen Einheit in Übereinstimmung zu bringen. Dabei handelt es sich um eine Integration des Körpers in und mit sich selbst, die wegen ihres imaginären Ausgangspunkts allerdings stets prekär und bedroht bleibt durch die Imagines ihrer »aggressiven Desintegration« (DSp 67).

Lacan erhebt den Anspruch, mit dieser spiegelbildlichen Identifizierung jene affektive Matrix gefunden und skizziert zu haben, von der aus jede andere identifikatorische Wirkung erst möglich wird,[100] selbst diejenige, die nicht auf dem Regime des Bildes beruht, die weder an die physische Anwesenheit eines Objekts noch auch an die intensive Gefühlsbindung mit einer anderen Person geknüpft sein muss. Von dieser affektiven Ur-Identifizierung mit der »heilbringenden Imago« ausgehend müsste also auch jene *actio in distans* (KSA 3, 424 f.), die Identifizierung *par distance* gedacht werden, die für die heilende Kraft des *Mu-Igala* verantwortlich ist und selbst in Abwesenheit der Gebärenden oder bei völligem Unverständnis des rituellen Gesangs ihre Wirkung zeitigt. Für die Identifizierung und magische Wirkung ist das faktische *Dass* entscheidend, dass der *Mu-Igala* von einer dazu autorisierten Person gesungen wird. Affektive Identifizierung und magische Wirkung spielen aber auch bei allen therapeutischen und medizinischen Maßnahmen inklusive der Gabe wirkstoffhaltiger (Verum) und wirkstoffloser Präparate (Placebo – »Ich werde gefallen«) eine unverzichtbare Rolle.

Dass bestimmten Dingen, Personen, Riten oder Bildern eine magische Wirkung zugesprochen wird, geht ohne Frage auf bestimmte intersubjektive Ladungen, soziale Investituren und Bevollmächtigungen zurück, wie man mit Mauss und Hubert unterstreichen kann. Daher tritt der Magier bzw. Arzt als »Subjekt des unterstellten Wissens« auf, und daher tritt das Ritual als traditionell wirksame, operative Sprechhandlung und Inszenierung in Erscheinung. Die magische Kraft kommt freilich, zumindest dort, wo sie eine Heilwirkung entfaltet, nicht ohne affektive Besetzungen, Identifizierungen und mimetische Rückwirkungen aus. In der freudschen Terminologie bezeichnet der Vorgang der Besetzung die »Tatsache, dass eine bestimmte psychische Energie an eine Vorstellung oder Vorstellungsgruppe, an einen Teil des Körpers, an ein Objekt gebunden ist«[101], und zwar sowohl in positiver wie in negativer Affektladung, wie im Übrigen alle phobischen Objekte und die Imagines des zerstückelten Körpers zeigen. Bei den Affektladungen, die in allen therapeutischen Konstellationen – in magischen genauso wie in medizinischen oder psychotherapeutischen – eine Rolle spielen, handelt es sich um narzisstische Besetzungen von unverständlichen Riten, Dingen, Instrumenten, Operationen, Bildern und Personen, die sich als heilbringende Imagines der eigenkörperlichen Integration anbieten. Dieser spiegelbildliche Narzissmus erfordert demnach unter bestimmten affektiven Gesichtspunkten eine Gleichbehandlung aller Heilkulturen. Anders gesagt: Ohne eine entsprechende magische Wirkung ist jede therapeutische Operation zum Scheitern verurteilt.

V. Performativität, Ritualität, Theatralität

»Performativität«, »Performance« bzw. »Performanz« sind in den letzten Jahren zu Schlüsselkategorien der Theater-, Film- und Kulturwissenschaften aufgestiegen und haben den Blick für den Aufführungs- und Inszenierungscharakter, die performative Kraft von rituellen Ereignissen, kulturellen Praktiken und Techniken geschärft und sich als Analyseinstrument der performativen Dimension von Kultur und ihren verschiedenen Sektoren bewährt. Dabei speist sich der sogenannte *performative turn* aus so unterschiedlichen Quellen wie Austins Sprechakttheorie und ihrer sowohl sprachanalytischen als auch dekonstruktiven Rezeption, aus der religionswissenschaftlichen, ethnologischen und soziologischen Ritualforschung, die von Robertson Smith über Durkheim, Nietzsche, van Gennep, Turner bis hin zu Goffman reicht, sowie der neueren Theaterwissenschaft. Deren Verdienst ist es, die genannten Kategorien nicht nur für die Geschichte und Institution des Theaters und die unterschiedlichsten Aufführungsereignisse auf der Bühne, sondern vor allem für die performative Seite von Kultur insgesamt fruchtbar gemacht zu haben: Jahrmarktspektakel, Karneval und Zirkus, Gottesdienste, Strafrituale der Neuzeit, höfische Repräsentationskultur, Todeskulte, Défilés der Haute Couture und Alltagsmode, politische Massenereignisse, Militärzeremonien und Nationalfeiertage, sportliche Events und Spiele, Tischsitten, Wohnkulturen und Gastlichkeit: Hier überall waltet und wirkt eine irreduzible Performativität, Theatralität und Ritualität, die den institutionell und explizit markierten Ort des

Theaters oder des magisch-religiösen Bezirks überschreitet. Es gibt demnach eine Performativität, Theatralität und Ritualität im engeren und weiteren Sinne; und es ist bemerkenswert zu sehen, an welchen Scharnierstellen diese drei zuvor disziplinär voneinander getrennten Stränge von der Sache her zusammengeführt werden müssen. Dabei zeigt sich, dass es bereits in der antiken Kultur ein Wissen um die performative Kraft von rhetorischen Interventionen, rechtlichen Prozeduren, religiösen Riten und theatralischen Inszenierungen gegeben hat. Es war unter Rhapsoden, Rhetoren und Sophisten verbreitet und ist nicht zuletzt durch die antike Philosophie mit durchaus einschneidenden Folgen bekämpft, aber auch adaptiert und transformiert worden.

V.1 (Sprech-)Akte

Neben Ludwig Wittgenstein und Gilbert Ryle gehört John L. Austin zu den Begründern der *ordinary* oder *everyday language philosophy*, die den verschiedenen Gebrauchsweisen, den *ways of speaking* der Alltags- und Umgangssprache auf der Spur ist. Austin schreckt dabei nicht vor der Untersuchung der »kleinsten« sprachlichen »Kleinigkeiten« zurück und steht daher in dem Ruf eines »Evangelisten der Alltagssprache« (KdH 52), ohne allerdings je Predigten gehalten zu haben. Die entscheidende Entdeckung, die Austin in seinen beiden Vorlesungen *Words and Deeds* (1952 bis 1954 in Oxford) und *How to do Things with Words* (1955 in Harvard) präsentiert (und zu diesem Zeitpunkt verwirrenderweise bereits wieder verworfen hatte), ist die Einsicht in zwei verschiedene Modi der sprachlichen Äußerung; eine Einsicht, von der sich Austin nicht weniger als eine »philosophische Revolution« verspricht (TdS 27): Wenn ich sage, »er versprach mir, dies oder jenes zu tun«, dann beschreibe und wiederhole ich, was der andere mir gegenüber gesagt und versprochen hat. Wenn ich aber sage, »ich verspreche dir dies oder jenes zu tun«, dann beschreibe ich nicht, was ich in diesem Augenblick sage. Indem ich es sage, verspreche ich es vielmehr, ich tue etwas, gebe nämlich ein Versprechen.[102] Zu sagen »ich esse« bedeutet nicht tatsächlich zu essen; zu sagen »ich verspreche« bedeutet allerdings, etwas zu versprechen, indem ich es sage. Es gibt folglich mindestens zwei Typen von Äußerungen; einen Äußerungstypus, der aussagt, was bereits der Fall ist, und einen, der etwas tut, indem er etwas sagt und dadurch etwas herstellt und hervorbringt, das es zuvor noch nicht gab. Während die von Austin so benannte konstative Äußerung an der aristotelischen Bestimmung der Wahrheit als Aussagewahrheit (bzw. Falschheit), das heißt an der Übereinstimmung (bzw. Nichtübereinstimmung) der Aussage mit einem Sachverhalt bzw. Seienden orientiert ist, werden in der performativen Äußerung Praxis und Poiesis auf spezifische Weise miteinander verschränkt. Etwas tun, indem man etwas sagt, bedeutet zugleich etwas hervorzubringen, das nicht bereits in der Wirklichkeit vorhanden ist oder existiert. Hatte Aristoteles zwischen Praxis und Poiesis mit Blick auf den Selbstzweck der Handlung und den externen Zweck der Herstellung noch eine eindeutige Grenzlinie gezogen (*Nik. Ethik* 1140b); hatte Hobbes wiederum die politische Handlungssphäre zugunsten der künstlichen Herstellung (des Leviathan durch Vertrag und Autorisierung) depotenziert, so führt die Entdeckung der performativen Äußerung als einer sprachlichen Handlung mit poietischer, das heißt hervorbringender und wirkungsverleihender Kraft, Praxis und Poiesis in ausdrücklicher Weise zusammen.

Das Wissen um die Wirkmacht von Reden, die selbst ein Handeln sind,[103] ist allerdings sehr alt. Dabei handelt es sich um eine rhetorische, rituelle und poietische Gebrauchsweise der Sprache als einer je spezifischen Technik, die freilich nur in wenigen antiken Schriften, etwa in denen des Sophisten und Rhetors Gorgias von Leontinoi auf uns gekommen ist. In einer seiner Musterreden für den rhetorischen Unterricht, *Helena*, parallelisiert er die Wirkungen, die die Rhetorik in der Seele hervorzurufen vermag, mit den medizinischen Pharmaka, die je nach Dosierung Gutes oder Schlechtes, Gesundheit oder Tod für den Körper bewirken können. Diese souveräne Macht der Rhetorik könne nicht nur »in geringster und unscheinbarster Verkörperung die göttlichen Werke vollenden«; als Dichtkunst bringe sie im Zuhörer ferner die kathartische Entladung von Jammern und Schaudern hervor, im Bereich der Zauberei und Magie hätten die »gottbegeisterten Bezauberungen durch Reden« die Kraft, Freude zu bewirken und Leid zu beseitigen.[104] Platon zeichnet, allerdings in kritischer Frontlinie, ebenfalls ein bestechendes Bild von der Kraft der Rhetorik, die durch Besprechung Richter und ganze Volksversammlungen in derselben Weise zu paralysieren vermag wie sonst nur Schlangenkünstler Schlangen, Spinnen und Skorpione durch Beschwörung (*Euthydemos* 289e-290a). Das Pharmakon der magischen Heilkunst wirkt, wie Platon eigens unterstreicht, nur kraft der magischen Formel selbst (*Charmides* 155e). In dem Maße, in dem die performative Kraft der Rede aus Sicht Platons ursprünglich im Bereich magisch-religiöser Praktiken beheimatet war, kann er die rhetorische Kunst ihrerseits als magische Praktik denunzieren, die nicht nur durch ausgefeilte sprachliche Operationen ihre Zuhörer nach Gutdünken zu manipulieren versteht, sondern auch in psychagogischer Weise vorgibt, »durch Opfer, Gebete und Zaubergesänge« Götter überreden und die Seelen Verstorbener beschwören zu können (*Nomoi* 909b).[105] Überall dort, wo die performative Kraft der Rede ihre spezifischen Effekte zeitigt – im Theater, vor Gericht, in der politischen Versammlung, im Gymnasium, an Opferstätten, in heiligen Bezirken, am Krankenlager oder am Grab – wittert Platon Betrug, Aberglauben, Täuschung, Verführung und Demagogie, kurz: eine menschenjagende und -einfangende Kunst (*Euthydemos* 290b), die mit den unlauteren Mitteln der Doxa und Wahrscheinlichkeit nur zum eigenen (ökonomischen) Vorteil arbeite, ohne sich um absolute Wahrheiten zu scheren und dem Allgemeinwohl zu dienen. Doch auch die platonische Philosophie kommt nicht ohne Rhetorik aus. Allerdings handelt es sich um eine Rhetorik, die auf der dialektischen Erkenntnis der Gegenstände einerseits und dem psychologischen Wissen um die angemessene Wirkung der Rede auf die Hörer andererseits beruhen soll, die also an der absoluten Wahrheit der Dinge und der unbedingten moralischen Hebung der Zuhörer interessiert ist. Die platonische Philosophie befindet sich in angespannter Rivalität zur institutionell ungleich erfolgreicheren Rhetorik als einer lehrbaren Kunst der Überredung, als eines technischen Ensembles von Regeln und Figuren, als einer Wissenschaft, provisorischen Moral und sozialen Praxis.[106] Sie motiviert Platons Kriegserklärung gegen die Rhetorik und hat durch einen ihrerseits rhetorischen Einsatz nicht wenig zur Verleumdung der Rhetorik und ihrem späteren Untergang innerhalb jener »humanistischen Bildung« beigetragen, wie sie seit dem Spätmittelalter und bis zum Ende des 18. Jahrhunderts vor allem in den jesuitisch geführten Gymnasien und Kollegien gelehrt worden ist.

Austin ist demnach der Wiederentdecker einer performativen Kraft der Sprache, die als Machtinstrument in der Rhetorik, als Heil- oder Beschwörungsmittel in Magie und Medizin, als poietische Wirkung im Theater und als rituelle Praktiken (Opfer, Gebet) in der Religion beheimatet war. Zwar lässt er selbst diese weitverzweigte Genealogie des performativen Sprechakts außer Acht. Doch finden sich in seinen Überlegungen Restspuren dieser Kulturgeschichte der Performativität, die mit der Alltagssprache nur wenig gemein haben. Austin muss nämlich nicht nur feststellen, dass die streng kodifizierte Sprache der verschiedenen anglo-amerikanischen und europäischen Rechtssysteme von performativen Sprechakten (Eide, Schwüre, Verträge) durchdrungen ist; auffällig ist auch, dass viele der von ihm untersuchten performativen Äußerungen den Handlungsvollzug oder »Teil des Vollzugs eines Rituals«[107] bzw. »ritual phrases«[108] darstellen. Die wirkungsverleihende Kraft von Sprechakten hängt nicht von selbstmächtigen Personen ab, die sich einsam ihre Intentionen erfüllen; auch nicht davon, »daß die Worte [bloß] als äußeres, sichtbares Zeichen eines inneren geistigen Aktes fungierten« (TdS 32). Es ist vielmehr die idiomatische Formel, die Ritualität der Vorschrift, die Zeremonialität oder Konventionalität der Handlungsanweisung, das heißt »das Äußern bestimmter Wörter« (TdS 35), aus der Performative ihre Wirksamkeit beziehen.

Schon Durkheim hatte in seiner Geschichte des Vertragsrechts bemerkt, dass die bindende Kraft von Verträgen »aus der verwendeten Formel« selbst erwächst: »Diese Formel schafft die bindende Wirkung.«[109] Für das Gelingen des Sprechakts ist freilich nicht nur entscheidend, dass die »performative Formel« und das gesamte »konventionale Verfahren« vollständig und in der vorgeschriebenen Weise ausgesprochen und durchgeführt werden. Vielmehr müssen auch die darin involvierten Personen zur Durchführung autorisiert sein bzw. spezifische Bedingungen erfüllen, damit das konventionelle, rituelle oder zeremonielle Verfahren einen performativen Effekt hervorbringen und das heißt eine spezifisch moralische, juristische, ökonomische oder soziale Konsequenz zeitigen kann. Nicht jeder darf zu beliebiger Zeit, an jedem Ort mit jedem X-Beliebigen Heiraten, Scheidungen, Taufen durchführen, Frei- oder Schuldsprüche vollziehen, Vermächtnisse oder Kontrakte rechtswirksam machen, akademische Grade verleihen oder Kriegserklärungen aussprechen. Die Beachtung solch institutioneller, organisationaler und körperschaftlicher Rahmenbedingungen entscheidet über das Gelingen oder Missglücken von Sprechakten. Allerdings hat Austin selbst nirgendwo expliziert, was er unter einem konventionellen, rituellen oder zeremoniellen Verfahren eigentlich verstanden wissen will.[110] Dazu muss man sich offenkundig an eine performativ orientierte Ritualwissenschaft wenden. Jedenfalls trägt diese Explikationslücke dazu bei, dass Austin selbst es versäumt, die rituelle Aus- und Aufführung von Sprechakten von alltäglicher Interaktion und Performativität zu unterscheiden.[111]

Ein Versprechen über die Teilnahme an einer Geburtstagsfeier abzugeben oder eine Entschuldigung wegen eines ungewollten Körperkontakts in der Straßenbahn gegenüber einem Fremden auszusprechen hat einen größere idiomatische Variationsbreite bzw. einen geringeren zeremoniellen Kodifizierungsgrad als die Kindstaufe im christlichen Ritual. Das trifft selbst unter der Bedingung zu, dass die uns heute geläufigen und zunehmend erodierenden Interaktionsrituale und Habitusformate alltäglicher Höflichkeit im öffentlichen oder intimen Verkehr auf die zeremoniellen Sprech-, Blick-, Gebärde-, Bewegungs- und proxemischen Regime bei Hof zurückgehen. Das belegen die zahlreichen Anstands- und Etiquettebücher des 16., 17. und 18. Jahrhunderts, die das streng kodifizierte und hierarchisch konfigurierte Verhalten bei Tisch, beim Tanzen, Duellieren, Grüßen, Posieren usf. festschreiben.[112] Diese Lücke (der mangelnden Unterscheidung zwischen alltäglichen und rituellen Gebrauchsweisen von Performativen) hat gewiss auch dazu beigetragen, dass Austin die Grenzlinie zwischen konstativen und performativen Äußerungen schließlich ganz eingezogen hat. Durch das Postulat dreier unterschiedlicher Sprechakte (lokutionär, illokutionär und perlokutionär) hat er selbst noch die konstative Äußerung zu einer Sprechhandlung erklären können.

Es gibt bei Austin indes ein weiteres Schwanken zu verzeichnen, das die Frage betrifft, ob ein performativer Akt zwangsläufig mit einer sprachlichen Äußerung einhergehen muss oder nicht. Austin selbst nennt zahlreiche Beispiele für performative Handlungen, die entweder für die Verschränkung von manuellen und oralen Riten oder für exklusiv manuelle Handlungsvollzüge stehen. Explizit diskutiert er jedoch stets Sprechhandlungen und keineswegs die performativen Implikationen nichtsprachlicher Handlungen. Die im Englischen geläufige, freilich nur auf das Vollziehen einer nichtsprachlichen Handlung beschränkte Formulierung *to perform an action* hatte er bekanntlich für die Namensgebung einer durch Sprache vollzogenen Handlung fruchtbar gemacht.[113] Wie könnte aber ein im austinschen Sinne nichtsprachliches Performativ in Anlehnung an seine Formel *saying something is doing something* gedacht werden, ohne dass man in die Tautologie *doing something is doing something* gerät?

Etwas mit Worten zu tun ist in der Tat etwas anderes, als Taten sprechen zu lassen. Wenn der christliche Schöpfergott Licht erzeugt, indem er sagt: »Es werde Licht«, dann unterscheidet sich ein solcher Sprechakt vom Anzünden einer Lampe, die einen dunklen Raum illuminiert. Im Übrigen lässt sich die bloße Berührung eines Lichtschalters nur unter bestimmten Bedingungen als ein performatives Handeln deklarieren, sofern sich dieses dadurch auszeichnet, etwas Neues in die Welt zu bringen, etwas Bestehendes zu transformieren bzw. eine Dimension moralischer, rechtlicher oder politischer Verpflichtung zu generieren, die es ohne und außerhalb der performativen Äußerung nicht gibt. Um die Differenzen zwischen Sprechen und Handeln nicht aufzulösen, zugleich aber eine chiastische Verschränkung zwischen beiden Sphären in Betracht zu ziehen, kann man ein »genuin praktisches Reden«, also ein Sprechen geltend machen, das *als* Handlung fungiert, sowie ein Handeln, »das selbst *als* Sprechen verstanden wird«.[114] Aktionales Sprechen und diskursives Handeln, das jeweils die Gestalt von oralen und manuellen Riten annehmen kann, lassen auf der Schwelle von Geste, Physiognomie und körperlichem Ausdruck (als gemeinsamer Schicht der Erfahrung) Übersetzungen, Austauschbeziehungen, Kombinationen und Übergänge zwischen performativem Sprechen und Handeln zu, ohne dass beide Sphären jemals vollständig zur Deckung gebracht werden könnten.

Ein weiterer Einwand betrifft die Marginalisierung der Theatralität der Performative. Austin selbst erwähnt den theatralischen Charakter vieler Sprechakte. Bei der kirchlichen Trauung werden nicht nur von verschiedenen dazu autorisierten bzw. berechtigten Personen rituell festgeschriebene Formeln ausgesprochen; die Zeremonie selbst mit ihrer Festkleidung, dem Blumenarrangement, dem obligatorischen Ringtausch und Kuss, dem Reis- oder Blumenregen, der sich über das Paar beim feierlichen Überschreiten der kirchlichen Schwelle ergießt, hat vielmehr den Charakter einer vorgeschriebenen Inszenierung. Da ist es erstaunlich, dass Austin geradezu handstreichartig alle fingierten, inszenierten und zitierten Sprechakte aus seiner Untersuchung ausschließt, um die Ernsthaftigkeit der normalen Sprechakte von der Unwirksamkeit bloß gespielter oder inszenierter Sprechakte abzugrenzen,[115] damit aber zugleich vor einer irreduziblen Fiktionalität, Iterativität und Theatralität im weiteren Sinne abzuschirmen. In der Tat hat ein Ehegelübde, das auf der Bühne abgegeben wird, nicht dieselbe wirkungsverleihende Kraft wie im wirklichen Ritualleben. Um die Bedingungen, Umstände und Kontexte festzuschreiben, die über die Geltung von Performativen entscheiden, lässt Austin alle fiktiven, vorgetäuschten und theatralischen »Szenenwechsel«, die die Wirksamkeit performativer Äußerungen zunichtemachen und »den gewöhnlichen Gebrauch parasitär ausnutzen«, beiseite, obgleich er einräumt, dass eine »sehr allgemeine Theorie« (TdS 43 f.) der Performative eigentlich alle besonderen Arten, Ereignisse, Unglücksfälle, Rahmenmodulationen und Kontextwechsel berücksichtigen müsste, die zum Misslingen der performativen Äußerung führen. Der Ausschluss der fiktiven und theatralischen Rahmungen ist für die Theorie der Sprechakte in zweifacher Hinsicht einigermaßen verhängnisvoll: Er versperrt Austin die Aussicht auf den unumgänglichen Aufführungscharakter der Performative, kurz: auf die Theatralität der Performative im weiteren Sinne, und macht ihn zugleich blind für die spezifischen performativen Effekte des Theatralischen und Fiktionalen, das heißt für die performative Theatralität im engeren Sinne. Bei all ihrer Originalität bietet die Theorie der Sprechakte demnach zwei offene Flanken: die ungeklärte Frage des Rituals und die Exklusion der Thetralität. Sie machen den Rekurs auf die Geschichte der Ritualtheorien einerseits und die der Theatertheorien andererseits erforderlich, allerdings unter der Frage, wie eine Theorie des Rituellen und der Theatralität auszusehen hat, die mit den Entdeckungen des Performativen als eines mit spezifischer Wirkungsmacht und Handlungskraft besetzten und bevollmächtigten Sprechens Schritt zu halten vermag.

V.2 Kraft des Ritus: Krisen, Verwandlungen

Die frühen ethnologischen Ritual- und Magietheorien sind von jenem antiritualistischen Standpunkt geprägt, den der Ethnologe jeweils gegenüber den Riten in seiner eigenen Gesellschaft einnimmt:[116] Wer in ritual- und religionskritischer Haltung die christlichen Feste und Zeremonien, die Hochzeits-, Tauf- oder Bestattungsriten als sinnentleerten Konformismus und inhaltslosen Formalismus wahrnimmt, der dem aufgeklärten Selbstverständnis der Moderne und das heißt: den autonomen Handlungsräumen von freien und vernünftigen Subjekten widerspricht, der neigt dazu, auch die fremdkulturellen Rituale zu denunzieren, zumal wenn es sich um magische Praktiken handelt. Die europäische Konstruktion vom sogenannten Wilden, der in abergläubischer Weltsicht befangen, in ständiger Furcht vor dem Übernatürlichen lebt und den rituellen Zwängen einer übermächtigen und irrationalen Tradition unterworfen ist, sollte sich als äußerst zählebig erweisen. Der berühmteste Vertreter der viktorianischen Anthropologie, James G. Frazer, macht die fundamentale Dichotomie von Magie und Religion zum Ausgangspunkt einer Erklärung der magischen Wirksamkeit, die diese auf die »sympathetische Magie« (als »homöopathische oder imitative Magie« einerseits und als »Übertragungsmagie« andererseits) sowie auf die fehlerhafte Anwendung von Kausalgesetzen, kurz: auf ein unlogisches Denken zurückführt, das der Magie den Status einer »Pseudowissenschaft« verleiht. Die von Frazer zwischen Magie und Religion kategorisch gesetzte Grenze ist ein Tribut an das evolutionäre Schema von Magie, Religion, Wissenschaft, das auf Platon zurückgeht. Im Gefolge der herakliteischen Magiekritik suchte dieser die historisch nachweisbare antike Einheit von Magie und Religion durch eine begriffliche Trennung aufzusprengen, nach der das areligiöse Treiben der Magier darauf hinauslaufe, sich die Götter durch Überredungszwang und Zaubereien zum eigenen Vorteil dienstbar zu machen (*Politeia* 362c). In diesem Sinne heißt es auch bei Frazer, dass sowohl der magisch denkende Mensch der Vorzeit als auch der heutige »Primitive« den Lauf der Natur »durch die Kraft von Beschwörungen und Zaubereien« in den Dienst seiner eigenen Interessen zu zwingen suche, »ehe er sich bemühte, eine spröde, launenhafte oder reizbare Gottheit durch sanft einschmeichelndes Gebet und Opfer zu liebkosen und zu besänftigen«[117]. Für Kants Kritik der religiösen Riten zeugen selbst noch die religiösen und nicht zuletzt die christlichen Riten von einem »Fetischismus«, »Religionswahn« und »Aberglauben«, den die Aufklärung durch jenen »wahren Gottesdienst« abzuschaffen sucht, der sich auf Vernunft und guten Lebenswandel unter der Ägide des kategorischen Imperativs gründet: den »moralischen Dienst Gottes« (KW VI, 177). Für die aufgeklärte Magie- und Religionskritik sind Riten Symptome eines falschen Denkens bzw. die »praktische Anwendung des Aberglaubens«.[118] Die protestantische Innerlichkeit, die sich in der Begegnung mit Gott allein auf sich selbst stützen zu können glaubt, bedarf keiner Äußerlichkeiten, keiner Zeremonien und Institutionen, um ein gottgeweihtes Leben zu führen und den wahren Glauben zu praktizieren. Neben dieser reformatorischen Kritik hat die republikanische Abschaffung des absolutistischen Souveräns und Systems der höfischen Repräsentation das Ihre dazu beigetragen, die Riten in Misskredit zu bringen, freilich nur um deren kurzfristig leere Stelle mit dem »Kult der Vernunft« bzw. dem »Kult des höchsten Wesens« neu zu besetzen und zu theatralisieren. Spricht dieses ambivalente Phänomen für die Unumgänglichkeit des Ritus, auch und gerade im Hinblick auf seine politische Legitimations- und gesellschaftsgründende Macht, so sind sich doch alle in der Tradition der Aufklärung stehenden Philosophen, Religionswissenschaftler und Ethnologen darin einig, dass die Magie und ihre Riten eine Sache von gestern sind, die im Zeitalter der Klassik ihren Tod fand und sich nur noch außerhalb Europas bzw. an den äußersten Rändern der europäischen Rationalität wiederfinden lässt. Daher musste auch die mit dem Spiritismus und Okkultismus des 19. Jahrhunderts konfrontierte Theorie des Animismus von Edward B. Tyler das unzeitgemäße Wiederaufflackern solch »wilder« und »barbarischer« Denkweisen inmitten der europäischen »Zivilisation« als ein bloßes »Überlebsel« distanzieren, dessen Verfallsdatum bereits lange überschritten war.[119]

Die 1909 in französischer Sprache erschienene Studie *Les Rites de passage* schlägt demgegenüber ein neues Kapitel der Ritualforschung auf. So erlässt sich deren Verfasser, der Ethnologe und

Volkskundler Arnold van Gennep, nicht nur die hierarchische Unterscheidung und evolutionäre Grenzziehung zwischen magischen und religiösen Riten, sondern auch die Gegenüberstellung von Aberglaube und Wahrheit. Stattdessen untersucht er die Situationen, in denen Riten – magische wie religiöse – zum Einsatz gelangen, um sie auf ihre generelle Verlaufsform und allgemeine Struktur hin zu befragen. Van Gennep möchte zu einer situationsspezifischen Klassifizierung der »magisch-religiösen Handlungen« vordringen und eine Ähnlichkeit in der »Abfolgeordnung« aller Riten aufweisen (Ür 11). Riten, so seine Beobachtung, sind traditionell vorgeschriebene Operationen zur Bewältigung von sozialen Krisensituationen, von Zustands-, Positions- und Statusveränderungen. Jede Gesellschaft – gleichgültig, ob es sich nun um eine stratifikatorische oder funktional ausdifferenzierte, um eine segmentäre oder hierarchisch strukturierte Gesellschaft handelt – besteht aus verschiedenen sozialen Gruppen wie Altersklassen, Männer und Frauen, Verwandtschafts-, Status- und Berufsgruppen, religiöse, politische und territoriale Einheiten, zwischen denen mehr oder minder große Mobilität herrscht. Der Wechsel von einer Gruppe zu einer anderen vollzieht sich – ebenso wie im individuellen Leben der Wechsel von der Geburt zur Kindheit und Pubertät, die Verlobung, Heirat, Elternschaft bis hin zu Siechtum und Tod – nicht unbemerkt und wie von selbst, sondern in der dramatisierten Form von Übergangsriten. Bei den individuellen Rollenwechseln handelt es sich ausdrücklich nicht um biologische, sondern um kulturell festgelegte Übergänge. Das gilt im Übrigen auch für jahreszeitliche und kalendarische Riten. Van Gennep geht indes nicht so weit zu behaupten, dass die Übergangsriten selbst die Status- oder Zustandsveränderung, den Übergang von einer Gruppe zur anderen herbeiführen und bewirken könnten. In seinen Augen erfüllen die Passageriten vielmehr die Aufgabe, die prekären Übergänge auf eine Weise zu »gewährleisten«, dass damit einhergehende Gefahren oder Irritationen abgemildert werden: »Solche Zustandsveränderungen gehen nicht vor sich, ohne das soziale und individuelle Leben zu stören. Hier ist es nun die Funktion der Übergangsriten, die schädlichen Auswirkungen abzuschwächen.« (Ür 22, 23)

Ein Wissen um die performative Kraft der Übergangsriten selbst kann man van Gennep nicht ohne Weiteres zusprechen. Die Originalität seiner Ritualtheorie besteht viel eher in der Entdeckung, dass allen Arten von Übergängen die räumliche Vorstellung und Topografie einer Grenzüberschreitung zugrunde liegt. Der Präliminalität, Liminalität und Postliminalität (zu lat. *limen* – Schwelle) entsprechen die zeitlichen Sequenzen der Trennungs-, Schwellen- und Angliederungsphase. Für diese drei Zonen bzw. Phasen gibt es jeweils einschlägige Riten, die je nach Kultur, Anforderung oder Zeremonialkomplex unterschiedlich stark ausgeprägt sind. Übergangsriten, bei denen, wie bei der Schwangerschaft oder Initiation, Übergang und Verwandlung im Vordergrund stehen, betonen die liminale Sequenz, während im Falle der Heirat oder Bestattung der Trennungsphase Nachdruck verliehen wird (Ür 21). Wegen des irreduzibel räumlichen Charakters aller Passageriten vergleicht van Gennep Gesellschaften mit Häusern, »die in Zimmer und Flure unterteilt« sind. Der Unterschied zwischen den sogenannten »zivilisierten« und »halbzivilisierten« Gesellschaften soll dann in der je verschiedenen Stärke und Dichte der Trennwände liegen. Während er den »zivilisierten« Gesellschaften eine gewisse Durchlässigkeit und Offenheit in Bezug auf ihre Wände und Türen und damit einen Mangel an Schwellenerfahrung attestiert, zeichnen sich die »halbzivilisierten« Gesellschaften dadurch aus, dass sie die Übergänge zwischen den »sorgfältig voneinander isolierten Räumen« dramatisch gestalten, rituell anordnen, markieren und gliedern (Ür 34, 184) und damit einen

Überschuss an liminalen Erfahrungen hervorbringen. Viele der von van Gennep untersuchten Initiations- und Pubertätsriten sind nicht nur durch die rituelle Betonung der Liminalität, sondern auch dadurch gekennzeichnet, dass der prekäre Zustand des Dazwischen für den Initianden mit traumatischen Erfahrungen verbunden ist, die sich in äußerster Nähe zum Tod abspielen. Diese einschneidende und für den Intensitätsgrad der Verwandlung entscheidende Todesnähe kann entweder, wie im Falle der Einweihung in den antiken Dionysos-, Mithras-, Attis-, Adonis- oder Isis-Kult, durch die »dramatische Darstellung des Todes« (Ür 93) mit anschließender Auferstehung bzw. Wiedergeburt zelebriert oder durch gewaltsame und stigmatisierende Praktiken der Amputation, Mutilitation (Beschneidung der Geschlechtsorgane), Tätowierung, Benarbung, Zerteilung, Verstümmelung oder Zerstückelung von Körperteilen herbeigeführt werden, die »auf eine für alle sichtbare Weise die Persönlichkeit eines Individuums verändern« und das – moralische, religiöse, politische – Gesetz der Gruppe oder Körperschaft in den individuellen Körper einschreiben. »Man löst das mutilierte Individuum mithilfe eines Trennungsritus aus der undifferenzierten Menge der Menschen heraus (das ist die Vorstellung, die dem Abschneiden, Durchbohren usw. zugrunde liegt) und gliedert es gleichzeitig so an eine bestimmte Gruppe an.« Da die »Operation unauslöschliche Spuren hinterläßt, [ist] die Integration endgültig«. Dabei wird »der menschliche Körper wie ein einfaches Stück Holz behandelt [...]: Was hervorstand, hat man abgeschnitten, Wände durchbohrt, glatte Flächen eingeritzt« usw. (Ür 76). Anders als etwa die Maske oder die Körperbemalung, die vorübergehenden Charakter haben, sind die gewaltsamen Rituale »ein Mittel dauerhafter Differenzierung« und Einschreibung (Ür 78). Zweifellos spricht van Gennep den Riten eine inszenatorische und dramatisierende Intensität zu, freilich ohne so recht zu wissen, worin die performative

Wirkung solch ritueller Inszenierungen von gewaltsam markierten Übergängen eigentlich bestehen könnte.

An dieser vakanten Stelle wartet Nietzsches Ritualtheorie mit einer Entdeckung auf, insofern sie die mnemotechnische Wirkung von Strafritualen und Gewaltkünsten als die entscheidende kulturhistorische Voraussetzung von performativen Sprechakten, von allen Versprechens- und Verantwortungsleistungen ausweist. Nur ein Wesen, das sein Wort für eine zukünftige Handlung verpfändet, ohne seine Absicht in der Zeit zwischen Versprechen und Erfüllung zu vergessen, ist überhaupt fähig, »für sich als Zukunft gut sagen zu können!« Um versprechen zu *können*, bedarf es eines »Gedächtnisses des Willens« (KSA 5, 292), das allerdings nicht zur anthropologischen Geburtsausstattung gehört, sondern durch die formbildende Gewalt des Gedächtnismachens hervorgebracht wird. Die rituelle und zugleich inszenierte Gewalt des »prä-performativen«[120] Gedächtnismachens ist in den alteuropäischen Strafritualen ebenso gegenwärtig wie in den von van Gennep untersuchten Passageriten. Nietzsche erkennt im Stigma und in der Markierung, die der Schmerz am Körper hinterlässt, das wirksamste Mittel, dem Menschen ein Gedächtnis zu züchten. Der Körper ist der Schauplatz und Gedächtnisträger der Vorgeschichte. Durch Einritzen, Einprägen, Einbrennen, kurz: alle Formen psychischer und physischer Marter, die Nietzsche zur Mnemotechnik rechnet, gelingt es, »ein paar Ideen [...] unauslöschlich, allgegenwärtig, unvergeßbar, ›fix‹« (KSA 5, 295) zu machen. Die Mnemotechnik ist eigentlich ein Verfahren zur Herstellung eines künstlichen Gedächtnisses und eng mit der antiken Rhetorik verbunden. Nach Francis A. Yates geht es dabei um die Fähigkeit, dem Gedächtnis die Anordnung einer komplex strukturierten Rede einzuprägen, um sie im entscheidenden Augenblick in der richtigen Abfolge der Abschnitte fehlerlos vortragen zu können. In einem ersten Schritt muss der Redner seinem inneren Gedächtnis mithilfe seiner Vorstellungskraft eine Reihe von Orten (*loci*) wie beispielsweise ein Gebäude mit unterschiedlichen Ein- und Ausgängen, Treppen, Zimmern, Innenhöfen usf. einprägen. In einem zweiten Schritt soll der Redner unterschiedliche Bilder (*imagines*), mit deren Hilfe der Inhalt des Vortrags plastisch vorgestellt werden kann, an die einzelnen Orte in der Reihenfolge ihres Auftretens deponieren. Um der besseren Einprägsamkeit dieser *imagines* willen empfiehlt die antike Mnemonik Bilder »von fast unglaublicher Intensität« und Grausamkeit: blutende Körper, verstümmelte Leichen, Marterszenen usf. Während er seinen Vortrag hält, geht der Redner schließlich im Geist durch sein Gedächtnisgebäude und nimmt an allen erinnerten Orten die deponierten Bilder ab.[121] Wort- und Bildgedächtnis arbeiten zusammen, um sich rekursiv zu verstärken. Was die antike Mnemotechnik der Vorstellungskraft und dem Gedächtnis des einzelnen Redners überlässt, stellen religiöse und strafrechtliche Rituale für alle Mitglieder der Gemeinde sichtbar zur Schau. Nietzsche bindet die Möglichkeit von performativen Sprechakten genealogisch an die Performanz von Strafritualen und »grausamsten Ritualformen aller religiösen Culte«: »Es ging niemals ohne Blut, Martern, Opfer ab, wenn der Mensch es nöthig hielt, sich ein Gedächtnis zu machen; die schauerlichsten Opfer und Pfänder (wohin die Erstlingsopfer gehören), die widerlichsten Verstümmelungen (zum Beispiel die Castrationen) [...] – alles Das hat in jenem Instinkte seinen Ursprung, welcher im Schmerz das mächtigste Hülfsmittel der Mnemonik errieth.« (KSA 5, 295) Das Fest der Marter gilt Nietzsche als eine Technik des zweifachen Gedächtnismachens: Bei den Folter-, Straf- und Opferritualen der älteren Menschheit kommt es nicht nur darauf an, dass dem einzelnen Körper des Verbrechers oder Sündenbocks in der äußersten Nähe zum Tode die mnemotechnischen Zeichen der Strafe, die Markierungen von Verstümmelung und Folter und damit erste rudimentäre Gesetze eingraviert werden: Diese grausamen Körperinschriften, die den Körper des Delinquenten – durch das Rädern, Vierteilen, Sieden, Schinden, Brandmarken und Kastrieren – für alle Zeit mit einer unauslöschlichen und unvergesslichen Wunde versehren, brennen sich zugleich dem Gedächtnis und der Imagination der Zuschauer ein. »Mit Hülfe solcher Bilder und Vorgänge behält man endlich fünf, sechs ›ich will nicht‹ im Gedächtnis, in Bezug auf welche [der Verbrecher] sein Versprechen gegeben hat.« (KSA 5, 297) Es handelt sich um die Aufrichtung von spektakulären Bildern, und, um es mit der antiken Mnemonik zu sagen: Es handelt sich um Bilder, die an den unterschiedlichen Orten des delinquenten Körpers deponiert werden und die es den Zuschauern in der Erinnerung an das vergangene Schauspiel erlauben, den Körper des Verbrechers abzuschreiten, um sich die grausamen Bilder seiner Bestrafung und damit ihrerseits jene fünf, sechs fixen Verbote in Erinnerung zu rufen, die diesem eingebrannt worden sind. Die Zuschauer werden die prunkvolle Inszenierung der Verstümmelung, die Zurschaustellung von Qualen und Schmerzen in jedem Fall im Gedächtnis behalten, und zwar als etwas, das sie selbst treffen könnte, das sie aber im Augenblick des festlichen Spektakels im Sicherheitsabstand des identifikatorischen Zuschauens mit Lust an der Grausamkeit genießen konnten. Kein Fest ohne Gewalt, keine Gewalt ohne Festspiele: Auf diese Weise kündigt sich in den von Nietzsche beschriebenen Opferkulten und Strafritualen die Geburt des Theaters an, das heißt nicht mehr die wirkliche Vorführung von Gewalt, sondern die Darstellung und Inszenierung fingierter Gewaltakte.

V.3 Investiturszenen und Statusänderungen

In seiner Konzeption von Liminalität weist Victor Turner der Inszenierung von Gewalt eine performative Wirkung vor allem in politischer Hinsicht zu. Das gilt nicht zuletzt für all jene afrikanischen Gesellschaften ohne Staat, in denen die Transformation von Machtbeziehungen und Statusveränderungen durch rituelle Dramatisierungen ins Werk gesetzt wird. Der Amtseinsetzungsritus der Ndembu etwa, der dem höchsten Amt des ältesten Häuptlings Kanongesha gilt, ist für den Zusammenhang zwischen ritueller und politischer Sphäre geradezu paradigmatisch. In seiner berühmten Studie *Das Ritual. Struktur und Antistruktur* sieht Turner die Position des ältesten Häuptlings durch die paradoxe Aufgabe charakterisiert, einerseits die Spitze der hierarchisch strukturierten Sozialstruktur darzustellen und andererseits »die Gemeinschaft als unstrukturierte Einheit zu repräsentieren« (DR 97). Der Häuptling ist demnach hervorragendes Haupt und egalitärer Körper zugleich. In dem Amtseinführungsritual der Ndembu zeichnet sich die Inszenierung der liminalen Phase durch eine Umkehrung der Werte von Dienen und Herrschen, Stärke und Schwäche aus. Der designierte Häuptling und seine Frau werden rituell gedemütigt, beschimpft, gepeinigt und gequält, ja wie Sklaven behandelt, während die ansonsten Unterlegenen die Oberhand gewinnen und Macht über die eigentlich höchsten Autoritätsfiguren ausüben. Turner fühlt sich »an die Amtseinführung eines Papstes im Weltchristentum erinnert, bei der er ›servus servorum Dei‹«, Diener der Diener Gottes, genannt wird (DR 101, 171). »Sklave der Sklaven Gottes« war unter Berufung auf Paulus bereits der Amtstitel des Augustinus als Bischof.[122] Man kann sich auch an die griechischen Kronia oder die römischen Saturnalia erinnert fühlen, an denen die Griechen und Römer »die ursprüngliche Gleichheit aller Menschen« feierten, »was seinen Ausdruck in der gemeinsamen Mahlzeit von Herren und Sklaven und der Bedienung des Sklaven durch ihre Herren fand.«[123] Wie in der antiken Welt ist der Sklave auch bei den Ndembu ein Niemand, ein rechts-, identitäts- und eigenschaftsloses Wesen. Für Turner ist das Abstreifen aller bisherigen Eigenschaften, Identitäts- und Geschlechtsmerkmale im rituellen Sterben und/oder die äußerste Degradierung zum Sklaven das entscheidende Kennzeichen aller Schwellenzustände und Übergangsriten. In dem hier beschriebenen Fall der Amtseinführung ist die Selbstbeherrschung, mit der der zukünftige Häuptling die rituellen Demütigungen und Schmähungen erträgt, um damit unter Beweis zu stellen, dass er auch »angesichts der Verführungen der Macht sich selbst zu beherrschen weiß«, nur ein prophylaktischer Nebeneffekt (DR 101). Viel entscheidender scheint Turner für den Zustand des *Betwixt and Between* zu sein, dass der Schwellenzustand einer *tabula rasa* gleicht, die es der Gemeinschaft als Ganzer ermöglicht, »die ganze Skala ihrer Werte, Normen, Einstellungen, Empfindungen und Beziehungen der Kultur«, die Weisheit der Gemeinschaft in den anonymisierten Körper des Initianden einzuschreiben und so eine Art »Seinswechsel« herbeizuführen: Die körperlichen Torturen und rituellen Demütigungen sind »Zerstörungen des früheren Status« und Härtetests zugleich, die die Initianden »auf ihre neue Verantwortung vorbereiten und an einem späteren Mißbrauch ihrer neuen Privilegien hindern sollen. Es muß ihnen klar gemacht werden, daß sie für sich genommen Ton oder Staub, also bloße Materie sind und ihre Form allein durch die Gesellschaft erhalten.« (DR 103) Der Schwellenzustand, der eine zeitweilige Aushebelung der hierarchisch konfigurierten Sozialstruktur durch die rituelle Macht egalitärer Gleichheit darstellt, soll diese auf spezifische Weise, nämlich im Namen der *communitas* performativ wiedereinsetzen und bestätigen: Dem designierten Häuptling werden im liminalen Zustand alle möglichen Verfehlungen zur Last gelegt; er wird »der Selbstsüchtigkeit, Gemeinheit, Bereicherungssucht, Unbeherrschtheit, Hexerei und Gier bezichtigt. Alle diese Laster sind Ausdruck des Wunsches, selbst zu besitzen, was zum Wohle aller geteilt werden sollte. Insbesondere der Inhaber eines hohen Amtes ist versucht, die ihm von der Gesellschaft verliehene Autorität zur Befriedigung privater Wünsche auszunutzen. Er soll seine Privilegien jedoch als ein Geschenk der ganzen Gemeinschaft betrachten, die letztlich ein übergeordnetes Interesse an all seinen Handlungen besitzt.« Der Häuptling »›darf sein Häuptlingsamt nicht für sich behalten‹« (DR 103), sondern muss es im Namen der *communitas* einsetzen. So ist heutzutage auch in der westlichen Welt die Feststellung, dass ein Politiker oder Prominenter trotz seiner herausragenden Stellung nicht die Bodenhaftung verloren hat, »einer von uns geblieben ist«, das größte Kompliment, das gewöhnliche Menschen an Status- und Funktionsträger zu vergeben haben. »Die Pädagogik des Schwellenzustandes zielt« (DR 104) darauf ab, eine Verwechslung des Amts mit der eigenen Person zu verhindern. Es handelt sich darum, dem zukünftigen Amtsinhaber einzubleuen, dass er sein Amt nicht aufgrund seiner eigenen Fähigkeit selbstmächtig erworben, sondern nur als kommunitäre Gunst von der ganzen Gemeinschaft erhalten hat. Ein solches Verständnis des Gebrauchs von Macht ist den europäischen Gesellschaften im Übrigen nicht fremd, in denen sich Könige als Diener des Volkes, Beamte wiederum als Diener des Staates verstehen und das Volk als Souverän auftritt, der seine Repräsentanten wählt und autorisiert.

Rituelle Liminalität ist indes nicht die einzige kulturelle Erscheinungs- und Äußerungsform von *communitas*. Was hinsichtlich der Frage nach dem Verbleib oder Verschwinden des Ritus in modernen Gesellschaften besonders interessieren muss, ist die »institutionalisierte *communitas*«, bei der die Gleichheit des Schwellenzustands ein »dauerhaftes soziales System« (DR 129) bildet, etwa in Gestalt »einer religiösen oder quasi-religiösen Daseinsform« (DR 160). Turner sieht es als erwiesen an, dass die im Zeichen der Liminalität stehende *communitas* mit zunehmender Komplexität von ökonomischer Arbeitsteilung, gesellschaftlicher Ausdifferenzierung und kultureller Spezialisierung »zu einer institutionalisierten Daseinsform«, das heißt auf organisationale Dauer gestellt wird. Die »Institutionalisierung des Schwellenzustandes« tritt wohl nirgendwo »klarer zutage als im Kloster- und Bettelmönchsorden«. Die rituellen Vorschriften der Franziskaner suchen die spontane *communitas* der ersten Bruderschaften im Umkreis des Ordensgründers Franz von Assisi festzuschreiben, die damit zu einem wesentlichen Element der Ordensstruktur selbst wird. Dieser institutionalisierten *communitas* lässt sich eine »normative *communitas*« (DR 129) zur Seite stellen, die die Eignung hat, sich im ganzen Gesellschaftskörper auszubreiten, und zwar sowohl in horizontaler als auch in vertikaler Richtung. *Communitas* bezeichnet dann nicht nur ein Jenseits der Sozialstruktur, sondern kann zugleich mit ihr auftreten, indem sie asymmetrische Beziehungen und nicht-reziproke Positionen symmetrisch gestaltet, ohne ihre Asymmetrie tatsächlich aufzuheben. Dieser speziellen Form »normativer *communitas*« gelingt es allerdings, die Sozialstruktur und das zeremonielle Verhalten in der gewöhnlichen Interaktion auf spezifische Weise zu modulieren. Ein bemerkenswertes Beispiel für die Gleichzeitigkeit und Komplexität von Sozialstruktur und *communitas* stellt die Ausgestaltung der Herr-Diener-Beziehung dar, wie sie sich in einem englischen Etiquette-Buch (*The Laws of Etiquette*, Philadelphia) aus dem Jahre 1836 findet, das mit Verhaltensanweisungen des Respekts und der Ehrerbietung für den Herrn gegenüber seiner Dienerschaft aufwartet:

»Gebt eure Anweisungen feierlich, gütig und reserviert. Sprecht mit gesetzter Stimme, aber vermeidet einen familiären oder freundschaftlichen Ton mit ihnen. Es ist besser, bei der Anrede einen höheren Tonfall zu benutzen und am Ende des Satzes die Stimme nicht zu senken. Der bestererzogene Mann, den wir jemals das Vergnügen hatten zu treffen, verwendete beim Ansprechen Bediensteter immer folgende Redewendungen: ›Ich wäre Ihnen dankbar dafür‹ oder ›machen Sie das, wenn ich bitten darf‹, in freundlichem Ton, aber mit erhobener Stimme. Perfektes Benehmen in dieser Hinsicht besteht darin, durch die Sprache zum Ausdruck zu bringen, daß die Verrichtung eine Gefälligkeit ist, und durch den Ton, daß sie eine Selbstverständlichkeit ist.« (Ir 70)

Ruft man sich ins Gedächtnis, dass die entscheidenden Anstöße zur rechtlichen Abschaffung der Sklaverei – im Namen einer »homogenen, unstrukturierten *Communitas*«, deren »Grenzen sich idealerweise mit denen der Menschheit decken« (DR129) – von England ausgingen, »indem es durch Parlamentsbeschluß 1807 den Sklavenhandel von englischen Häfen aus und die Einfuhr von Sklaven in englische Kolonien untersagte (Abolition), bevor es 1834 auch die Sklaverei in den englischen Besitzungen abschaffte«,[124] dann erscheinen solche Direktiven, die den Sprechakt des Befehls in eine respektvolle Bitte kleiden, ohne diesen als solchen unwirksam zu machen, umso bemerkenswerter. Während auf Seiten des Dieners die »deutliche Weigerung, eine erwartete Ehrerbietung zu erweisen«, nichts anderes als die Ankündigung einer »offenen Rebellion« (Ir 69) bedeutet, kurz: dass eine mehr oder minder gewaltsam erzwungene *communitas* begonnen hat, setzt das zeremonielle Verhalten der Ehrerbietung seitens des Herrn gegenüber seinem Diener die asymmetrische Sozial- und Befehlsstruktur nicht außer Kraft, sondern verleiht ihr bloß den Anschein symmetrischer Reziprozität. In Turners Begriffen von »Struktur« und »Anti-Struktur« (bzw. *communitas*) gesagt: Die anti-strukturelle Wirkung eines solchen Interaktionsrituals besteht darin, die Menschenwürde des Dieners und die Gleichheit aller Menschen in der direkten Kommunikation je von Neuem zu evozieren, während das strukturelle Herrschafts- und Abhängigkeitsverhältnis zwischen Herr und Diener zugleich bestätigt, durch die performative Wirkung der Gleichheitsevokation jedoch zusehends ausgehöhlt und transformiert wird. Die performative Wirkung dieses bestimmten Interaktionsrituals kann schließlich so weit gehen, jene Egalität zum politisch-rechtlichen Faktum machen und erstreiten zu wollen, die das Ritual hervorruft, ohne sie faktisch auf Dauer zu stellen. Alles Verhalten unter Anwesenden hat eine performative Außenseite, die mithilfe einer Choreografie von Blicken, Gesten, Haltungen und sprachlichen Äußerungen soziale Gelegenheiten und Situationen konfiguriert. Diese performative Seite, die von der rituellen Höflichkeit über das zeremonielle Verhalten bis hin zur ausdrücklichen Inszenierung reichen kann, zeigt, dass der Ritus in jeder Interaktion und Interpassion gegenwärtig ist. Das Interaktionsritual schafft erst die soziale Situation der Ehrerbietung, des Respekts, des Bedauerns, der Begrüßung und Verabschiedung, der Gunstbezeigung, Unterwürfigkeit usw. Für all diese Situationen stehen Performative bereit, die solche Situationen als solche hervorrufen und gestalten. Damit wäre deutlich gemacht, dass der Ritus mitten unter uns ist (Ir 7-9). Trifft dies freilich in derselben Weise auf das Theater und die theatralische Inszenierung zu?

V.4 Unter freiem Himmel: Theatralische Inszenierungen

Die politische und religiöse Funktion des griechischen Theaters für die attische Demokratie ist bekannt. Nur allmählich löst sich das Theater vom kultischen Bereich und erlangt den Status einer Kunst. Die Theateraufführungen, die im Athen des 5. Jahrhunderts v. Chr. noch zu Lebzeiten Platons zu Ehren von Dionysos dreimal pro Jahr ausgerichtet wurden, dauerten sechs Tage und warteten unter Einbeziehung aller Gesellschaftsklassen – einschließlich der Armen und Sklaven, denen mit »Schaugeldern« die Teilnahme ermöglicht wurde[125] – mit drei Wettbewerben (Dithyrambos, Tragödie, Komödie) auf. Im Rahmen der Großen Dionysien fanden die meisten Uraufführungen von Aischylos, Sophokles und Euripides statt.[126] Die Tragödienstoffe bedienten sich der überlieferten Mythenstoffe, und es sind namentlich die anstößigen Göttermythen, die Platon – der Begründer der Theologie – einer vernünftig-moralischen Kritik unterzieht, um sie in diesem Sinne konsequent zu läutern: Göttergeschichten von Vater- und Muttermord, Inzest, Vergewaltigung, Rache, Diebstahl usf. müssen in dem von Platon entworfenen idealen Staat solchen Göttermythen weichen, die als Paradigmen für angemessenes ethisch-politisches Verhalten taugen.

Platon bindet die tragische und die mimetische Kunst an eine politische Autorität und klagt sie an, Szenen des Leids und der Gewalt vor Augen zu führen, die die hierarchisch gefügte Ordnung der Seele verwüsten und dabei zugleich Lust bereiten (*Politeia* 602c-606b). Diese ansteckenden Szenen von Mord, Krieg, Zerstückelung und Vergewaltigung (377b-378c), die sich gewaltsam zum Genuss aufdrängen (607c), bahnen einer eigentümlichen Erfahrung des Ineinanders von Lust und Schmerz, einer gemischten Empfindung namens Schmerzlust den Weg, die sich im Bezirk des Theaters in seiner ganzen Ambivalenz ausspielen kann. Das mimetische Vermögen der Tragödie, ihre typografische Kraft, besteht für Platon darin, falsche Beispiele und prekäre Vorbilder aufzustellen, die Geist und Charakter der Zuschauer – auch und gerade außerhalb der tragischen Aufführung – zu bilden und zu formen verstehen. Platon formuliert damit *ex negativo* die performative Wirkung der tragischen Inszenierung als pathisches

Ereignis im Sinne einer Höherspannung der psychischen Besetzungsenergien. Die gewaltsamen Wirkungen der tragischen Inszenierung sind nicht auf sich selbst beschränkt (378d-e), sondern in der politischen Realität und den außertragischen Seelenverfassungen selbst am Werk (604d-e). Das Problem, das sich hier auftut, ist, dass es für Platon den abgeschlossenen, derealisierten und stellvertretenden Ort der Kunst nicht gibt: Tragische Szenen der Gewalt verführen zu Nachahmungen der Gewalt; die Inszenierung von Leid hat die Entladung affektiver Erschütterungen auf Seiten der Zuschauer zur Folge. Platon geht es darum, die Malerei und das Theater nach Art einer mimetischen *Paideai* zu programmieren: Sie sollen auf ihre Weise dazu beitragen, die je eigenen Affekte und Begierden in der Gewalt zu haben, sie dem Regiment von Vernunft und Willenskraft zu unterwerfen und sich dem Zustand der Apathie anzunähern (387e). Das hat eine brutale politische Arbeit der Reinigung und Ausschließung zur Folge (398a, 605a-b), deren letztes Ziel darin besteht, die Philosophie selbst als Ersatz für die tragische Kunst aufzubieten. Seine Theater- und Inszenierungsfeindlichkeit hält Platon daher nicht davon ab, sich in seinen Dialogen der Szenografie und jenes dialogischen Genres zu bedienen, das neben dem Chor ein zentraler Bestandteil der klassischen Tragödien gewesen ist.

Aristoteles' nur fragmentarisch überlieferte Lehrschrift zur *Poetik* präsentiert die Tragödie als ein von Polis und Kult bereits losgelöstes Artefakt. Für diese bis in die Moderne kanonisch gebliebene philosophische Interpretation der Tragödie sind Mimesis und Katharsis jene maßgeblichen Instanzen, die Aristoteles gegen die platonische Verurteilung der Tragödie aufbietet. Das Wort Hesiods aufgreifend, wonach die Dichter lügen, hatte Platon die Mimesis aus dem Raum der Polis verwiesen. Aristoteles stellt der Alternative von Wahrheit und Lüge das Gewicht der »wahrscheinlichen Handlung« entgegen. Weder ahmt die Tragödie die

Wirklichkeit nach, noch auch zeigt sie, wie sie sein sollte. Der tragische Mythos fingiert die Handlung vielmehr nach dem Gesetz der Wahrscheinlichkeit und in der Logik der Ähnlichkeit. Wenn die Poiesis menschliche Angelegenheiten zum Thema macht, dann darf sie nicht einmalige und wirkliche, sondern muss allgemeingültige und mögliche Handlungen nachahmen, will sie im Zuschauer die Erregung und lustvolle Entladung (*Politik* 1342a) von Jammern und Schaudern bewirken. Die Mimesis ist das Mittel, um die Zweckbestimmung der Tragödie, die Katharsis von *eleos* (Jammer, Mitleid) und *phobos* (Schauder/Furcht) zu ermöglichen, die wegen ihrer »schadenlosen Freude« aufgesucht wird, wie es wiederum gegen Platon gerichtet heißt. Trotz dieser Rehabilitation der tragischen Wirkung zeichnet sich die aristotelische Dichtungstheorie jedoch durch eine überraschende Antitheatralität aus (*Poetik* 6, 1450b 15 ff.), wie namentlich Nietzsche unterstreicht.

In seiner *Vorlesung über die Geschichte der griechischen Literatur* erweist sich Nietzsche als Entdecker der kulturhistorisch so bedeutsamen Differenz von Oralität und Literalität.[127] Aus seiner Sicht unterliegt das Verständnis der zunächst oral und performativ organisierten Festkultur der Griechen einer wesentlichen Verkennung. Sie rührt von der Projektion unseres eigenen modernen Begriffs von Literatur auf die kunstmäßigen Sprachwerke der archaischen und klassischen Epoche her.[128] Die sprachlichen Kunstwerke der Griechen seien nicht für Leser, sondern für »Hörer und Schauer« geschaffen und im rituellen Kontext von Opfer, Agon, Theater, Gericht oder Symposion aufgeführt worden. Sobald jedoch diese auf Inszenierung berechneten Sprachwerke nur noch als »Lesewerke« in den Blick gerieten, sich Dichtung also in Literatur verwandele, werde nicht nur ihre konstitutive Ereignishaftigkeit, sondern auch die entscheidende Tatsache der Verflechtung der Künste, die »notwendige Verbindung« von »Musik,

Gesang, Orchestik« und Tanz verfehlt (KG 5, 7 f.). Mit der Freilegung der tragischen Kultur will Nietzsche ein neues Verständnis der Festkultur der Griechen etablieren, das in der Hauptsache um die Tragödie kreist. Dabei steht nicht zuletzt die *Poetik* des Aristoteles im Brennpunkt seiner Kritik. Nietzsche wertet die *Poetik* als Symptom des Übergangs von einer oral zu einer literal organisierten Kultur. Die Literalisierung der Tragödie schlage sich bei Aristoteles in ihrer ›Sanktionierung‹ als »Lesedrama« nieder (KSA 7, 78), die mit einer Herabsetzung der tragischen Inszenierung, des Chors und der Musik einhergehe. Und in der Tat: Nicht nur reduziert Aristoteles die Tragödie auf »Handlung« und »Wort«. Er disqualifiziert auch ihre darstellenden, mimischen, tänzerischen und theatralischen Elemente als »das Kunstloseste«, die für den eigentlichen Zweck der Tragödie, die Katharsis von *eleos* und *phobos*, gar nicht in Betracht kommen: »Die Inszenierung ist am wenigsten künstlerisch und der Dichtung zugehörig; eine Tragödie entfaltet ihre Wirkung nämlich auch ohne Aufführung und ohne Schauspieler.« (*Poetik* 6, 1450b 15 ff.)

Nietzsche will die Tragödie hingegen nicht unabhängig von der theatralischen Szene und das heißt vor allem nicht außerhalb ihrer kultisch-politischen Einbettung in die großen Dionysien verstanden wissen. Im »erfinderischen Denken, [...], Ausdeuten [und] Umbilden« der »Agonen«, Künste, Musen- und Gottesdienste sieht er die Grundlage der Polis und ihrer »ganzen bezaubernden und weltbeherrschenden Macht«: Nicht mit Literatur oder Waffen, sondern mit ihrer prachtvollen Festkultur sei es den Griechen gelungen, »die Römer und den Orient sich unterwürfig« zu machen (KG 5, 426). Es ist dieser Entdeckung der Festkultur der Griechen durch Nietzsche zu verdanken, dass er die Tragödie aus dem dithyrambischen Chor hervorgehen und die Bedeutung des Wortdramas hinter seiner genealogischen Herkunft aus dem Dionysoskult zurücktreten lassen kann. Was aber versteht Nietzsche unter tragischer Inszenierung? Die Tragödie ist vor allem die Kunst der doppelten Verwandlung der Person: Tragische Katharsis im »Urprozeß der Tragödie« (KSA 7, 191) bedeutet die musikalisch provozierte Entladung zweier »künstlerischer Zustände« (KSA 1, 142), die aus jedem Schauspieler und Zuschauer zugleich macht: Das »eigentliche Urdrama« (KSA 1, 52), das Nietzsche von jeder Handlungs- und Dialogkomponente befreit (KSA 1, 63, 85), fällt mit der kathartischen Entladung »zweier künstlerischer Gewalten«, dem »Zwang zum Orgiasmus« und dem »Zwang zur Vision« zusammen (KSA 13, 235 f.). Diese beiden »kunstschaffenden Zustände« (KSA 1, 142) von Vision und Metamorphose macht Nietzsche nicht nur für die Entstehung der »Urtragödie«, sondern auch für das tragische Bühnengeschehen verantwortlich. Von der »Urtragödie« (KSA 1, 60) unterscheidet sich die inszenierte Tragödie freilich nicht nur durch ihre externe Bildlichkeit, sondern auch durch die Einführung eines vom dithyrambischen Chor geschiedenen Schauspielers. Damit aber zerbricht die vorherige personelle Einheit zwischen unbewusstem Mimen und Zuschauer. Dem dithyrambischen Chor obliegt nun die Aufgabe, »die Stimmung« des Zuhörers dionysisch so weit zu erregen, dass dieser den Chor der Orchestra imaginativ in den dionysischen Satyrchor verwandelt und in der Identifizierung mit jenem selbst verwandelt wird (KSA 1, 59). Erst unter dieser Voraussetzung wird es dem Zuschauer möglich, in der Erscheinung des »tragischen Helden auf der Bühne [...] nicht etwa den unförmlich maskierten Menschen [...], sondern eine gleichsam aus [seiner] eigenen Verzückung geborene Visionsgestalt [zu] sehen«. Kraft des »ganzen magisch vor seiner Seele zitternden Bild[es] des Gottes« vermag er mit dessen Leiden »eins« zu werden (KSA 1, 63 f.). Es ist dieses sich gegenseitig zur Entladung erregende Zusammenspiel von musikalisch-pathischer Verwandlung und szenischer Vision, das als genuin ästhetisches Geschehen für die Entstehung der griechischen Tragödie in ihren unterschiedlichen Ausgestaltungen und für die Deutung der tragischen Katharsis verantwortlich gemacht wird und die von Nietzsche mehr oder minder fingierte Entwicklungs- und Verfallsgeschichte der Tragödie ermöglicht: vom dionysischen Satyrchor zum dithyrambischen Chor bis hin zum Auftritt eines ersten, zweiten und schließlich dritten Schauspielers bei Aischylos, Sophokles und Euripides, zur Einführung dialogischer Passagen sowie zur Inszenierung einer dramatischen Handlung im Angesicht von Zuschauern. In dem Maße, in dem Nietzsche die Tragödie zur ästhetischen Reproduktion der religiösen Besessenheitserfahrung des Dionysoskultes erklärt, entspricht der tragische Prozess der dreiphasigen Anordnung der *»rites de passage«*: Trennung, Schwelle und Wiedereingliederung. Was die »Trennung« zwischen der »Welt der alltäglichen und der dionysischen Wirklichkeit« betrifft (KSA 1, 569), so betont Nietzsche nicht nur den Verlust der »sozialen Stellung« und »bürgerlichen Vergangenheit«. Im ekstatischen »Hinausgreifen über Person, Alltag, Gesellschaft, Realität« (KSA 13, 224), das den dionysischen Kult als »Gleichheitsfest« auszeichnet, markiert es den Abstand zwischen dem Normalzustand und seiner rituellen Desorganisation. Auf der »Schwelle«, die der in einen Diener seines Gottes verwandelte dionysische Schwärmer betritt, wird der solchermaßen Initiierte von der visionären Wahrheit der »Zerreißung des Gottes« (KSA 7, 152) getroffen. Diese dionysische Wahrheit gilt es, bei der »Rückkehr« in den Normalzustand und der »Wiedereingliederung« in das normale soziale Leben zu affirmieren und umzusetzen.

Ganz ohne Frage ist Nietzsche an der »Nachwirkung« des ästhetischen Passagerituals in den »ausseraesthetischen Sphären« des Alltags (KSA 1, 143) interessiert. Die Originalität der Tragödienschrift lässt sich an der Konzeption einer allgemeinen Verführungstheorie bemessen, die die tragische Kunst dazu bestimmt, »als das große Stimulans des Lebens, zum Leben« (KSA 13, 230) aufzutreten. Nietzsche macht in der »Urtragödie« eine historisch einzigartige Konstellation zwischen dem Apollinischen und Dionysischen ausfindig, die den Widerstreit zwischen der Schönheit des Scheins und der dionysischen Wahrheit über das »Schreckensgesicht des Daseins« performativ ausgestaltet (KSA 7, 145). Die apollinische Inszenierung der dionysischen Wahrheit bewirkt eine Steigerung des Daseins und seiner Möglichkeiten: Die ekstatischen Entladungen, durch die die Tragödie in der pathischen Höherspannung des Daseins zum Weiterleben verführt, werden inhaltlich durch das Versprechen der Unzerstörbarkeit des Lebens gestützt. In der szenischen Vision der titanischen Zerstückelung und apollinischen Zusammenfügung des Dionysos hat es einen symbolischen Ausdruck gefunden. Man kann dem Tod nicht ins Gesicht schauen, man kann ihn nur ästhetisch einfärben und das heißt theatralisieren. Darin liegt vielleicht der ganze Sinn der Schminke und der Maske. Nietzsches Erfindung des antiken Theaters zielt auf eine *rite de passage*, in der sich die Dramatisierung einer kollektiven Todeserfahrung und ekstatischen Verwandlung ereignet, deren performative und zugleich affektive Kraft darin besteht, an das Leben zu binden und seine Möglichkeiten ästhetisch zu steigern.

Eine der wenigen Theorien, die im 20. Jahrhundert Nachdruck auf den Ereignis-, Aufführungs- und Inszenierungscharakter der Tragödie legt, ist diejenige von Roland Barthes, die sich nicht von ungefähr mit der *Macht der antiken Tragödie* auseinandersetzt. Das schlägt sich in der Aufmerksamkeit nieder, die Barthes dem »dramatischen Potential der Freiluft«, das heißt der Tatsache schenkt, dass sich die tragischen Inszenierungen unter freiem Himmel abgespielt haben, dem Lauf der Sonne, den Witterungen, auffliegenden Vögeln, Gerüchen und Geräuschen der Stadt ausgesetzt und damit einem Kosmos unterworfen waren, der die Aufführung selbst mit seinen »unvorhergesehenen Reflexen streift«: »Das Eintauchen des Zuschauers in die komplexe Polyphonie der Freiluft schenkt dem Drama die wundersame Singularität eines Ereignisses, das nur einmal stattfindet. Die Macht der Freiluft beruht auf ihrer Fragilität.« Diese kostbare Ereignishaftigkeit im räumlichen Sinne spiegelt sich auch in der zeitlichen Singularität der Aufführungen, die zumeist Uraufführungen waren und in religiöse Riten eingebettet waren. Diese waren dazu bestimmt, die gewöhnliche Zeit in gewissen Abständen zugunsten einer »tragischen Zeit« zu unterbrechen, in der die Polis einer »höheren Menschheit der Götter und der Heroen gegenübertrat« (MdT 44). In der Tat ging den großen Dionysien ein feierlicher Umzug voraus, in dessen Verlauf die Statue des Dionysos aus ihrem Tempel beim Theater zu einem Tempel nahe der Akademie verbracht wurde, um dann unter Darbringung verschiedener Opfer erneut in ihren eigenen zurückgebracht zu werden.[129] Auch Barthes bezieht sich auf die tragische Katharsis der aristotelischen *Poetik*, deren performative Kraft in einer regelrechten »körperlichen Umwandlung« bestehen soll (MdT 41). Diese Verwandlung betrifft den kollektiven Aufruhr und die gemeinsame Erschütterung, die die tragische Inszenierung beim antiken Publikum hervorgerufen und den »Schlägen des Geschehens einen fleischlichen Namen verliehen« hat: Es ist die »Gabe der Tränen«, die nichts mit den »kleinen individuellen Gewittern unserer Romantik« (MdT 40), sondern mit einer politischen Rührung zu tun hat, die sich in der Öffentlichkeit, unter den Augen aller ereignete. Wer heute weint, tut dies aus individuellem Schmerz, und er tut dies vor allem nicht im öffentlichen Raum. Das moderne Theater ist ein leidenschaftsloser Ort ohne Tränen, die bestenfalls noch in der Dunkelheit des Kinos aufgrund narzisstischer Identifizierung mit fremdem Leid vergossen werden. Die Tränen des antiken Publikums waren dagegen kollektiver Art und sie bezeugten nicht weniger als die »höchste Kultur«, die Fähigkeit nämlich, die Zerrissenheit der Polis und der Geschichte »im Abgrund des eigenes Leibes auszutragen«. Ein schwaches Echo dieses kollektiven Pathos findet sich in den modernen Massenspektakeln des Sports, die die individuellen und individualisierenden Leidenschaften zurückweisen. An deren Stelle setzen sie »eine befreite kollektive Gemütsbewegung« ohne Scham, allerdings auch ohne politisch-sittlichen Richtungssinn (MdT 42). »Der Sport weckt nur eine Moral der Kraft« (MdT 43), während die tragische Inszenierung eine performative Kraft der Moral freisetzt. Im Unterschied zu Nietzsche unterstreicht Barthes den moralischen Charakter der tragischen Musik, das obligatorische Ethos jener Affekte (Freude, Trauer, Angst, Schmerz, Lust), die durch die konventionelle Bedeutung der streng definierten Tonleitern in differenzierter Weise hervorgerufen werden, anstatt, wie bei Nietzsche, ein nur vages Pathos zu evozieren. Das trifft auch auf die tragischen Masken zu. Sie bringen ein beinahe zeichenhaftes Register der Leidenschaften zum Ausdruck, das »in einer traditionellen Bedeutung festgeschrieben« und »unverzüglich und ohne Zweideutigkeiten verständlich« ist (MdT 49). Wie bei Nietzsche, so ist auch bei Barthes das Narrativ des tragischen Theaters eine Verlusterzählung. Lediglich die modernen Sportereignisse können sich aus Sicht von Barthes ein gewisses Maß an gemeinsamer und gemeinschaftsstiftender Affektintensität bewahren.

V. 5 Masken- und Rollenspiele

Vielleicht verbindet uns aber über die Transformationsgeschichte der Maske mit dem antiken Theater doch mehr als Barthes selbst einräumen möchte. Die semantische Bedeutung des seit den homerischen Epen gebräuchlichen Wortes *prosopon* und des lateinischen Wortes *persona* reicht vom menschlichen Gesicht zur Maske, Larve (Gespenst) bis hin zum Visier (zur Verbergung eines Teils des Gesichts). Daraus ging seit dem 4. Jahrhundert v. Chr. die Bedeutung der dramatischen Rollen und literarischen Figuren hervor. Seit hellenistischer Zeit wurde *prosopon* auch vereinzelt für die Bezeichnung der Rolle im Leben verwendet, wie namentlich die ciceronische, protosoziologische Rollentheorie mit dem System der vier Masken (*De officiis* I, 107-125) bezeugt.[130] Mit dem Niedergang der antiken Institution des Theaters, so Manfred Fuhrmann, wurden auch die Maske und die Wörter *prosopon* und *persona*, zumindest für den Bereich des Theaters, überflüssig, wie das Aufkommen eines neuen theatralischen Vokabulars im Mittelalter zeigt: »für die Bedeutung ›Rolle‹ erfand man ein Derivat von persona – [...] *personnage* (Figur) – *personaggio*. Zu Beginn der Neuzeit, seit dem 16. Jahrhundert, bürgerte sich außerdem das Wort (*rotulus*) – *rôle* – ein: von Hause aus der Papierstreifen, auf dem der Anteil des einzelnen Schauspielers, seine ›Rolle‹ niedergeschrieben war.«[131]

Es bedarf keiner besonderen Erwähnung, dass mit der Erfindung der moralischen und der psychologischen Person, an der das Christentum (namentlich durch die trinitarischen Personen: Gottvater, Jesus Christus, Heiliger Geist) so wesentlichen Anteil hatte, weder die rechtliche Person als Träger von Rechten und Pflichten noch auch die Person im Sinne des Schauspielers obsolet geworden ist. Ganz im Gegenteil hat das Verständnis des Schauspielers als diejenige Person, die in jede Rolle schlüpfen und sich metamorphisch zu verwandeln vermag, das individuelle und rechtliche Konzept der Person noch befestigen können, und zwar als eine Instanz, die einerseits Anspruch auf Menschenwürde, Singularität und Individualität erheben kann und andererseits als Zurechnungskonstrukt und verantwortliches Subjekt fungiert. Ja, man könnte für das abendländische Personen-Verständnis geradezu von einem Auseinanderdriften zwischen der juristisch-moralischen, der einzigartig-individuellen und der theatralischen Person sprechen, die nicht zuletzt durch die strikte Trennung der Sphären »authentisch – wirklich – ernsthaft« und »maskiert – gespielt – geheuchelt« voneinander geschieden sind.

Einige soziologische Rollenbegriffe scheinen diese Unterscheidung jedoch zu unterlaufen, wenn sie gewissermaßen in Anlehnung an Cicero den Schritt von der Bedeutung der »Rolle«, des »Charakters« auf der Bühne, zur Bedeutung »Rolle«, »Charakter« im Leben vollziehen. Kurz: Wir alle spielen Theater und eine Vielzahl von Rollen im wirklichen Leben, wie nicht zuletzt Erving Goffman unterstreicht.[132] Nirgendwo sonst ist im Übrigen die »Sprache des Theaters« und des Rituals tiefer in die Theoriebildung »eingedrungen« als in Goffmans Untersuchungen (RA 143). Und es gehört zu seinen unbestreitbaren Verdiensten, den substanziellen Gegensatz aufgelöst zu haben, der zwischen der Person als überdauernder, zurechenbarer und authentischer Entität einerseits und ihren zahlreichen zeremoniellen Masken und sozialen Rollen andererseits besteht. In seiner 1974 erschienenen Arbeit *Frame Analysis* setzt er sich mit dem Verhältnis von Person und Rolle und der rollensoziologisch etablierten Annahme auseinander, sich »zwar die Rolle als etwas ›rein‹ Soziales vorzustellen, doch das sie tragende *agens* – die Person, das Individuum – als etwas irgendwie über das Soziale Hinausgehendes, Wirklicheres [...], Tieferes, Eigentlicheres«. Goffman will nun diese aus seiner Sicht »verderbliche Einseitigkeit« der bisherigen Rollensoziologie infrage stellen und stattdessen nicht nur die Rolle, sondern auch die Person als »sozial erklärbar betrachten« (RA 297 f.): Dieser Versuch läuft darauf hinaus zu zeigen, dass dasjenige, was in einem bestimmten Zusammenhang oder besser gesagt: in einem bestimmten Rahmen *als* Person oder Individuum auftritt, in einem anderen *als* Rolle oder Eigenschaft gilt. Die Unterscheidung Person/Rolle ist unter dieser Voraussetzung abhängig von der jeweiligen Rahmung oder sozialen Bühne. Noch anders gesagt: Die Person bezeichnet jeweils den über eine bestimmte Rolle hinausweisenden Überschuss einer anderen Rolle, die in dem je aktuell bestimmten Rahmen nicht fassbar werden kann. Goffman geht es demnach nicht um eine Abschaffung der Unterscheidung Person/Rolle. Er will vielmehr die »gerahmte Tätigkeit«, die das Einnehmen einer gewissen Rolle auszeichnet, mit anderen, möglicherweise umfassenderen Rahmungsvorgängen verketten, in denen »die Rolle der Person Platz [macht]«, die dann die ihr zugewiesene Personenrolle mit einer Art Basiskontinuität übernimmt. Im Kontext dieses Person-Rollen-Problems sind für Goffman solche Fälle bemerkenswert, in denen die Rolle selbst der Person einen gewissen Raum überlässt: etwa wenn der Betreffende bei der Ausübung einer Rolle ein Recht darauf hat, »ein Ich aufrechtzuerhalten oder sich auf es zurückzuziehen, das verschieden ist von dem, das in der Rolle zum Tragen kommt«. So lassen formelle Situationen wie eine Geschäftsbesprechung, eine Ansprache oder Vorlesung der »agierenden Person« durchaus Möglichkeiten für Rollenabweichungen, und zwar inmitten des Rollenverhaltens selbst: Sie kann husten, ihre Haare glattstreichen, ein Staubkorn von der Jacke blasen und sich sogar für kurze Zeit von der Rolle dispensieren: »um das Telephon abzunehmen oder auf die Toilette zu gehen«. Freilich tut sie dies in der Regel mit dem Ausdruck des Bedauerns (Schulterzucken) oder einer expliziten Entschuldigung, um die kurzfristige Unterbrechung des gerade geltenden Rahmens und den Übertritt in einen anderen Rahmen anzuzeigen (RA 301). Eine andere Personen/Rollen-Unterscheidung betrifft die Frage der Verantwortung. Wenn jemand in Ausübung einer bestimmten Rolle etwas tut, wenn ein Soldat beispielsweise »etwas Problematisches unter ordnungsgemäßer Befehlsgewalt ausgeführt hat«, kann er dann als rechtliche Person auch außerhalb dieser Rolle für seine Handlung zur Rechenschaft gezogen werden? Der Status der Rechtsperson als Träger von Rechten und Pflichten ist offenkundig ebenfalls eine Rahmung, die mit anderen Rahmen kollidieren oder den begrenzten Rahmen der jeweiligen Rolle dank ihrer umfassenderen Rahmengeltung überschreiten kann (RA 299 ff.). Beispiele dieser Art machen den Charakter des möglichen Widerstreits zwischen den Verpflichtungen und Erwartungen, die mit einer bestimmten sozialen Rolle einhergehen, und den mit der Person verbundenen Verpflichtungen und Erwartungen deutlich. Sie unterstreichen aber auch die in der westlichen Kultur vorherrschende Vorstellung, dass die persönliche Identität, die Person des Rollenträgers, über die wechselnden sozialen Rollen hinausreicht und zugleich stets gegenwärtig ist: »Hinter der augenblicklichen Rolle schaut die Person selbst hervor. Das ist ja eine häufige Art der Rahmung der Wahrnehmung anderer. Also: das Ich soll hochleben.« (RA 323)

Diese Annahme stützt sich auf einen habituellen, persönlich zurechenbaren Stil, der nicht nur charakteristisch für eine spezifische Handlung erscheint, sondern sich als je wiedererkennbare Signatur bei allen Betätigungen der Person durchhält und den von ihr eingenommenen sozialen Rollen damit eine unverwechselbare persönliche Note verleiht (RA 320). Die Person »glimmert und glitzert« kraft ihres persönlichen Stils durch »die offizielle Oberfläche« hindurch (RA 328). Das geschieht in solchen Modalitäten des Verhaltens, die Goffman als Fähigkeit zur Rollendistanz untersucht hat. Die Kompetenz zur Rollendistanzierung stellt sich in einer »›effektiv‹ ausgedrückten, zugespitzten Trennung«[133] zwischen Person und Rolle dar, mit der sich die Person gegenüber ihrer Rolle als überlegen ausweist und rollenspezifische Verhaltenszumutungen zurückweist: »›Das ist nicht mein wirkliches Ich.‹« (Goffman 1973, 133)[134] Freilich gehört für Goffman zu jeder Rollenausübung nicht nur Fingerspitzengefühl in

Fragen der Dosierung und eine dramaturgische Kreativität der Rollendistanz (Scherze, Selbstironie), sondern auch ein unweigerliches Gravitieren um die Rolle inmitten jeder faktischen Interaktion. Ein solches Fingerspitzengefühl bemisst sich an der Differenz zwischen den normativen Rollenvorschriften einerseits und dem tatsächlichen Rollenverhalten andererseits (zwischen Rahmen und Rahmung), die sich niemals decken. Wann immer sich jemand unbewusst oder strategisch-intentional von den Verpflichtungen einer Rolle im alltäglichen Interagieren distanziert, tut sich (für ihn selbst und andere) ein »Gegensatz zwischen Person und Rolle«, will sagen: ein »Spalt« auf, »durch den ein Ich hervorlugt«; ein Ich, das wirklicher, eigentlicher, authentischer erscheint als der gegenwärtig agierende Rollenspieler. Dieser Spalt und diese Nichtdeckung des Selbst mit sich selbst entsteht »aus den gegensätzlichen Strömungen seines augenblicklichen Verhaltens«, die auf dasjenige hinausweisen, »was der Betreffende jenseits der augenblicklichen Situation eigentlich ist. Doch in jeder Situation bekommen seine Partner [nur] ein solches Bild von ihm.« Es gibt keine Situation, die selbstgenügsam auf sich selbst beschränkt wäre. Vielmehr verweist jede Situation stets auf vergangene, zukünftige oder parallele Situationen, und es ist dieser horizontale Verweisungsüberschuss über die soziale Situation hinaus, der die Interaktionspartner glauben macht, dass »alle diese Hinweise aus aktuellen Situationen auf die Art des Betreffenden in anderen Situationen« etwas »wesentlich Gemeinsames haben« müssten, das die wirkliche Person ausmacht. Der über jede soziale Situation hinausgehende Verweisungsüberschuss, der die Rollengravitationen (zwischen Rahmen und Rahmung) betrifft, wird, zumindest in der von Goffman untersuchten anglo-amerikanischen Kultur, mithilfe des Deutungsmusters und der Kategorie der »Person« interpretiert. Die Person ist damit nichts anderes als eine weitere soziale Rolle, die die Rolle erfüllt, alle anderen Rollen zu übersteigen und selbst mit einer überdauernden Identität ausgestattet zu sein. Wie alle anderen Rollen ist aber auch die Personenrolle, einschließlich der Rollenzumutung: jemand, eine individuelle Person, ein eigentliches Selbst zu sein, habitualisiert und zugleich darauf angewiesen, im Rollenspiel der Person, den Interaktionsritualen der Ehrerbietung und des *face-work* je von Neuem hergestellt und dargestellt zu werden. Die Evokation der achtunggebietenden Einzigartigkeit des Selbst und die Würde der Person sind der stets labile Effekt ritueller Performanz. Goffman macht den Ritualbegriff, den er den religionssoziologischen Untersuchungen Durkheims verdankt, für den säkularisierten Gegenstandsbereich der Interaktion zuständig: Hier hat die Person, das einzigartige Selbst, den Status eines »geheiligten Objektes« angenommen, dem es mit wechselseitiger »ritueller Sorgfalt« zu begegnen gilt (Ir 100 ff.). Als Kreuzungspunkt aller Interaktions- und Inszenierungsrituale ist es eine prekäre Größe. Dessen »Heiligkeit« stellt nur die symptomatische Vorderseite eines zerbrechlichen Achtungsobjekts dar, das durch Vermeidungsrituale und die zeremoniellen Vorschriften des Takts in der sozialen Situation vor Beschmutzungen, Verletzungen und Demütigungen geschützt und durch Ehrerbietungs- und Zuvorkommenheitsrituale in seiner anspruchsgeladenen Position performativ immer wieder hergestellt und inszeniert werden muss. Die soziale Welt, so kann man abschließend festhalten, ist ein fragiles Werk kultureller Praktiken der Performativität: von Riten, Inszenierungen, Sprechakten und von Taten, die wir manchmal sprechen und zuweilen nur sehen lassen.

VI. Haus und Verwandtschaft

Heute ist es üblich, Kulturtheorien als Erzähl- und Reflexionsformen anzusehen, die auf das 18. Jahrhundert zurückgehen, da ihre Entstehung – auch und gerade vor dem Hintergrund der Entdeckung der Neuen Welt und der Reiseberichte – Kontingenz- und Fremdheitserfahrungen voraussetzen, die man in dieser Nachdrücklichkeit in früheren Jahrhunderten vergeblich sucht.[135] Zieht man die Kultur- und Geschichtsphilosophien Rousseaus, Kants oder Herders in Betracht, die allesamt engagierte Leser der zeitgenössischen Reiseliteratur gewesen sind, so hat diese historische Datierung einiges für sich. Es fragt sich jedoch, ob das Thema und Problem der Kultur in früheren Zeiten nicht unter einem anderen Begriff aufgetreten und verhandelt worden ist. Und in der Tat verweist das Lehnwort »Kultur« auf das lateinische »cultura«, »Ackerbau«, hat also in der römischen Antike einen ergologischen Sinn, und taucht – bevor es im 18. Jahrhundert zum »Kollektivsingular« (Koselleck) und im 20. Jahrhundert zum »absoluten Begriff« erhoben wird (»alles ist kulturell«) – etwa bei Cicero in Genitivkonstruktionen wie »cultura animi« auf, der damit auf die Beackerung und Pflege des Geistes zielt. Christliche Schriftsteller betonen in Wendungen wie »cultura christi« oder »cultura dolorum« vor allem den Aspekt der Verehrung, der auch dem Wort »cultus« anhaftet. Kurz: In Wörtern wie »cultura«, »colere« bzw. »excolere« – also »urbarmachen, pflegen, ausbilden, wahren, huldigen, verbessern, ausschmücken«[136] zeigt sich die Bandbreite eines differenzierten alteuropäischen Kulturbegriffs, der seine erste theoretische Fundierung und Ausarbeitung in der Literatur der Agrikultur und Ökonomik erfahren hat. Namentlich die antiken Konzepte des Hauses, die aus der großen Zahl der verloren gegangenen Oikonomia-Schriften überliefert worden sind, bilden mit ihrem agrikulturell-ökonomischen, sozial-verwandtschaftlichen, politisch-rechtlichen und kosmologisch-religiösen Themenkatalog, der zudem das Wohnhaus in seiner räumlichen Taxinomie und Einrichtung miteinschließt, »Proto-Kulturtheorien«,[137] in denen das Ethos, der Aufenthaltsort von Menschen, ihre kulturellen Lebensformen und ökonomischen Praktiken infrage stehen. Der Oikos, auch im Sinne von Sippe, Verwandtschaft und Geschlecht, ist freilich nicht deckungsgleich mit der Familie, schon gar nicht mit der konjugalen Kernfamilie. Daher nimmt es nicht wunder, dass der Begriff des Hauses in den kontraktualistischen Staatstheorien der Neuzeit zugunsten des Individuums bzw. der Familie einerseits und des Staates andererseits ganz verschwindet und sich nicht zufällig erst im 19. und 20. Jahrhundert, unter dem Eindruck der ethnologischen Verwandtschaftsforschungen, neue Konzepte des Hauses etablieren, die in der Spannbreite zwischen einem autarken, geschlossenen und einem gastfreundlich offenen, gewinn- und marktorientierten Haus angesiedelt sind. Sie fallen damit nicht weniger unterschiedlich aus und sind nicht weniger politisch motiviert als die Oikiai von Platon, Xenophon, Aristoteles, Pseudo-Aristoteles, Cicero und Columella, als die »Häuser« des alten und neuen Testaments, der Kirchenväter, Apologeten und der Apostel, die den antiken Oikonomia-Schriften ein komplexes theologisches oder, wie im Falle des Paulus, ein messianisches Potenzial abringen. In der Liste jener neueren und neuesten Hausforscher – Wilhelm Riehl, Otto Brunner, Norbert Elias, Pierre Bourdieu, Michel de Certeau, Claude Lévi-Strauss oder Roland Barthes –, die zum Teil, aber beileibe nicht nur tendenziöse Kommentare zum griechischen Haus darstellen, ragen die Verwandtschafts- und Hausuntersuchungen von Claude Lévi-Strauss heraus, da sie eine genealogische Situierung der Hausforschungen selbst und ihren konfliktuösen Entstehungsherd anzugeben erlauben, der freilich in der Antike von anderer Beschaffenheit war als im 19. und 20. Jahrhundert. Während die antiken Oikonomia-Konzepte eine Politik gegen den Oikos und die integrationsstiftenden Praktiken der Verwandtschaft betreiben, stehen insbesondere die Projektmacher des »ganzen Hauses« in Frontstellung sowohl zur egalitär-kritischen Instanz der Gesellschaft als auch zur weiblich dominierten Geselligkeitskultur der Salons. Umso erstaunlicher ist es, dass sich Wilhelm Riehl und Otto Brunner exklusiv auf den aristotelischen und auf seine reproduktiven Funktionen reduzierten Oikos berufen. Doch mit der Abschaffung von Sklaverei und Gesinde einerseits und dem Auszug der Frauen aus dem Haus andererseits stehen alle reproduktiven Vollzüge infrage, die durch keinen noch so automatisierten Haushalt kompensiert werden können. Neben ihrer dezidiert gesellschaftsfeindlichen Politik antworten die theoretischen Zwangsrituale der Schließung des »ganzen Hauses« auf eine irritierende Melange von Bedürfnis und Begehren, die der antike Haushalt durch seine hierarchisch-funktionale Organisation noch strikt voneinander trennen und zwischen Sklaven und Herren aufteilen konnte. Daneben sollen aber auch die gastfreundlich offenen und hauspolitisch flexiblen Konzepte des Hauses zu Wort kommen und kulturtheoretisch nobilitiert werden.

VI.1 Verwandtschaft und »Häuser-Gesellschaft« bei Lévi-Strauss

Die 1949 in Paris erschienenen *Elementaren Strukturen der Verwandtschaft* stellen die eingeschliffene europäische Koppelung zwischen Blutsverwandtschaft und sozialer Verwandtschaft sowie die Rückführung des Inzesttabus auf eugenische Gründe infrage.[138] Noch heute wird der Inzest in einigen europäischen Staaten als Gefahr für die Familie und der genetischen Schädigung ihrer Nachkommen strafrechtlich geahndet, die damit einem biologistischen Missverständnis über die Verwandtschaft aufsitzen. Lévi-Strauss ist es freilich nicht um eine Liberalisierung des Strafrechts oder um eine humangenetische Gefahrenabschwächung zu tun. Es geht ihm vielmehr um eine soziologische Erklärung des Inzesttabus, die Licht in das Dunkel der diffusen rechts-, medizin- und kulturhistorischen Begründungen der Inzeststrafbarkeit zu bringen vermag. Zahlreiche indigene Verwandtschaftstheorien weisen ihm dazu den Weg. Bemerkenswerterweise wissen die meisten der befragten Informanten weniger etwas mit dem Inzestverbot als mit seinem positiven Komplement, der Exogamieregel, anzufangen. So weist der Arapesh-Informant von Mead die Vorstellung, dass ein Mann mit seiner Schwester schlafe, als absurd zurück: »Nein, wir schlafen nicht mit unseren Schwestern. Wir geben unsere Schwestern an andere Männer und bekommen dafür ihre Schwestern.« (SdV 647) Derjenige, dem es einfallen würde, seine eigene Schwester heiraten zu wollen, müsste sich fragen lassen: »Bist Du denn nicht ganz richtig im Kopf? Siehst Du denn nicht ein, daß Du wenigstens zwei Schwager bekommst, wenn Du die Schwester eines anderen Mannes heiratest und ein anderer Mann Deine Schwester bekommt? Mit wem willst Du denn auf die Jagd oder in den Garten ziehen, und wen willst Du besuchen?« Mit dieser Arapesh-Perspektive auf die positive Verpflichtung des Frauentausches, nämlich die Frauen der eigenen Gruppe »einzufrieren« (SdV 97) und sie gegen die Töchter, Schwestern oder Cousinen der anderen Gruppe auszutauschen, ist die ganze Stoßrichtung der Verwandtschaftsuntersuchungen von Lévi-Strauss vorgegeben. Indem er sich vom Paradigma der europäischen Kleinfamilie löst und stattdessen ein »[unreduzierbares] Verwandtschaftsatom« in den Blick nimmt, das »aus einem Gatten, einer Gattin, einem Kind und einem Repräsentanten« derjenigen Gruppe besteht, aus der der Ehemann seine Frau in Empfang genommen hat, treten drei Relationsgefüge zutage: das der Konsanguität (in der Beziehung Bruder/Schwester), das der Allianz (in der Beziehung Gatte/Gattin) und das der Deszendenz (in der Beziehung Eltern/Kind). Sie unterstreichen den sozialen Charakter der Verwandtschaft, der die biologische Familie überschreitet. »Zweifellos ist die biologische Familie vorhanden [...]. Was aber der Verwandtschaft ihren Charakter als soziale Tatsache verleiht, ist nicht das, was sie von der Natur beibehalten muß: es ist der wesentliche Schritt, durch den sie sich von ihr trennt.«[139]

Diese Trennung von der Natur vollzieht sich, so kulturell verschieden seine Übersetzungen und Inszenierungen auch immer sein mögen, durch den universalen Eingriff des Inzesttabus (SdV 81): Etabliert es doch ein kulturelles System von Differenzen,[140] der Benennungen und Haltungen, der Positionen und Praktiken der Gabe, das nicht nur den Vorrang der Sozialität vor der Familie bezeugt, sondern auch der Fremdheit vor der Eigenheit den Vorzug erteilt. Wie ist das zu verstehen? Theoretisch könnte die Familie eine exklusive Realität in Bezug auf ihre eigene Reproduktion bilden.[141] Das weltumspannende Inzesttabu verhindert indes, dass sich die Familie in ihren blutsverwandtschaftlichen Grenzen isoliert. Es erlegt ihr in der Frage der sexuellen Beziehungen und Reproduktion ein künstliches Netz von Verboten und Verpflichtungen auf, das sie dazu zwingt, sich zu teilen, gegenüber anderen familiären Einheiten zu öffnen und das Spiel der Ehe gegenüber Fremden in Gang zu setzen. Indem die weiblichen Individuen »ohne Unterlaß ersetzt, abgetreten oder eingefordert werden, und zwar so, daß sich aus den abgesplitterten Familienfragmenten neue bilden können«,[142] ist das Inzesttabu nichts anderes als ein Verfahren der Teilung und Zerstörung der Familie. Im Namen von fiktiver Verwandtschaft und Sozialität unterminiert es die »separatistischen Tendenzen der Blutsverwandtengruppe« und zwingt sie – anstatt zahllose isolierte Monaden zu bilden –, Filiations- und »Affinitätsnetze zu weben«, die der Gesellschaft, auch und gerade ohne Staat, ein organisatorisches Gerüst und einen mehr oder minder hohen »Integrationsgrad« (SdV 94, 126) verleihen. Dies geschieht durch die Gabe der eigenen Frauen an eine je andere duale Hälfte, exogame Gruppe, Sippe, Kaste, Lineage oder Kernfamilie und im Gegenzug durch den Empfang fremder Frauen. Dabei vollzieht sich die gegenseitige Durchdringung der einander fremden Gruppen durch den Gabentausch von Frauen und sodann von Nahrung, Gütern, Zeichen, Werten, Rechten, Privilegien, Höflichkeiten, Riten, Affekten, Witzen, Schmähungen usf., kraft dessen Sozialität überhaupt nur gestiftet und unterhalten wird. Sozialität liegt nicht einfach vor, ist weder von Natur aus vorhanden noch auch von Rechts wegen konstituiert; sie muss vielmehr durch kulturelle Praktiken der Gabe je von Neuem gebildet und unterhalten werden.

In derselben Weise, in der der frühe Lévi-Strauss den Begriff der Verwandtschaft von dem der Familie ablöst, entdeckt der späte Lévi-Strauss – in Anlehnung an die Untersuchungen des Mediävisten Karl Schmid zum adligen Haus im 10. und 11. Jahrhundert[143] – mit dem Konzept der »Häuser-Gesellschaft« eine korporative Instanz, die nicht auf die Familie reduziert werden kann.[144] Als Körperschaft und Geschlecht nimmt das »Haus« eine Zwischenstellung zwischen der Familie einerseits und dem Staat andererseits ein. Das »Haus« geht weit über die soziale Gruppe und Reproduktionsform der Familie hinaus; zugleich steht die »Häuser-Gesellschaft« mit eigenen juristischen Prozeduren und kulturellen Praktiken in einer Frontstellung zur staatlichen Organisation. Der von Lévi-Strauss präzisierte Begriff des »Hauses« weist fünf charakteristische Merkmale auf: Das Haus ist (1) eine juristische Person; es ist (2) an eine Domäne gebunden; es setzt sich (3) aus zugleich materiellen und immateriellen Gütern zusammen; es perpetuiert sich (4) durch die Übertragung seines Namens, seiner Titel (in fiktiver und realer Linie), seiner Ämter, Privilegien, Rechte und Pflichten; es bezieht (5) seine Legitimation aus der Fähigkeit, diese seine Kontinuität in die Sprache der Verwandtschaft und/oder Allianz zu übersetzen.[145] Die körperschaftlichen Operationen, die zur Verstetigung des Hauses beitragen, sind Heirat, Schenkung, Adoption und die Begräbnisriten, die einer »rückwirkenden« Perpetuierung des Hauses Vorschub leisten. Gemäß seiner eigenen, marxistischen Theorie des Überbaus (»die Überbauten sind sozial ›erfolgreiche‹ Fehlleistungen«)[146] haben für Lévi-Strauss die Sprachen der Verwandtschaft bzw. der Allianz ebenso wie die Mythen und Künste (das Haus als Fetisch: prachtvolle Verzierungen, Mobiliar etc.) die Funktion, entweder innere Spannungen, Konflikte, Widersprüche, antagonistische Prinzipien oder aber externe Veränderungen – das Auftauchen »rudimentärer Formen von Staat« etwa im mittelalterlichen Japan – zu verschleiern oder in einer Weise aufzulösen, wie es der jeweiligen Gesellschaft auf politischer, ökonomischer bzw. institutioneller Ebene nicht möglich ist. Entscheidend für den Lévi-Strauss'schen Begriff des Hauses ist demnach ein innerer oder äußerer Konflikt, der in einer der jeweiligen »Häuser-Gesellschaft« eigentümlichen Sprache und Ästhetik verhandelt wird. Diese haben die Aufgabe, das Haus als Institution in »phantasmatischer Form«[147] zu stabilisieren. Eine mehr oder minder ausgearbeitete Sprache der Verwandtschaft und ein ausladender Fetischismus und Luxus des Hauses gehören damit in das Register imaginärer Beziehungen von Reproduzierenden in allen Wortsinnen. Für Lévi-Strauss ist das Haus keine exklusive europäische Erfindung; es kann vielmehr auf einer breiten Skala interkultureller Schattierungen eingetragen und zu einer Abschattung ohne Original erklärt werden. Damit bildet auch das antike Haus keine paradigmatische, sondern eine variantenreiche Institution, die nicht mit dem »ganzen Haus« im Sinne Riehls, Brunners oder Finleys[148] gleichgesetzt werden kann.

VI.2 Haus und Verwandtschaft bei Platon, Aristoteles und Xenophon

Umfangreiche Betrachtungen über das Haus finden sich schon bei Homer, Hesiod, Solon und Theognis. Der Oikos, der bei Homer als adeliges Geschlecht und einzige politische Handlungsinstanz in Erscheinung tritt,[149] wird mit der Herausbildung und Konsolidierung der lokal verwurzelten Poleis zunehmend politisch entmachtet.[150] Dass der Gründung der Poleis die Vernichtung all jener Verbände und Strukturen vorausgegangen war, die auf den Verwandtschafts- und Geschlechterbindungen beruhten, ist eine »geschichtliche Tatsache«,[151] deren Sprengstoff vor allem durch die Tragödiendichtung thematisiert und ausgestaltet worden ist. Sophokles inszeniert in der Antigone-Tragödie den unlösbaren Widerstreit zwischen den verwandtschaftlichen Bindungen und dem ungeschriebenen Gesetz der Götter einerseits und der durch Kreon repräsentierten Staatsraison andererseits.[152] Im 5. Jahrhundert v. Chr. erscheinen die Geschlechter, Sippen und

Häuser als Kontrapart und feindliche Größe der stadtstaatlichen Organisation. Die ersten philosophischen Auseinandersetzungen mit dem Oikos, die der literarischen Gattung der *oikonomía* ihre systematische Gestalt verleihen sollten, sind nur vor dem Hintergrund dieses Konflikts verständlich. Bemerkenswerterweise schlagen sie sich vor allem auf die Seite der Polis und betreiben eine Politik gegen die Verwandtschaft.

Aus verwandtschafts- und häusertheoretischer Sicht beginnt die europäische Philosophie mit einem Paukenschlag. In der *Politeia* schafft Platon den Oikos mitsamt den etablierten Familien-, Verwandtschafts- und Geschlechterverbänden als politische und ökonomische Machtfaktoren ab. Die Bürger sollen »das, was man das Meine nennt« (*Politeia* 464a), gemeinsam haben, da der ordnungspolitisch unkontrollierbare Bereich des Eigenen (*Nomoi* 788b) – das Wohnhaus, Grundbesitz, Gold, Silber, Sklaven, Frauen und Kinder – die Eintracht der Polis zerstört. Kraft des genealogischen Wirrwarrs einer undifferenzierten und eigentumslosen Massenfamilie, in der vermittels sexuellem Kommunismus und der Abschaffung des Inzesttabus alle miteinander verwandt sind (*Politeia* 463c), macht Platon aus der Polis einen riesigen Oikos und aus dem Wächter- und Regentenstand eine monströse Großfamilie, die in der affektiven Homogenität »von Freude und Trauer« (462e) in Bezug auf sich selbst und stellvertretend für die ganze Polis eine Einheit bilden soll. Unter Verzicht auf ein verwandtschaftliches Haltungs- und Benennungssystem betreibt Platon mit der Güter-, Frauen- und Kindergemeinschaft eine repressive Politik des Oikos, deren Ziel gerade in dessen Vernichtung besteht. Um die Polis trotz der Unterteilung in Gleiche und Ungleiche zu einer konflikt- und differenzlosen Einheit zusammenzuschweißen, nötigt er den Oikos der gesamten Polis als Herrschaftsform auf und schafft ihn zugleich als private Lebensform ab.[153] Es ist nur konsequent, dass diese Politik des

Oikos auch vor der Abschaffung des Hauses als Wohngebäude nicht haltmacht: Anstelle von Einzelhäusern sollen Wohnungen treten, die – in Wohneinheiten zusammengefasst – der Polis selbst das Aussehen eines einzigen Hauses verleihen (*Nomoi* 779b). Platon reagiert damit zweifellos auf einen zeitgenössischen Fetischismus des Hauses, der sich nach Lévi-Strauss sowohl in seiner prunkvollen Ausstattung und Einrichtung als auch in der aufwendigen Gestaltung von Grabanlagen zum Ausdruck bringen und als Symptom eines unaufgelösten politischen Konflikts zwischen Oikos und Polis gewertet werden kann. Beides ist Platon, dem Bewunderer spartanischer Lebensformen, ein Dorn im Auge. So macht er in der *Politeia*, in seiner Erzählung über die Polisgenese, ausgerechnet den Luxus des Hauses (kunstvoller Hausrat wie Polster, Esstische, Hetären) und seine Künste (Back-, Kochkunst, Malerei) sowie eine ins Maßlose schießende Begehrensstruktur für die Notwendigkeit der Gründung des philosophischen Gerechtigkeitsstaats und des Wächterstands verantwortlich (372a-373d). Diesem erlegt er im Gegenzug, wie auch dem Philosophenstand, eine an Gewinn, Gold und Reichtümern rigoros desinteressierte Lebensweise auf. Mit strengen Vorschriften für Speise und Trank, Kleidung und Hausrat, Erwerb und Besitz, antwortet er auf den seit dem 7. Jahrhundert nach Griechenland hereinströmenden Luxus orientalischer Provenienz, der der Inszenierung der Herrschaftsansprüche und Macht der Geschlechter dienlich war.[154] In den *Nomoi* (985b-c) tritt Platon in Anlehnung an die solonischen Begräbnis- und Grabluxusgesetze[155] als Gesetzgeber in Erscheinung, der den funeralen und sepulkralen Luxus auf ein Minimum zu beschränken sucht.

Der politisch-religiösen Brisanz der aristokratischen Grabaufwendungen und Statusrepräsentationen war auch Aristoteles mit Blick auf die Stabilität der Polis inne, wenn er im 6. Buch der *Politik* vor privatem aristokratischem Heroenkult warnt (*Politik* 6,

4 1319b 24-25) und ansonsten als ambitionierter Vertreter einer »Metronökonomie«[156] auftritt. Zwar folgt Aristoteles Platon nicht auf dem Weg der Vernichtung des privaten Hauses und seines verwandtschaftlichen Gefüges: Wo, wie in dem Groß-Oikos der platonischen Polis, Zehntausende dasselbe als das Ihre adressierten, wo jeder jedermanns Vater, Mutter oder Sohn sei, herrsche Inzest, affektive Gleichgültigkeit und Gewalt, kurz: sei die Erosion aller familiären Pflichten und Positionen und daher gerade keine Eintracht der Polis zu erwarten (Politik II, 2 1262a-1262b). Doch zielt er zweifellos auf die politische Entmachtung der Geschlechter und der »Häuser-Gesellschaft«, und zwar mit einer doppelten Strategie: Einerseits trennt er die Sphäre des Oikos radikal von der der Polis. Andererseits erklärt er den Oikos zu einer beinahe geschlossenen und isolierten Einheit ohne chrematistische Außenkontakte (I, 9 1257b 36-38), um ihn auf seine ökonomischen Funktionen zu reduzieren und so politisch zu degradieren: Die gerechte Polis, die dem guten Leben gewidmet ist, ist diejenige, in der die ökonomischen Kategorien des auf Fortpflanzung, Kindererziehung und Reproduktion reduzierten Oikos keine Geltung haben sollen. So wenig wie der Oikos durch die Chrematistik, so wenig darf die Polis durch ökonomische Eigeninteressen wider ihre Gemeinwohlorientierung korrumpiert werden (III, 7). An dem aristotelischen Konzept des Oikos sind zumindest zwei Aspekte bemerkenswert: Der Oikos wird auf die eheliche, despotische und paternalistische Herrschafts- und Gemeinschaftsform beschränkt, das heißt auf die asymmetrische Beziehung des Mannes zu Frau, Kindern und Sklaven, ohne dass das soziale Bindegewebe der Verwandtschaft und der daraus erwachsende Gabentausch in den Kernbestand des Oikos hineinragte.

Diese Geschlossenheit des aristotelischen Oikos spiegelt sich auch in den engen Grenzen, die Aristoteles den Erwerbsquellen und ökonomischen Transaktionen zieht. Die Kunst des Erwerbs, die die notwendigen Güter für das bloße Leben beschafft, findet in der Landwirtschaft als System weitgehender Autarkie ihr Paradigma. Um die Lücken der Selbstversorgung zu schließen, hält Aristoteles zwar einen moderaten Tauschhandel mit Gebrauchsgütern für naturgemäß (I, 9 1257a 30). Von dem Moment an jedoch, da das Geld ins Spiel komme und der gewerbsmäßige Handel allein am Gewinn (I, 9 1257b 2-5), an Gelderwerbung durch Geldverleih und Zinsgeschäft interessiert sei, werde die natürliche Ordnung beschädigt. Stein des Anstoßes ist Aristoteles die Unbegrenztheit, mit der Geld aus Geld entsteht (I, 10 1258a 37-1258b 8). Der Zweck der Ökonomie liegt außerhalb des Oikos, der ihm zugleich eine geld- und luxuskritische Beschränkung auferlegt: Er ist am vollkommenen Leben in der Polis orientiert (I, 8 1256b 35-39).

Diese teleologische Bestimmung (I, 2 1253a 1-20) der Ökonomie ist mehr als nur eine kritische Akzentverschiebung gegenüber Xenophon (OuO 89). Der erklärt in seinem sokratischen *Gespräch über die Haushaltsführung* die Vermehrung des Besitzes und die Gewinnmaximierung (Oec. 2, 18), auch und gerade mit Blick auf die finanziellen Erfordernisse der Polis, das heißt für die Darbringung von Opfern, die Bewirtung von Gastfreunden, die Ausstattung von Chören, die Ausrichtung von Agonen und die Ausrüstung von Kriegsschiffen (Oec. 2, 1-9; 11, 13-14), zum Ziel der fachkundigen Haushaltsführung selbst (Oec. 2, 5-7). Aus dieser markt- und gewinnorientierten Zielsetzung des Hauses erhellt, warum in Xenophons Erörterungen überhaupt nur solche Mitglieder des Hauses in Erscheinung treten, die an der Vermehrung des Besitzes beteiligt sind: Ehefrau, Sklaven und Sklavinnen werden so angeleitet, geführt und erzogen, dass sie Überschüsse zu erzielen, zu bewahren und zu gebrauchen verstehen (Oec. 20, 21). Kinder und andere Verwandte sind für den Haushalt des Xenophon hingegen nahezu unsichtbar. Der zweckmäßig-schmucklose Bau des Wohnhauses mit seiner spezifischen Taxinomie und Mnemotechnik (Oec. 8, 21-22), dem Xenophon mit Blick auf die aristokratische Erwerbsquelle der Landwirtschaft (Oec. 6, 11-12; 19, 17-18) einen hohen Stellenwert zumisst, wird ebenso wie die ausführlich diskutierte Erziehung der Frau, die weniger zur Fortpflanzung als vielmehr zur Leitung des Hauses berufen ist, der ökonomischen Orientierung des Hauses untergeordnet (Oec. 3, 10-11). Was Wunder, dass Xenophon der Thematisierung der effektiven Ausbildung der Sklaven und Verwalter einen breiten Raum gewährt.

Trotz der augenscheinlichen Differenzen ordnen sich die Hauskonzepte von Platon, Aristoteles und Xenophon dem – entweder einheitsstiftenden oder teleologischen oder aber ökonomischen – Zweck der Polis unter und gehören damit auf je verschiedene Weise einer philosophischen Politik gegen den Oikos an. Die Rezeption der griechischen Oikonomia-Texte durch griechisch und lateinisch schreibende Autoren wie Cicero, Columella, der Epikureer Philodemus v. Gadara oder Arius Didymus seit dem 1. Jahrhundert v. Chr. belegt, dass weder der vernichtete Oikos Platons noch auch der »ganze« und geschlossene Haushalt des Aristoteles, sondern vielmehr das durchlässige Haus des Xenophon (OuO 121, 152) mit seiner Öffnung gegenüber Fremden und seiner ökonomischen Orientierung im römischen Kontext der frühen Kaiserzeit einen gewissen Modellcharakter annehmen kann. Dabei tritt das Thema der ehelichen Gemeinschaft zugunsten der *familiaritas* mit Freunden (Off. 1, 55-56) und der Gastfreundschaft gegenüber Fremden bei Cicero oder Philodem aus der Perspektive philosophischer Lebensweise deutlich zurück: Freunde sollten als Kinder betrachtet und als Erben eingesetzt werden (Off. 2, 64-2,55). Entscheidend bleibt die Frage nach dem richtigen Maß der Vermehrung des Reichtums (Off. 2, 87) und der angemessenen Erwerbsquelle: der Landwirtschaft als einzig adäquate Einkommensquelle für Freie sowie die ausgesprochen antike Verachtung für die Arbeit mit den eigenen Händen, die den Sklavinnen und Sklaven überlassen bleibt.

VI.3 Das Haus Gottes und der Bau der Gemeinde bei Paulus

Die Verbindung von ökonomischen und agrikulturellen Themen mit Fragen von Herrschafts- und Gemeinschaftsformen und mit Erörterungen der räumlichen Struktur und Einrichtung des Hauses bildet neben der politischen Dimension des Oikos im Verhältnis zur Polis den Themenkatalog der Oikonomia-Literatur.[157] Dieser taucht in einer messianischen Umwertung, Überbietung und Neudefinition in der Argumentation des 1. Korintherbriefes wieder auf. In der Apologie des 9. Kapitels setzt sich Paulus mit einer Reihe von Anklagen seitens der Korinther auseinander, denen seine Lebensweise als Apostel suspekt ist. Zunächst erörtert er das Problem, ob es zwei Klassen von Aposteln gebe, diejenigen, die frei seien und über *exousia*[158] verfügten, und diejenigen, die unfrei und nicht mit *exousia* ausgestattet seien. Wenn nun Paulus die provozierende Frage stellt, ob nicht auch den unfreien Aposteln ohne *exousia* »das Recht« zukäme, eine Frau bei sich zu führen, so muss man sich vor Augen halten, dass die Eheschließung ein exklusives Recht der Freien darstellte, während die Ehe zwischen Sklaven rechtlich unwirksam war. Paulus unterstreicht, dass er und Barnabas als scheinbar Unfreie, wie sonst nur die Freien, das Recht besäßen, nicht mit ihren eigenen Händen zu arbeiten und im Gegenzug für ihre Verkündigungstätigkeit das patronale System der Gemeinden in Anspruch zu nehmen (9, 11). Er billigt den unfreien, versklavten Aposteln das Recht auf einen Oikos zu, um sich selbst davon zu suspendieren und eine radikale Haltung des Verzichts einzunehmen, wie Karin Lehmeier herausstellt (OuO 224ff.). Im rechtlichen Sinne ist Paulus, der das römische Bürgerrecht besitzt, gerade kein Sklave.[159] Wenn er jedoch betont, dass er auf seinen Missionsreisen »von seiner Hände Arbeit« (4, 12), ohne Besitz, ohne Frau und Nachkommen lebt, dann hat er zweifellos die anstößige Existenzweise eines

Sklaven angenommen. Als »Sklave des Messias« will Paulus seine Unabhängigkeit gegenüber dem Lebensweltlich-Faktischen und seine Zugehörigkeit zu einem ganz anderen Haus begründen. Er verzichtet freiwillig auf sein Recht, selbst ein Haus zu führen, weil er unter dem Zwang steht, ein nicht-menschliches, nicht-materielles Haus zu verwalten (9, 17) und Gewinne ganz anderer Art zu verbuchen.

Für Xenophon ist die gute Führung des Hauses mit dem Ziel der Gewinnvermehrung verbunden. Dazu kann der Hausherr einen Sklaven als Verwalter einsetzen: Paulus ist mit der Oikonomia des Herrn beauftragt, die auf das Gewinnen der Mehrzahl der Menschen (9, 19) zielt. Sein Lohn für den Mehrgewinn aber besteht darin, Teilhaber an der Gemeinschaft des Evangeliums zu werden (9, 23). Paulus verleiht dieser Gemeinschaft einen expansiven Sinn, wenn er sich als »Pflanzer«, Apollo – ein weiterer Mitarbeiter Gottes – als »Bewässerer«, die Korinther aber als »Acker« bzw. sich selbst als sachverständigen »Baumeister« und die Korinther wiederum als »Bau Gottes« (3, 9) bezeichnet, deren Fundament Jesus Christus sei (3, 11). Wachstum der Ackerpflanzen und Vermehrung des landwirtschaftlichen Ertrags, Bau und Anbau des Hauses bilden in Xenophons *Gespräch über die Haushaltsführung* neben der Personalführung und Verwaltungstätigkeit zweifellos die wichtigsten Wissensbereiche des Oikonomikos. Doch im Unterschied zu Xenophon (Oec. 6, 4) unterstreicht Paulus (1 Kor 3, 6 u. 7), dass Gott es sei, der das Haus vergrößere, die Pflanzen wachsen lasse und die Erträge vermehre, nicht aber seine menschlichen Boten und Verkünder. Gott fungiert hier als der Gott der »Mehrheitsverheißungen« (OuO 257) in Bezug auf alle Menschen, auf einen universalen Oikos und den Rest Israels, der übrig bleibt (Röm 11, 1-26), jener Überschuss des Restes über das Ganze, durch den sich das Ganze notwendig als Ganzes verfehlt und nicht mit sich identisch sein kann.[160] Paulus weist die nicht-ökonomische Verfasstheit des apostolischen Lebens im Namen eines göttlichen Oikos (2 Kor 5, 1), die Ehe- und Kinderlosigkeit (1 Kor 9, 5 u. 7, 7) zugunsten der Bildung einer höheren Gemeinschaft sowie die Unwirtlichkeit der Verkündigungstätigkeit im Zeichen des »Baus der Gemeinde« nicht als charismatische Ausnahmeerscheinungen, sondern als vorbildlich für alle aus (1 Kor 11, 1 und 4, 16): Er »versteht sich selbst als nachahmenswert, weil er Christus nachahmt« (OuO 283), der den Hass auf die eigene Familie zur Bedingung der Zugehörigkeit zur Gemeinschaft der Jünger erklärt hatte: »So jemand zu mir kommt und hasst nicht seinen Vater, Mutter, Weib, Kinder, Brüder, Schwestern, auch dazu sein eigenes Leben, der kann nicht mein Jünger sein.« (Lk 14, 26)[161] Paulus transformiert freilich diese ungeheure Forderung Christi nach sozialer Dissidenz im Namen einer messianischen Berufung im Modus des »als ob nicht«, die eine Abwendung vom Oikos inmitten des Oikos evoziert.

Die berühmte Passage aus dem 1. Korintherbrief (7, 20-23) wartet mit einer entsprechenden Aufforderung auf: »Jeder bleibe in der Berufung, in die er berufen wurde. Als Sklave wurdest du berufen? Kümmere dich nicht darum! Aber auch, wenn du frei werden kannst, brauche umso mehr! [...].« Der forcierte messianische Gebrauch der Klesis (gebrauche umso mehr) zehrt alle rechtlichen Zustände und ökonomisch-verwandtschaftlichen Bindungen von innen aus und versetzt sie in einen Modus »negativer Virtualität«.[162] Er besteht darin, den Oikos so zu gebrauchen, als ob er angesichts des (Wieder-)Kommens des Herrn nicht(s), nichtig sei: »Dies aber sage ich Brüder, die Zeit ist zusammengedrängt. Was bleibt, ist, daß diejenigen, die Frauen haben, sie haben, als ob sie sie nicht haben, [...] und die Kaufende sind, als ob sie nicht kauften und die die Welt Nutzenden, als ob sie sie nicht nutzten. Ich will jetzt, daß ihr ohne Sorgen seid.« (1 Kor,

29-32) Das paulinische Verständnis der Berufung als einer von Gott gestellten Aufgabe in der messianischen Modalität des »als ob nicht« neutralisiert das hauswirtschaftliche Handeln, ohne es faktisch zu annullieren, und es entbindet von allen familiären Bindungen, ohne sie abzuschaffen. Der konservative Zug dieser Botschaft hat zugleich einen massiv afamiliären und anökonomischen Charakter.

Dieser konnte sich indes auf Dauer nur etablieren und eine gesellschaftliche Form annehmen, weil er von der Kirchenpolitik selbst aufgegriffen und verstärkt worden ist. Die verwandtschaftsfeindliche Politik der katholischen Kirche hatte es durch Abschaffung der korporativen Operationen zur Verstetigung der Häuser – »Adoption, Polygenie, Scheidung und Wiederverheiratung«[163] – darauf abgesehen, die genealogischen Ketten zu durchbrechen und die Familien ohne direkte Erben dastehen zu lassen.[164] Die ihrer Erben beraubten Familien konnten daher ihr Vermögen der Kirche vermachen, die so erst zur Armenfürsorge und zur Vergrößerung der eigenen kirchlichen Organisation imstande war.[165] Namentlich durch eine rigide Ausweitung der mosaischen Heiratsverbote[166] versuchte die katholische Kirche, Heiratsallianzen und Gabentausch, das heißt die Macht der Geschlechterbindungen und die Kontinuität der Erbfolgen zu demontieren. Wie Albrecht Koschorke gezeigt hat, konnte sich die Ehe- und Familienpolitik der katholischen Kirche vom 16. bis zum 18. Jahrhundert mit einer zunehmend absolutistischer werdenden Staatspolitik verbinden, die die politische Macht der Geschlechterverbände im 19. Jahrhundert schließlich auf jene leichter regierbare Sozialform der bürgerlichen Kleinfamilie herunterzubrechen vermochte, die sich so füglich mit der Ikonografie der Heiligen Familie verband.

Die Kleinfamilie ist jener auf das Minimalniveau seiner schieren Reproduktion reduzierte atomare und namenlose Single

– »ohne Verwandtschaft, ohne Geschlecht, ohne Alter«, ohne *proximus* und *intimus*, aller kulturellen Bindungen, Habitus und Praktiken beraubt –, der in der Philosophie des Gesellschaftsvertrags von Hobbes über Locke und Rousseau bis hin zu Kant zum politischen Material und Konstrukteur des Staates erhoben wird. Der Kontraktualismus betreibt damit ganz im Sinne des absolutistischen Staates eine Politik gegen die Verwandtschaft. Obgleich der Freiheitswille des Individuums nicht selten die Verfolgung durch den Staatsapparat auf sich ziehen und daher durchaus als Feind des restriktiven Staates erscheinen konnte, sind der absolutistische und zumal der moderne, bürokratisch-verwaltende Staat keineswegs Gegner des Individuums. Sie stehen vielmehr in Frontstellung zu den politisch nur schwer zu kontrollierenden Verwandtschaftsverbänden. Kurz: Das Einzelindividuum, so wie es in den kontraktualistischen Theorien erscheint, und der moderne Staat stehen sich nicht antagonistisch gegenüber, sondern haben sich gegenseitig hervorgebracht.[167]

Mit ihrer konsequenten Orientierung an Recht und Vertrag, mit der Verrechtlichung aller intersubjektiven und familiären Beziehungen, mit der Hypostasierung des atomaren Individuums, mit der Politik gegen die Verwandtschaft und gegen den Gabentausch als kulturelle Praktik der Stiftung von Sozialität verliert die politische Philosophie den Sinn für die kulturellen Praktiken des gewöhnlichen Lebens und deren politische Bedeutung. »Wie ist Sozialität möglich?«[168] Mit der Frage der Verwandtschaft hat die europäische politische Philosophie zugleich das Problem der Sozialität verdrängt. Sozialität hat nicht von sich aus eine dauernde und stabile Existenz. Sie gehört weder zur Geburtsausstattung des Menschen, noch kann sie durch Vertrag und Recht konstruiert werden; sie muss vielmehr durch kulturelle Praktiken, Prozeduren und Dinge je von Neuem gebildet und unterhalten werden. Haus und Verwandtschaft bilden für lange Zeit den

Herd und Hort der Gebärden, der *manières de faire*, der kulturellen Praktiken, Taktiken und kleinen Dinge des Sehens, Essens, Sich-Mitteilens, Wohnens, Verkehrens, Schenkens oder Sich-Kleidens. Sie können zu einem Habitus äußerster Konformität, Fügsamkeit und, wie in den asymmetrischen häuslichen Beziehungsformen von Herr und Sklave, Mann und Frau, Vater und Sohn, zu einer Lebensform des Unrechts und der Ungleichheit erstarren; sie können aber auch, wo nicht einer Neuerfindung, so doch einer kohärenten Deformation des Sozialen im Namen einer strittigen Logik der Gleichheit Vorschub leisten. In ihnen ist das Politische als eine dritte Sphäre zwischen Gesellschaft und staatlicher Politik auf latente Weise enthalten, um darauf zu warten, als Politisches aus dem Schlaf gerissen zu werden und sich zu ereignen. Das Politische ist jener »Tätigkeitsbereich eines Gemeinsamen, das nicht anders als strittig sein kann«. Daher hat auch das Haus »ein politischer Ort werden können, nicht durch die einfache Tatsache, dass an ihm Machtverhältnisse ausgeübt werden, sondern weil er in einem Streit über die Befähigung der Frauen als Grund angeführt wurde.«[169]

VI.4 Projektmacher oder der Wiederaufbau des »ganzen Hauses«: Wilhelm Heinrich Riehl und Otto Brunner

Wilhelm Heinrich Riehl: Hausschätze

Der umstrittene Völkerkundler Wilhelm Heinrich Riehl (1823-1897) gilt als der Hausforscher des 19. Jahrhunderts und, wie Frédéric Le Play in Frankreich, als Wegbereiter der Familiensoziologie in Deutschland.[170] Die konfliktbeladenen Entstehungsherde seiner Forschungen zum »ganzen Haus«, die ihn zu einem umfangreichen theoretischen Fetischismus des »deutschen« Hauses und zur sozialreformerischen Restauration des »patriarchalischen Hausregiments« herausfordern, werden von ihm selbst ohne Umschweife benannt: Es ist die Emanzipation der Frauen, die aus dem männlichen Hausregiment ausbrechen und als selbständige, berufstätige, »eigenherrische Wesen« auf die Straße und in die Öffentlichkeit gehen und so das Haus nachhaltig zerstören: »Eine Frau, welche das Haus nicht erbaut, reißt das Haus nieder. Eine Zwischenstellung gibt es nicht.« (DF 55) Dazu gesellt sich unter dem Einfluss der Vertragstheorien eines Grotius, Pufendorf, Hobbes, Rousseau und Kant die zunehmende Verrechtlichung der innerfamiliären Verhältnisse, namentlich die Verrechtlichung der Ehe, die aus der Institution der Ehe einen beiderseits kündbaren Vertrag macht, sie als heiliges Sakrament zerstört und der Frau die rechtliche Verfügung über ihr eigenes Vermögen zugesteht. Statt der sozialen Gliederung der Familie, des Familieneigentums und der völligen Einbindung der Frau in die »organische« Instanz des Hauses kenne der moderne Rechtsstaat nur noch vereinzelte Individuen, Staatsbürger (DF 264 f.) und Privatvermögen. Ferner zeichne sich unter der Ägide eines vornehmlich aus Frankreich importierten »nivellierenden Radikalismus« (DF 194) mit der »Gleichheit des Rechts, Gleichheit der Stände, Freiheit der Staatsbürger, allgemeinen Humanität, allgemeinen Weltverbrüderung« (DF 159) eine weitere Ursache der Zerstörung des Hauses ab, die durch den »Geist der absoluten modernen Geldwirtschaft« (DF 195) und die Industrialisierung zusätzlich forciert werde und schließlich zum unwiderruflichen Absterben des Hauses führen könne. Wenn es Riehl im Namen seines »Wiederaufbaus« darum zu tun ist, die Idee des »ganzen Hauses« zu skizzieren, dann beruft er sich ausdrücklich weder auf den zerstörten Oikos Platons oder den für Fremdes durchlässigen Haushalt des Xenophon noch auch auf die messianische Widerrufung des paulinischen Hauses, sondern auf den geschlossenen Oikos des Aristoteles in seinen präzisen Grenzziehungen gegenüber der

Polis. Dabei gibt er den vierten Stand, Männer wie Frauen, von vorneherein für die Idee des Hauses verloren: Dank seiner Verelendung ist das Proletariat aller wesentlichen Dinge beraubt; es ist nicht nur ohne Haus, sondern auch ohne Familie. So wenig Riehl sich für die Mittellosigkeit des Proletariats zuständig fühlt, so sehr engagiert er sich für die Restauration des bürgerlichen Hauses, das am Paradigma des aristokratischen und bäuerlichen Hauses und damit an Besitz und Vermögen, Grundherrschaft und Territorium orientiert wird. Wie später bei Karl Schmid oder Lévi-Strauss fallen Haus und Familie auch bei Riehl nicht zusammen, und das hat seinen guten historischen Grund: Bevor das Wort »Familie« seit dem 16. Jahrhundert im Deutschen die Bedeutung der durch Ehe und Verwandtschaft verbundenen Lebensgemeinschaft annahm, fasste das römische Recht unter *res familiaris* nicht die Familie als soziale Einheit, sondern die Angelegenheiten von Besitz und Vermögen, darunter auch die Sklaven, und das germanische Rechtsdenken im frühen Mittelalter im Anschluss an die spätantike Verwendung das grundherrliche Gesinde bzw. als *familiae* die hörigen Familien.[171]

Häuslicher Besitz und Eigentum werden nicht, wie es die naturrechtlich argumentierenden Eigentumstheorien seit Locke dekretieren, durch eigene Hände Arbeit geschaffen, sondern durch die Aneignung fremder Arbeit, durch Erbschaft, »infolge alter Besitznahmen [...] oder infolge eines Sieges [...] oder durch Gesetz« (Off. I, 21). Vor diesem Hintergrund gehört das Gesinde, gehören die Mägde, Knechte, Gesellen, Diener und Hausmädchen für Riehl zwingend zur Familie und wohnen im selben Haus, das sich als mehr oder minder geschlossene Produktions-, Reproduktions- und Konsumtionseinheit durch seine relative Autarkie empfiehlt. Riehl verwahrt sich auch gegen eine Zerstückelung des Familieneigentums, der nur durch das exklusive Erbrecht des erstgeborenen Sohns Einhalt geboten werden könne (DF 258, 266, 260).

Neben dieser vermögensrechtlichen Komponente legt Riehl ihr noch im Sinne der Hausväterliteratur die protestantische Bedeutung der hierarchisch gegliederten Familie als Lebensgemeinschaft von Mann, Frau, Kindern, mehrgenerativer Verwandtschaft und des Gedinges bei, die das Gefüge des »sozialen Hauses« ausmachen (DF 245 f.). Aus Sicht Riehls ist es ein Verdienst der Aristokratie, uns ein Bild von der Sitte und dem Kultus des ganzen Hauses bewahrt zu haben: Dazu gehört ein stammsitzgebender Name, ein Wappen, eine durch Familienchroniken, Stammbücher, Ahnengalerien und die Familiengruft lebendig gehaltenes Bewusstsein vom Haus als einer vergangene und zukünftige Generationen umgreifenden »Kette« von Familien, »vor deren Glanz und Macht das Interesse des Einzelnen verschwinden muß« (DF 261).

Bei aller Einsicht in die Unverzichtbarkeit des Rechtsstaats kann sich Riehl nicht die Bewunderung für die alte »Opferung der allgemeinen Rechtssicherheit« zugunsten des patriarchalen »Ausnahmerechts« im Falle des Friedenbruchs versagen, das dem Hausherrn die »unmittelbare Bestrafung der an seinem Weib, seiner Tochter, Mutter oder Schwester verletzten Hausehre« gestattete (DF 266 f.). Die von Riehl vielfach beschworene »Zucht des Hauses« schließt das Züchtigungsrecht gegenüber allen unselbständigen Hausgliedern – Frauen, Kindern, Gesinde – mit ein. Was dem aristokratischen Haus das Wappen und der wohnsitzgebende Name, ist dem gutsbäuerlichen Haus, Riehl zufolge, zumindest im Mittelalter, die Hausmarke, die Neigung, dem Privathaus »phantastische« oder »phantasiereiche Namen« (»Zum grünen Heinrich«! »Zur schönen Müllerin«!) zu geben und die persönliche Profilierung des eigenen Hauses bis in das prachtvolle Mobiliar, den verzierten Hausrat und die malerische Hausfront hineinzutreiben: »Jede Säule, jeder Knauf, jeder Pfeiler, jeder Fensterbogen war dort selbständig, individuell persönlich ornamentiert.« (DF 239) Der Hausschatz deutscher Spruchverse gehört ebenso zum Kultus des Hauses wie die Hausmusik, die Haustiere, die Hausepigramme, die Hausgeister, Familienfeste und Familienzimmer, in denen sich das ganze Hause regelmäßig zu gemeinsamen Mahlzeiten und Hausarbeiten zusammenfindet (DF 234). Wie die Hofmauer, die das »nach Innen gekehrte« (DF 207), von innen nach außen gebaute bäuerliche Haus vor dem Zugriff fremder Einflüsse verschanzt, so bietet Riehl den ganzen Plunder, Schmuck und Fetischismus des Hauses wie ein Bollwerk gegen seine urbane Zerstörung auf: Die städtische Architektur habe das »organische Haus« zur symmetrischen »Wohnungskaserne« degradiert, die sich nicht mehr über ihren Namen und ihre individuell gestaltete Front, sondern nur noch durch eine bloße Hausnummer von anderen »monströsen« Mietskasernen unterscheide. Der städtische Wohnsitz ist kontingent geworden. Nicht nur hätten die bürgerlichen und Handwerkerfamilien in den Städten ihre Häuser verloren, sie seien auch zu Mietnomaden ohne Grund und Boden, zu kleinfamiliaren und arbeitsteiligen Zweckgemeinschaften degradiert worden. Der Zuschnitt der gemieteten Wohnungen selbst habe die Vereinzelung und Vereinsamung der Familienmitglieder innerhalb der gemeinsamen Behausung noch vorangetrieben (DF 220). Am verheerendsten scheinen Riehl jedoch die Wendung der Mietshäuser nach außen, zur Straße hin, und die Öffnung der Wohnungen zur »nichtsnutzigen, sozialen Funktion der sogenannten Gesellschaft«, die durch das neue Gemach: den von der kultivierten jüdischen Frau dominierten Salon verkörpert wird (DF 217 f.). Der Aufbruch und Auszug der Frauen aus dem Haus in die Öffentlichkeit, in Beruf, Politik und Debattierclub, zerstöre es am Nachhaltigsten, weshalb die Rettung des Hauses für Riehl nur in der »Emanzipation von der Emanzipation der Frau« bestehen kann. Im Unterschied zu den von Lévi-Strauss beschriebenen Häuser-Gesellschaften mit ihren körperschaftlichen Operationen zur Verstetigung des Hauses, die auf die Öffnung für Fremde als Agenten der Veränderung und Stabilisierung zugleich sowie auf die hauspolitische Integration fiktiver Verwandtschaftsverhältnisse zielen, spricht Riehl vom Haus nur in der Emphase des Singulars. Er vermeidet es, ausgehend vom Haus Filiations- und Allianznetze in die Gesellschaft hinein zu spannen und den Integrationsgrad zwischen den Häusern zu erhöhen. Das »ganze Haus« im Sinne Riehls ist nicht nur das auf sich selbst beschränkte und autarke Haus, das Außenkontakte und Außenbeziehungen auf ein Minimum reduziert, sich in sozialer Inzestuösität aus sich selbst heraus hervorbringt und reproduziert. Es ist zugleich auch das zwangsneurotisch geschlossene und auto-immune Haus, das sich gegen jegliches Eindringen »fremder Sitten« (DF 257) verschließt und in der beharrlichen Konservierung seines Bestands den immunen Selbstschutz dadurch zerstört, dass sich dieser gegen die eigenen Abwehrkräfte richtet. Die Reaktion wird hier immer reaktionär sein und sich mit der Logik des Autoimmunitären verbinden müssen, die nicht anders als autoaggressiv sein kann. Die autoimmunitäre Schließung des Hauses ist ebenso zerstörerisch wie seine für alles durchlässige Öffnung ohne inneren Bestand und Kapitalisierung. Im Unterschied zu Aristoteles zieht Riehl die Frontlinie nicht zwischen Oikos und Polis, sondern zwischen dem geschlossenen, auf seine reproduktiven Vollzüge verpflichteten Haus einerseits und einer egalitären, in singuläre Individuen zerstreuten Gesellschaft andererseits, in der Frauen von den Pflichten der Reproduktion zunehmend suspendiert werden und nicht-reproduktive Formen des Zusammenlebens realisieren können. Dabei handelt es sich um eine Feindschaftslinie, die sich bei Otto Brunner auf unheilvolle Weise vertiefen wird.

Otto Brunner: Hausregiment

Viel deutlicher noch als Riehl selbst bringt der Sozial- und Verfassungshistoriker Otto Brunner dessen Formel vom »ganzen

Haus« mit der »alteuropäischen Ökonomik« in Verbindung. Unter einer begriffs- und wirtschaftshistorischen Perspektive erklärt er das »ganze Haus«, so wie es angeblich in der Literatur der Ökonomik von Xenophon über Aristoteles und in den klassischen Schriften des 14. bis 17. Jahrhunderts (Konrad von Megenberg, Leon Battista Alberti oder Wolf Helmhard von Hohenbergs 1682 in zwölf Bänden erschienenen *Georgica Curiosa oder Adeliges Land- und Feldleben*) durchgehend skizziert worden sei, als die »von seiner Entstehung im Neolithikum bis ins 19. Jahrhundert« weitgehend stabile agrikulturelle Wirtschafts-, Gemeinschafts- und Lebensform, die »vom Strukturwandel der politischen Formen der Oberschichten in seiner Substanz wenig berührt« worden sei (DGH 107).

Das ist eine gewaltige These und großräumige Spekulation, die nicht nur leichtfüßig über die antiken Konzepte des vernichteten, offenen, geschlossenen oder messianisch neutralisierten Hauses hinweggeht und das aristotelische Hauskonzept zum Maß aller häuslichen Dinge erklärt. Sie postuliert auch, »daß traditionelle Theorie und traditionelle Praxis einander entsprechen« (AH 71), übersieht also den programmatischen und politischen, ja »ideologischen«[172] Charakter von Theorien und eine davon durch die Jahrhunderte, Stände, Regionen, Geschlechter abweichende kulturelle Praxis von Häusern und Hausbewohnern. Brunner legt Nachdruck darauf, dass die alteuropäische, das heißt die aristotelische Ökonomik vor dem Zeitalter des Merkantilismus nicht am Handel, nicht am Markt und schon gar nicht an Mehrerwerb und Gewinn orientiert gewesen sei, sondern stets nur am »ganzen Haus«, das »die Gesamtheit der menschlichen Beziehungen und Tätigkeiten im Hause, das Verhältnis von Mann und Frau, Eltern und Kinder, Hausherrn und Gesinde (Sklaven) und die Erfüllung der in Haus- und Landwirtschaft gestellten Aufgaben umfaßt« (DGH 105). Nicht die Ökonomik in diesem ganzheitlichen und agrikulturellen Sinne, sondern die wegen ihrer Verwerflichkeit wenig ausgearbeitete Chrematistik müsse als genealogischer Vorläufer moderner Volkswirtschaftslehren, der Nationalökonomie und des Kapitalismus in der »Zurückdrängung des ›ganzen Hauses‹« angesehen werden (DGH 118). Auch wenn Brunner die Existenz von Handel und Markt nicht leugnet, so unterstreicht er doch mit Aristoteles die als theoretisches Ideal formulierte Autarkie der »Oikenwirtschaft«, die nur im Bedarfsfall und zur Ergänzung der lebensnotwendigen Güter auf Markt und Tauschhandel zurückgreife. Aus der Parallelisierung von »bäuerlicher und aristokratischer Kultur« (DGH 107) wird unter Rückgriff auf ein antikes kosmologisch-ethisches Denken eine nur noch aristokratische Kultur: Adel und Arete gehören für Brunner (und in den Untersuchungen zur *Paideai* von Werner Jäger) untrennbar zusammen: »in der leitenden und gebietenden Stellung des Herrn« trete uns eine »hellere Rationalität« und »adelige Denkweise« entgegen (DGH 115), die sich in der aristokratischen (Agri-)Kultur verkörpere und erst »seit dem 18. Jahrhundert zusammengebrochen« sei (DGH 117).

Die alteuropäische Ökonomie ist nicht deckungsgleich mit der Ökonomie (als Lehre und Praxis) im modernen Verständnis; sie zielt vielmehr auf das »Haus im umfassendsten Sinne«, in seinen familiären, ethischen, rechtlichen, medizinisch-alimentären, pädagogischen und ökonomischen Grundstrukturen, die sich in der Zentralfigur des aristotelischen *oikodespotes*, des *pater familias* der Vulgata und des lutherischen Hausvaters bündelten und personifizierten: »Alle Abhängigkeitsverhältnisse im Haus sind auf den Hausherrn bezogen, der als der leitende Kopf aus ihnen überhaupt erst ein Ganzes schafft.« (DGH 112) Brunner will vom Rechtsbegriff des *oikodespotes* die Institution politischer Herrschaft ableiten (DGH 108); eine Lesart, die sich so wenig mit der aristotelischen *Politik* verträgt, wie sie offenbar durch die mittelalterliche Rechtssprache gedeckt wird (AH 71).[173] Zugleich sucht er das Züchtigungsrecht und die »originäre« Befehlsgewalt des Hausherrn (DGH 109) dadurch zu beschönigen, dass er diesen mit dem Wirt kurzschließt, dessen Aufgabe darin bestehe, zu »pflegen, sich für jemanden einzusetzen«, kurz: »den Schutz übenden, sorgenden Inhaber des Hauses« darzustellen (DGH 106). Erst mit der industriellen Trennung von Betrieb und Haushalt trete »die ›Rationalität‹ des Betriebs und die ›Sentimentalität‹ der Familie« auseinander, die der *oikodespotes* zuvor in – wenn auch zuweilen »schmerzlichen Spannungen« – in seinem Handeln vereinigt habe (DGH 111).

Warum beschwört Brunner noch in den 1950er Jahren den Mythos des »ganzen Hauses« und die dreifache Gewalt: *potestas*, *manus* und *dominium* – des *pater familias*? Aus welchem Grund erfinden Riehl und Brunner ein antikes und »geschlossenes« Haus, das es so – außer vielleicht in der aristotelischen Ökonomik – weder in der Antike, geschweige denn in der vermeintlich von der aristokratischen (Agri-)Kultur dominierten europäischen Ökonomik jemals gegeben hat. Das zumindest heben die zahlreichen Kritiker Brunners hervor, wenn sie aus sozial-, wirtschafts- und agrargeschichtlicher Perspektive auf die frühe Relevanz der Arbeitsteilung und bezahlten Lohnarbeit,[174] auf die unscharfen Grenzen zwischen alteuropäischer und moderner Ökonomik,[175] auf die regionalen Differenzen innerhalb Europas, die Einschränkungen der väterlichen Gewalt durch die eigenen Ökonomien der Hausmitglieder,[176] die selbständige Erwerbsarbeit von Frauen und Kindern und die Existenz konkurrierender Beschützer hinweisen: auf Paten, Patrone, Geldverleiher und Arbeitgeber (AH 74, 76 f.). Ferner betonen sie, dass die ökonomischen Traktate des 16. und 17. Jahrhunderts ausführliche Erörterungen über die Lohnarbeit enthalten, die die lebenslange Einheit von Betrieb und Familie Lügen strafen. Das gilt auch für die Notwendigkeit mehrfacher Arbeitsverhältnisse bei Frauen und Männern, und zwar innerhalb und außerhalb des Hauses, sowohl in der agrarischen als auch städtischen Ökonomie des späten Mittelalters und der Frühen Neuzeit (alle Hinweise bei AH 72, 74). Brunners Affinitäten zur »ständestaatlichen und nationalsozialistischen Weltanschauung« in den 1930er Jahren sind bekannt (AH 78). Seine Beschwörung adelig-bäuerlicher Lebensformen in der Geschlossenheit eines vom *oikodespoten* beherrschten »ganzen Hauses« ist allerdings ein Projekt der 1950er Jahre und wird in einer technisch-ökonomisch-militärisch-politisch nachhaltig entsetzten Welt entwickelt, die ihren Sinn in der Gründung einer Todes- und Tötungsgemeinschaft, der massenhaften Opferung von Menschen für das Vaterland und der systematischen, industriellen Tötung von Millionen von Menschen, gefunden hatte. Davon ist in Brunners Text nirgendwo die Rede. Brunner ruft mit Ferdinand Tönnies lediglich das Signum einer modernen Welt auf, das dieser 1887 in der Gegenüberstellung von Gemeinschaft und Gesellschaft gefunden zu haben glaubte: »Alles vertraute, heimliche ausschließliche Zusammenleben (so finden wir) wird als Leben in Gemeinschaft verstanden. Gesellschaft ist die Öffentlichkeit, ist die Welt. In Gemeinschaft mit den Seinen befindet man sich, von der Geburt an, mit allem Wohl und Wehe daran gebunden. Man geht in die Gesellschaft wie in die Fremde.«[177] Brunners »ganzes Haus« ist von der Erfahrung einer Gesellschaft getragen, in der man nicht zu Hause sein kann oder besser: von dem Phantasma eines Verlustes von Gemeinschaft, die durch die moderne Gesellschaft selbst zerstört worden sein soll. Die politische Philosophie des Aristoteles kennt keine Gesellschaft, nur den ausschließlich privaten Bezirk des Oikos und die öffentliche Sphäre der Polis.[178] Wenn Brunner nun die dritte und wegen ihrer destruktiven Anonymität verworfene Instanz der Gesellschaft in das »ganze Haus« hineinzieht, es – ganz unaristotelisch – als Einheit von Gesellschaft und Gemeinschaft, »der ›Rationalität‹ des Betriebes und der ›Sentimentalität‹ des Haushaltes« fasst (DGH 111), dann hat er die Gesellschaft – in der niemand herrscht oder regiert –, zumindest als sein eigenes politisches Projekt, abgeschafft. Das »ganze Haus« kann daher nicht anders denn als eine heillose Verdoppelung und verweigerte Analyse angesehen werden, der verweigerten Analyse nämlich jener gewalttätigen Gründung einer Gesellschaft als geschlossener Volks-, Tötungs- und Todesgemeinschaft, die nach ihrem Führer rief, um auf die kritische Funktion und feminine Dimension von Gesellschaft zu verzichten.

Zwar nicht wegen des problematischen Mythos der verlorenen Gemeinschaft,[179] so doch unter der Frage der antiken Ökonomie sind Riehls und Brunners Konzepte des »ganzen Hauses« nicht ohne Wirkung geblieben. So teilt Moses I. Finley mit Brunner das Anliegen, von der antiken Wirtschaft »modernistische«[180] Vorstellungen fernzuhalten und diese in ihrem ganzheitlichen Gefüge als Sozial-, Lebens-, Rechts- und Wirtschaftsform ernst zu nehmen. Die moderne Ökonomie sei hingegen von der Vorstellung bestimmt, dass es »Gesetze der Zirkulation, des Marktaustausches, des Wertes und des Preises«[181] gebe. Dabei kann sich Finley auch auf seinen Lehrer Karl Polanyi berufen, der zeitgleich mit Brunner für die griechische Antike die Einbettung (*embeddedness*) der Ökonomie in nicht-ökonomische Institutionen geltend macht[182] und von Wirtschaft erst dort sprechen will, wo diese sich aus ihrem Verhältnis zum Oikos gelöst und eine »separate Existenz« – im Sinne eines sich über Angebot und Nachfrage selbst regulierenden Marktes – angenommen habe.[183] Bekanntlich hatte schon Max Weber von der »Integration« der antiken Wirtschaft in die politischen Institutionen und sozialen Beziehungen gesprochen.[184] Als historische Quellen gibt Finley die aristotelische und die pseudo-aristotelische Ökonomik an, den *Oikonomikos* des Xenophon, die Lehrbücher der römischen Agrarschriftsteller sowie die sogenannte Hausväterliteratur (hier vor allem Wolf Helmhards von Hohenbergs *Georgica curiosa*), um wie Brunner die in diesen Schriften skizzierte bäuerliche Agrikultur und Ökonomie als die »Grundlage der europäischen Zivilisation bis weit in das 18. Jahrhundert hinein (in sehr vielen Gebieten noch länger)« auszuweisen. Wie Brunner stellt auch Finley die Lehre vom ganzen und durch den *oikodespotes* beherrschten Haus der übel beleumdeten Chrematistik entgegen, die als alleinige Vorläuferin moderner Wirtschaftslehren angesehen werden dürfe. Und wie Brunner setzt Finley ebenfalls die gesamte Literatur zur Ökonomik mit der aristotelischen Lehre vom Oikos gleich, ohne auf die unterschiedlichen antiken Konzepte des offenen oder geschlossenen Hauses einzugehen (OuO 2-6). Diesem schmalen Weg, der stets nur zum »ganzen Haus« führt, folgen auch andere einschlägige Autoren: Michael Austins und Pierre Vidal-Naquets Untersuchungen zur antiken Wirtschaft sind hier ebenso zu nennen wie Ferdinand Wagners Skizzierung der frühen Ökonomik.[185] Thomas Pékary zeichnet dagegen ein differenzierteres Bild, wenn er bestreitet, dass es eine »einheitliche antike Wirtschaftsstruktur« je gegeben habe; die Ökonomie der homerischen Zeit unterscheide sich von der Ökonomie des klassischen Athen genauso wie die des hellenistischen Ägypten von der Ökonomie auf Rhodos, in Kathargo, im republikanischen oder spätantiken Rom.[186]

Welche Türen und Fenster stößt man indes auf, wenn man die Lehre vom Haus nicht im Ausgang von der männlich-despotischen Herrschaft über Menschen und der uneingeschränkten Verfügungsgewalt über Sachen konzipiert, sondern ausgehend von den Dingen des Hauses und den Praktiken und Prozeduren, in die diese beim Geben oder Nehmen, Kaufen oder Verkaufen, Leihen, Verpfänden und Entschulden jeweils eingebunden sind?

So hat etwa Valentin Groebner in seiner kritischen Auseinandersetzung mit Brunners Konzept des »ganzen Hauses« darauf aufmerksam gemacht, dass der mobile Hausrat, »Metallgegenstände, Textilien, neue und gebrauchte Kleider, erst recht Betten«, für die städtische Bevölkerung des ausgehenden Mittelalters und der Frühen Neuzeit ein »Knotenpunkt [...] ökonomischer Praktiken« und Taktiken gewesen ist und somit Wertgegenstände einer nichtaristokratischen und »informellen« Ökonomik »ohne Haus« (AH 74 ff.) dargestellt habe.[187] Die Kulturtheorie des Hauses hat in den Theoriebildungen des 20. Jahrhunderts eine ebenso differenzierte wie systematische Ausprägung erhalten, indem sie dessen Türen und Fenster in historischer, kultureller und zeitgenössischer Hinsicht zu öffnen verstand.

VI.5 Offene, repräsentative und bewohnte Häuser: Norbert Elias, Pierre Bourdieu, Michel de Certeau und Roland Barthes

Norbert Elias: Höfische Dienstbotenarchitektur

Norbert Elias zeichnet in seinen Untersuchungen zur höfischen Gesellschaft unter Ludwig XIV. ein ganz anderes Bild des aristokratischen Hauses als jenes, das Riehl und Brunner errichtet haben. Zunächst einmal sei festgehalten, dass die Einkünfte des Adels zur Zeit des *ancien régime* – des Kriegs- und Schwertadels – sich nicht in dem Maße, wie Riehl und Brunner es nahelegen, aus landwirtschaftlichen Lehen, sondern aus Pacht- und Mietzinsen, Pensionen und Renten zusammensetzten. Es gehörte zu den Strategien der bürokratischen Zentralisierung und Gewaltmonopolisierung des Königs, den Adel durch Gehälter, Pensionen und unregelmäßige Geldgeschenke zur »Säßigkeit« an den Hof zu binden und nicht durch die Hingabe von Grund und Boden auf Dauer vom Hofe fernzuhalten. Während Lehen und Naturalrenten Unabhängigkeit vom König versprachen, war die als Geldrente oder Gehalt »in Erscheinung tretende [königliche] Gunst« jederzeit widerrufbar und setzte ihre adeligen Empfänger dem Druck aus, sich den König je von Neuem durch persönliche Dienste geneigt zu machen (DhG 235 f.). Der alte Grundbesitzeradel, dessen Hierarchie auf der Rangordnung der Lehen beruhte, wurde durch den neuen »Titular-Adel vom einfachen Edelmann bis zum Prinzen und Pair von Frankreich« verdrängt, durch jene Adelstitel also ohne die Herrschaftsfunktionen der feudalen Verwaltung und Gerichtsbarkeit, die der König etwa als Auszeichnung für militärische Verdienste verlieh (DhG 241). Die immensen Ausgaben für Pensionen, Gehälter und Geschenke führten nicht nur zu jener charakteristischen Schuldenwirtschaft der französischen Könige, die die stete Eroberung von Kriegsschätzen unvermeidbar machen sollte. Die dauerhafte Bindung des neuen Adels an den königlichen Hof machte auch den Bau des Schlosses von Versailles erforderlich, um der wachsenden Größe und Präsenz der höfischen Gesellschaft durch ein neues repräsentatives Gebäude gerecht zu werden (DhG 242). Das aristokratische Haus und der adelige Haushalt erweisen sich als ein Spiegelbild der *Maisons Royales* und der königlichen Ökonomie. Es gehört zu den Besonderheiten der »räumlichen Figurationsanalyse« von Norbert Elias, den spezifischen Zuschnitt und die Eigenart der höfischen Gesellschaft in den ihr entsprechenden Wohn- und Behausungseinheiten verkörpert zu sehen. Neben dem Landhaus und dem Logis, das der bedeutende Teil des Adels im königlichen Schloss selbst bewohnte und die enge Interdependenz zwischen König und höfischer Gesellschaft bezeugte, besaß der höfische Adel ein Stadthaus, das je nach Größe und Rang des Besitzers als Hôtel oder Palais bezeichnet wurde. Die sichtbare Verbindung, die das städtische Hôtel mit dem ländlichen Gutshof aufrechterhält, zeigt sich in der Breite des Auffahrtswegs für die Kutschen. »Die Ställe, Speicherräume und Dienerwohnungen sind noch da«, aber sie befinden sich nicht mehr in Distanz zum Herrenhaus, sondern sind darin integriert; von der Agrikultur und der den Gutshof umgebenden Landschaft bilden wiederum die Gärten ein nur noch fernes Echo (DhG 71 f.). Die höfische Gesellschaft ist nicht an ein einziges Domizil gebunden. Die Notwendigkeit des Austauschs müßiger Beschäftigungen schlägt sich auch im Wechsel der Lokalitäten nieder; bald lebt man in Paris, dann wieder auf einem der Schlösser des Königs oder als Gast auf dem Gut eines Freundes. Diese Auswechselbarkeit der Standorte ist nur möglich, da man »über ein großes Dienstpersonal disponieren« konnte (DhG 73). Das funktional im erheblichen Maße ausdifferenzierte Dienstpersonal spiegelt nicht nur die anspruchsgeladene Differenzierung der höfischen Geschmackskultur und alles dessen wider, was man kurz die »Bouche« nannte, sondern auch die »Großorganisation« (DhG 416) des aristokratischen Haushalts und seine räumliche Anlage, mit anderen Worten die höfische Dienstleistungsarchitektur selbst.

Von den Angelegenheiten der Küche ist die Hausherrin räumlich und funktional getrennt; Küchenräume und Herrschaftsräume liegen weit auseinander. Wie die Dienste sämtlicher Domestiquen und Lakaien spielt sich auch die Arbeit des Dienstpersonals in der Küche lautlos, »hinter den Kulissen« ab (DhG 74). Das proxemische Wahrnehmungsregime der höfischen Gesellschaft gegenüber der breiten Schicht des Dienstpersonals bewirkt eine unaufhebbare Distanzierung, ja Unsichtbarmachung bei gleichzeitiger Anwesenheit im Raum. Vorgänge und Verrichtungen von äußerster Initimität spielen sich vor den Augen der Dienstboten ab, ohne dass diese von der Dame und dem Herrn des Hauses überhaupt als Anwesende wahrgenommen würden. In der Anordnung der Räume, die vor jedem herrschaftlichen Raum – Wohn- genauso wie Gesellschaftsraum – zumindest ein Antichambre vorsah, in dem livrierte Lakaien und Diener auf ihre Befehle warteten, findet Elias einen signifikanten Ausdruck »dieser *Gleichzeitigkeit von ständiger räumlicher Nähe und ständiger sozialer Ferne*« (DhG 78).

So wie die Tatsache der räumlichen Trennung von Mann und Frau, deren beider *appartements privés* durch die ganze Breite des Hofes voneinander getrennt sind, etwas über die eheliche Beziehung einerseits und die Institution der Ehe andererseits aussagt, die zur Ehre des »Hauses« geschlossen und aufrechterhalten wird (DhG 80), so gibt die stattliche Anzahl der Besuchs- und Gesellschaftsräume – *appartement de société*, *salle de compagnie*, Salon, Esssaal, Büfett, Parade-Appartement mit Parade-Salon und Parade-Kabinetten, Galerien – wiederum Aufschluss über den Grad der Öffnung des aristokratischen Hauses und seine gesellschaftliche Funktion, dessen Schwergewicht auf der Repräsentation liegt. Das grandseigneurale Leben ist von der Verpflichtung getragen, ständig Besuche zu empfangen und Einladungen zu erwidern. Der Notwendigkeit, den Rang und die Würde des eigenen Hauses innerhalb der aristokratischen »Häuserhierarchie« (DhG 90) zu erhalten und zu erhöhen, sind alle offiziellen gesellschaftlichen Beziehungen wie auch der gesamte private gesellschaftliche Verkehr unterworfen: Das aristokratische Haus hat nichts Privates; selbst da, wo es – wie bei Besuchen unmittelbar nach der Entbindung – privat zugeht, fehlt es nicht an öffentlicher Akzentuierung (DhG 84), die dem adeligen Haus einen exhibitionistischen Charakter verleiht. Im standesgemäßen Auftreten ist die Familie ganz dem Haus verpflichtet: Daher kann der Herzog von Croy gegen Ende des *ancien régime* den Ausspruch wagen: »Es waren die Häuser, die die meisten großen Familien zerstört haben.« (DhG 85) Der hohe Rang, Prestige und Ehre nötigen zu verschwenderischer Aufmachung, hinter der jede ökonomische Haushaltsführung zurückstehen muss (DhG 99). Sich mit ökonomischen Fragen, mit

Rechnungsführungen, Bilanzen und der Eindämmung der Schulden zu befassen ist dem Adel seit jeher eine Zumutung. Elias betont, dass der Begriff der »›*économie*‹ im Sinne der Unterordnung der Ausgaben unter die Einnahmen und der planmäßigen Einschränkung des Verbrauchs um des Sparens willen« für Mitglieder der höfisch-aristokratischen Gesellschaftsschicht bis ins späte 18. Jahrhundert einen schalen Beigeschmack hatte (DhG 104). Wie die römischen Großgrundbesitzer, die aus dem Kreis ihrer Sklaven einen geeigneten Verwalter, den *vilicus*, zur Führung ihrer landwirtschaftlichen Betriebe einsetzten, war der vom aristokratischen Hausherrn eingestellte Intendant der ranghöchste »›Manager‹ des adeligen Großhaushaltes« (DhG 418), der dafür Sorge zu tragen hatte, dass genug Geld da war, um es mit vollen Händen auszugeben. Privileg des Adels war es, Reichtümer zu verschwenden; die Aufgabe der Intendanten, das aus Pacht- und Mietzinsen bezogene Einkommen bereitzustellen, freilich ohne die Balance von Einkommen und Ausgaben im Auge zu behalten: »Man gab alles, um nachher nichts zu haben.« (DhG 417) Erst im 17. Jahrhundert legen umfängliche Handlungsanweisungen für die Führung und Organisation aristokratischer Haushalte dem Intendanten ein stärkeres Bewusstsein von der Notwendigkeit einer »strafferen, mehr dem bürgerlichen Haushaltsethos entsprechenden Haushaltsführung« (DhG 418) nahe und weisen ihm Wege zur Sanierung eines adeligen Hauses, das sich auf den Ruin zubewegt. Angesichts dieser aristokratischen Verschwendungsökonomie fühlt sich Elias gerade nicht an die antike Ökonomikliteratur erinnert, deren vermeintlich konstante Geltung bis in die aristokratische Agrikultur des 18. Jahrhundert hinein ein Wirtschaftsideologe wie Brunner beschwört. Nicht zufällig denkt er vielmehr an die von Marcel Mauss beschriebene kulturelle Praxis des pazifischen Gabentausches und näherhin an den Potlatch der indianischen Gesellschaften, bei dem es darum geht, Prestige und

Ansehen des eigenen Hauses im antagonistischen Spiel der verschwenderischen Gaben zu steigern und den Rivalen im Gegenzug durch unüberbietbare Großzügigkeit »flach zu machen«. Der »aristokratische« Habitus des Potlatch ist von Großmut, Etikette und Freigebigkeit gekennzeichnet; wird er dagegen »im Hinblick auf sofortigen Gewinn betrieben, begegnet man ihm mit betonter Verachtung«.[188]

Das aristokratische Haus des *ancien régime* ist kein Ort des Rückzugs und der familiären Intimität, sondern untersteht der beständigen kritischen Wahrnehmung und dem rivalisierenden Druck von außen. Die Nuancierung des Häuserschmucks und die Prachtentfaltung des Hauses ist ein entscheidender Einsatz im rivalisierenden Spiel um offizielle Rang- und aktuelle Machtpositionen innerhalb der um den König zentrierten höfischen Gesellschaft. Der aristokratische Häuserfetischismus geht auf die Labilität der Rangordnung zurück, die, wie Elias betont, »fortwährend hin und her [schwankte]« (DhG 139). Rivalität und Rivalitätskonflikte zwischen den Häusern machten die Beobachtung der Nuancen des höfischen Verkehrs und der Häuserhierarchie, in denen sich die aktuellen Rangfolgen spiegelten, zu einer konstanten Notwendigkeit.

Pierre Bourdieu: Symbolik des Hauses

Pierre Bourdieus ethnologische Untersuchung über das kabylische Haus, vor allem aber über die von der »Logik der Gabe und Gegengabe« bestimmte agrarische Lebenswelt Algeriens liest sich dagegen wie ein ins 20. Jahrhundert verlängerter Kommentar zum antiken Haus, wie es Polanyi und Finley unter Berufung auf die aristotelische Ökonomik entworfen hatten. Die vorkapitalistische ökonomische Praxis, die Bourdieu Mitte der 1950er Jahre in den ländlichen Milieus der algerischen Gesellschaft antrifft, hat sich noch nicht von anderen Verhaltensweisen separiert. Es gibt keinen klar erkennbaren, auf Profit und eigenen Vorteil bedachten ökonomischen Habitus, wie man ihn aus Sicht der Kabylen etwa beim Eintritt in die urbane Ökonomie, bei den aggressiv agierenden Händlern auf den größeren Märkten ferngelegener Kleinstädte, in Akbou oder Maison-Carrée, finden kann (DzG 9): »Die ökonomische Logik [ist] nie unabhängig von der Logik sozialer Beziehungen [...]: sie ist immer in letztere eingebettet.« (DzG 10, 19) Wenn es überhaupt Handel gibt, dann nur als »eine die landwirtschaftliche Produktivität ergänzende Aktivität« (DzG 12). Aber selbst dort, wo Handel stattfindet, werden die deutlicher ökonomisch konnotierten Praktiken immer von Gesten der Großzügigkeit und Freigebigkeit konterkariert, die die Signatur des ehrenvollen Mannes ausmachen: Wie bei der Festlegung des Brautpreises gibt der Händler dem Käufer nach vollzogener Transaktion eine beträchtliche Summe des Kaufpreises zurück, »damit dieser ›seinen Kindern Fleisch kaufe‹«. Der Ankauf von Grund und Boden wird, zumindest in der Selbstdarstellung der Käufer, nicht aus Eigeninteressen, sondern für die eigene Verwandtschaftsgruppe und zur Abwehr fremder Begehrlichkeiten getätigt (DzG 10). Der kabylische Oikos scheint Bourdieu, sofern er noch nicht durch die französischen Kolonisatoren zerstört worden ist, zwar weitgehend autark, jedoch nicht geschlossen. Denn die Häuser der kabylischen Gesellschaft sind über die kulturelle Praxis des Gabentauschs in ein Allianz- und Solidaritätsnetz mit ihren Nachbarn, Verwandten und anderen Häusern eingebunden: »Ehrenhafte Personen« machen mit ihren landwirtschaftlichen Überschüssen keinen Gewinn. Man verkauft keine Grundnahrungsmittel, sondern lässt diese »›Nachbarn zugute kommen‹« (DzG 8). In dieser Beschreibung der agrarischen Lebenswelt fehlt auch bei Bourdieu nicht der Hinweis auf Aristoteles: Der Austausch zwischen Verwandten entspricht der *philia* und der »Verneinung des Kalküls«. Man gibt seine Zeit, seine Arbeitskraft, bietet seine Hilfe und Unterstützung an, ohne auf eine direkte und unmittelbare Gegenleistung zu zielen; es verbietet sich »zu rechnen und berechnend zu sein« (DzG 17f.). Diese Praxis des Gabentausches zwischen Verwandtschaftsgruppen ist eingebunden in ein System der Herausforderung und ihrer Erwiderung (TdP 21 f.), das auf exquisite Weise vom Bewusstsein und den Spielregeln der männlichen Ehre bestimmt ist. Deren Verteidigung reicht bis zur Blutrache und konfiguriert alle Situationen des elementaren Lebens. Das öffentliche Ansehen ist das symbolische Kapital, das über jede andere Ökonomie obsiegt. Die wichtigste Eigenschaft des Ehrenmannes besteht nach Auskunft der kabylischen Informanten darin, »daß er den anderen gegenübertritt«, sich ihren Blicken stellt und ihnen die Stirn bietet (TdP 44, 54). Dieser starke und nichtaristotelische Außenbezug des kabylischen Hauses ist darauf gerichtet, sich in den Augen aller anderen Häuser einen Wert zu verschaffen, der in der stets herausgeforderten und verteidigten Ehre des Mannes, seiner Verwandtschaftsgruppe und Familie besteht.

Das Haus als Wohnsitz und Gebäude ist vor allem der Ort der Frau, die in den Mythen der kabylischen Gesellschaft lediglich zwei Aufenthaltsorte kennt: das Haus und das Grab. Die Sprichwörter überblenden beide Orte, wenn die Frau mit der Anweisung »Dein Haus ist dein Grab« (TdP 55) zur Ordnung gerufen wird. Für die Männer hingegen ist es der Ort, den sie »beim Ausgehen hinter sich lassen« (TdP 65). Es zeichnet den Mann *als* Mann aus, dem Haus den Rücken zu kehren, in die Öffentlichkeit – auf die Straße, in die Cafés, auf den Markt, zu den Versammlungen – zu gehen, um es eben dort zu repräsentieren. Diejenigen Männer, die tagsüber zu lange bei ihren Frauen verweilen, ziehen den allgemeinen Spott auf sich: Über sie heißt es, dass sie »zu Hause brüten, wie die Glucken im Nest«. Während der

Sommermonate hat der Mann im Freien, draußen bei den Tieren oder auf dem Feld zu schlafen. Zu behaupten, dass die Frau in das Haus eingeschlossen ist, muss also aus Sicht Bourdieus die Feststellung nach sich ziehen, dass der Mann vom Haus ausgeschlossen ist (TdP 54). Die scharfen Grenzziehungen zwischen der weiblichen und der männlichen Lebenswelt, zwischen Draußen und Drinnen, privat und öffentlich, von denen ausgehend Bourdieu die Umrisse des kabylischen Hauses nachzeichnet, zeigen, dass der lange Schatten der aristotelischen Politik bis in die Gegenwart reicht und die Darstellung agrarischer Kulturen orientiert.

Das kabylische Haus ist die Repräsentation eines reservierten Innen und eines antagonistischen Außen zugleich, eingebunden in das virile System der Ehre und Herausforderung und geschlossene Zelle für die Frau, ohne für den einen oder für die andere ein Ort der Zuflucht und der Sammlung zu sein. Bourdieu sieht den häuslichen Raum durch einen Komplex »homologer Gegensätze« organisiert, die die Geschlechterdifferenz, die Arbeitsteilung zwischen Mann und Frau sowie den innerehelichen Gabentausch hervorbringen und unterhalten: »Feuer : Wasser :: gekocht : roh :: oben : unten :: Licht : Schatten :: Tag : Nacht :: männlich : weiblich :: nif : hurma :: befruchtend : zur Befruchtung bereit :: Kultur : Natur.« (TdP 53) Das Haus, das im Gegensatz zur Außenwelt steht, verkörpert seinerseits diese Gegensätze und bringt sie durch seine innere Anordnung miteinander in Beziehung. Das Rechteck des Hauses wird im Inneren durch eine Trennwand in das Haus der Tiere und das der Menschen unterteilt. Dort befindet sich der Mittelpfeiler, der mit der Frau des Hauses identifiziert wird; während der Hauptbalken und der Dachstuhl, die von diesem gestützt werden, eine Verkörperung des männlichen Schutzes darstellen soll. An der Stelle, an der beide zusammentreffen, spricht die mythische »Symbolik des Hauses« von ihrer beider Paarung (TdP 52 f.). Das kabylische Haus ist der Ort der

Reproduktion, und in seinem dunkleren Teil, dort, wo sich die Tiere befinden und jener Hängeboden, auf dem die Frauen und Kinder schlafen, ist der intime Bereich, an dem die natürlichen Tätigkeiten – Schlafen, Beischlafen, Gebären, Sterben – vollzogen werden. In seinem helleren Teil aber werden nicht nur die beiden wichtigsten kulturellen Tätigkeiten der Frau ausgeübt: Kochen und Weben; weil man den Gast, den man ehren möchte, vor dem Webstuhl, Richtung Osten Platz nehmen lässt, repräsentiert der hellere Bereich zugleich auch die Öffnung nach außen und durch das Gewehr, das sich an der Wand des Webstuhls befindet, das männliche Ehrgefühl.

Die Stellung der Frau in der kabylischen Gesellschaft wird durch ihre verschiedenen Plätze theatralisiert, die sie gegenüber dem Webstuhl einnimmt: Bourdieu berichtet, dass die Nabelschnur des kleinen Mädchens hinter dem Webstuhl vergraben wird. Bei ihrer Heirat sitzt die Frau vor dem Webstuhl, im vollen Tageslicht; als verheiratete Frau aber hinter ihm, mit dem Rücken zur sogenannten »Wand des Lichts«, die durch das Gewehr, das an ihr lehnt, jenen Schutzwall markiert, der die Frau vor Schande bewahrt. Nicht zufällig wird der Schwiegersohn als »Schleier der Schande« bezeichnet, weil die Schande, die sie als Frau wie eine »potentielle Bedrohung in sich trägt«, nur durch Heirat abgewendet werden kann. Als zu den reproduktiven Tätigkeiten des Hauses bestimmtes Wesen obliegt ihr das Wasser-, Holz- und Misttragen (TdP 51), die Angelegenheiten des Obstgartens genauso wie die der Küche. Ihre eigene Fruchtbarkeit verbindet sie indes mit der Fruchtbarkeit des Ackers, auf dem die Männer arbeiten. In diesem Sinne ist die Fülle des Hauses, für die die Frau zuständig ist, indem sie, wie im Oikos des Xenophon, den Erwerb des Mannes gebraucht und die Vorräte verwaltet, ein »Miniaturbild des Topokosmos« und der Fülle des Feldes. Daher wird sie nicht nur an allen agrarischen Erneuerungsriten beteiligt; alle Riten des Hauses, die von der Frau vollzogen werden, zielen zugleich auf den Wohlstand des ganzen Hauses, das heißt auch auf den Erwerb des Mannes und den Ertrag der Felder (TdP 58 f.). Als Hüterin der »Fülle des Hauses« wacht sie durch eine Reihe magischer Praktiken am Ende des Agrarkalenders darüber, dass die Dinge des Hauses nicht abhandenkommen bzw. das Haus nur im fertigen Zustand verlassen (TdP 59). Diese Verbindungen, die die Frau zur agrikulturellen Welt außerhalb des Hauses unterhält, weisen ihr nicht nur einen Platz und Tätigkeitsbereich in seinem Inneren zu. Vielleicht traut Bourdieu der strukturalen Logik des Gegensatzes und den Selbstdarstellungen seiner männlichen Informanten zu sehr, wenn er die kabylische Frau exklusiv in das Innere des Hauses verbannt. Dass die Frau eine aktive Rolle in einer bestimmten, inoffiziellen Phase der Heiratsverhandlungen übernimmt und zur Stabilisierung ihrer Herrschaft, mitunter gegen die Interessen ihres Mannes und seiner Verwandtschaftsgruppe, ihre ganz eigene Haus-, Namens- und Heiratspolitik betreibt, verrät er selbst bei Gelegenheit seiner Unterscheidung zwischen der Gebrauchsverwandtschaft, die die Heirat stiftet, und der offiziellen Verwandtschaft, die die Hochzeit feiert (TdP 75). Hier, wie überall sonst auch, gilt es, den theatralischen Selbstvorstellungen und offiziellen männlichen Bekundungen im Namen einer illegitimen, aber wirkungsvollen und fintenreichen kulturellen Praxis »usueller Verwandtschaft« zu misstrauen, die den kabylischen Frauen eine entscheidende Position innerhalb einer informellen Politik des Hauses zugesteht.

Michel de Certeau: Gebrauchsweisen des Wohnraums

In seinen Studien zur *Kunst des Handelns* preist Michel de Certeau Bourdieus Ethnografie des kabylischen Hauses als das

Schönste, das Bourdieu jemals geschrieben habe (KdH 113). Er entdeckt darin nämlich nicht nur Praktiken, die den Innenraum des Hauses gliedern, sondern auch eine »insgeheime Sprache (einen Wortschatz, Sprichwörter)« (KdH 166), die den öffentlichen Raum umkehren. Darin erscheint ihm das kabylische Haus deutlich weniger statisch und geschlossen, als Bourdieu es selbst konstruiert hat. Soweit es de Certeau in seinen Überlegungen zu den vergessenen alltäglichen Gebrauchs- und Umgangsweisen als spezifische Formen der Poiesis (KdH 13) auf das Haus abgesehen hat, kommt es ihm nicht so sehr auf dessen räumliche Anordnung und Struktur als vielmehr darauf an, jenen Gebrauch des Hauses selbst zu beschreiben, der es beim Wohnen und Sprechen in seiner Statik und räumlichen Anlage transformiert: Der Nordafrikaner etwa, der gezwungen ist, in eine Pariser Sozialbauwohnung zu ziehen, führt durch die Art und Weise des »Wohnens« und »Sprechens«, die ihm aus Kabylien vertraut ist, ein neues Gebrauchssystem in die Hochhaussilos der Pariser Vorstädte ein, das ihm einen »Spielraum zur *Benutzung* der aufgenötigten Ordnung des Ortes« und der französischen Sprache verschafft (KdH 78 f.). Entscheidender als die Frage, in welchen Gehäusen Menschen wohnen, ist ihm die Frage, wie Menschen wohnen und in welcher Weise sie in der Sprache von ihrem Wohnen Gebrauch machen. Als Kronzeugen für seine Untersuchung der alltäglichen Gebrauchsweisen von Häusern, Wohnungen, Zimmern, Plätzen, Straßen, Wegen und der Sprache(n) fungieren die beiden wichtigsten Philosophen der *ordinary language*, Ludwig Wittgenstein und John L. Austin: Die Bedeutung eines Wortes/Hauses ist sein Gebrauch bzw. Wohnen/Gehen und Sprechen sind performative Äußerungen, die »etwas tun«, »bewirken« und »herstellen«, was es außerhalb und ohne diese Äußerung nicht gibt. Anders gesagt: Das Wohnen ist für das Haus, was der Sprechakt für die Sprache bedeutet (vgl. KdH 189). Es ist diese transformierende, ja zuweilen listenreiche und subversive Kraft der performativen Gebrauchsweisen, die de Certeau dem statischen Habitus Bourdieus und den Disziplinen Foucaults entgegenstellt. Wohnen und Sprechen werden indes auf eigentümliche Weise miteinander verschränkt, wenn es darum geht, einem fremden Besucher die Orientierung in der eigenen Wohnung durch eine Wegbeschreibung und deren Benutzung durch eine Gebrauchsanweisung zu erleichtern. De Certeau greift in diesem Zusammenhang auf die Untersuchung von C. Linde und W. Labov zurück, die bei ihrer Analyse der Beschreibung von New Yorker Apartments durch ihre Bewohner zwei Orientierungstypen: den »Weg« und die »Karte« voneinander unterscheiden (KdH 220). Der Typus der Karte artikuliert die Orientierungsanweisung in folgender Weise: »Neben der Küche ist das Mädchenzimmer, dahinter liegt das Badezimmer«, während der Typus der Wegstrecke eine Handlungsanweisung folgenden Zuschnitts formuliert: »Du wendest dich nach rechts und kommst ins Wohnzimmer«: »Dann gehst du durch die kleine Tür.« Für de Certeau schwanken diese Beschreibungsketten von »raumschaffenden Handlungen« (KdH 222) zwischen der Option des Sehens, bei der die Orientierungsanweisung ein Bild liefert: »Dort siehst du die Waschmaschine« (»es gibt«), und der des Gehens, bei der die Anweisung aus Pfaden und mobilen Richtungshinweisen besteht: »Du trittst ein und wendest dich nach links.« Der alltägliche Erzählmodus nach Art der Wegstrecke erweist sich unter den New Yorkern im Übrigen als der favorisierte (KdH 221). De Certeau entdeckt in den ersten mittelalterlichen Karten, die sich vornehmlich an Pilger wandten, raumschaffende Handlungsanweisungen nach Art der Wegstrecke, die »durch die Aufzählung der zurückzulegenden Strecken (Städte, wo man vorbeigehen, anhalten, verweilen oder beten sollte) und der Entfernungen, die in Tagen oder Wegstunden angegeben waren, ergänzt wurden« (KdH 223). Erst die Karten, die zwischen dem 15. und

17. Jahrhundert entwickelt werden, entwerfen mit ihren abstrakten Orten ohne narrative Figuren (Schiffe, Tiere, Personen, Gebäude) eine »totalisierende Planierung der Beobachtung« und entsprechen damit der Handlungsanweisung des Typus der »Karte«.

Man müsste hier noch weitere Alltagskünste wie das Kochen, Saubermachen, Bügeln, Nähen, Dekorieren ins Spiel bringen, die den performativen Modus des Wohnens mitbestimmen und, wie die phatischen Praktiken des Essens und Sprechens, für gewöhnlich zu den bloß reproduktiven Vollzügen gezählt werden. De Certeau sucht namentlich in den Alltagserzählungen den »verkannten Produzenten«, »Dichter seiner eigenen Angelegenheiten« und »Erfinder eigener Wege« (KdH 21) anzutreffen, der die Handlungsmöglichkeiten und Spielräume für sich und andere zu vervielfältigen vermag: Die Bewohnerin eines New Yorker Apartments, die von ihren Zimmern sagt, dass man sie verändern könne, ist ihm dabei ebenso wegweisend wie jene, die von ihrem Dachboden behauptet, dass man dort oben alles Mögliche machen könne. Gegenüber den nichtdiskursiven Alltagspraktiken scheint de Certeau dem narrativen Gewebe der Alltagserzählungen und Handlungsanweisungen jedoch den Vorzug zu geben, wenn er den Verlust von Erzählungen mit dem Verschwinden des Raums in Verbindung bringt (KdH 228). Diese alltägliche und singuläre Prosa der Lebenswelt, die durch performative Praktiken je von Neuem gebildet und unterhalten wird, habe in den realistischen Romanen und Novellen des 19. Jahrhunderts ihren größten Verbündeten, Beobachter und Archivar gefunden. Die Literatur, sagt de Certeau, »wird zum Repertoire aller Praktiken ohne technologisches Copyright« (KdH 145).

Roland Barthes: Idiorrhythmien

Mit dieser Einschätzung folgt er auf gewisse Weise Roland Barthes, der 1976/77, in einer Vorlesung am Collège de France, die Frage »Wie zusammen leben« mit der Untersuchung von »Simulationen einiger alltäglicher Räume im Roman« in Verbindung gebracht hat, so mit Gides *Die Eingeschlossene von Poitiers*, mit *Robinson Crusoe* von Defoe, mit Palladios *Historia lausiaca* sowie mit Thomas Manns *Zauberberg*. Zwar fragt sich, was an einem verschlossenen Zimmer, in dem eine Frau von ihrer Mutter unter desaströsen Bedingungen gefangen gehalten wird, was an einer abgelegenen Insel, auf der ein gestrandeter Kolonialist und Sklavenhändler nur mit Tieren und einem von ihm versklavten Einheimischen zusammenlebt, was am Leben der Mönche in der Wüste und was am Zusammenleben von Lungenkranken in einem abgelegenen Hotelsanatorium eigentlich alltäglich sein soll. Doch für Barthes stellen diese literarisch gestalteten Ausnahmesituationen des Wohnens »fiktionale Experimente an einem Modell« dar, anhand dessen spezifische Konstellationen des Zusammen- oder Alleinlebens variiert werden, in denen »plötzlich [wie auf einem wirren Gemälde] ein sehr klares, vollendetes, verblüffendes Detail erscheint« (Wzl 52). Es handelt sich jeweils um ein Detail, das etwas über das Grundproblem des Zusammenlebens, den Abstand der Subjekte beim Miteinanderwohnen, verrät. In Anlehnung an Edward T. Halls Forschungen zur Proxemik, der die kulturelle Abstandsbeziehung der Körper im Raum jeweils in eine intime, persönliche, soziale und öffentliche Distanz unterteilt,[189] geht es Barthes um die Frage »einer Ethik (oder Physik) der Distanz« in Gestalt idiorrhythmischer Nuancierungen (Wzl 131), die gerade nicht mit den elementaren Bedürfnissen des Zusammenlebens, sondern mit dem Begehren nach den anderen und einer Typologie subjektiv bewohnter Räume zu tun haben, die affektiv besetzt sind (Wzl 185).

Während in der antiken ökonomischen Literatur die Sphären des Bedürfnisses und des Begehrens durch die Institutionalisierung der Sklaverei scharf voneinander getrennt sind, intervenieren die Bedürfnisse beständig in das Feld des Begehren, sobald die Angelegenheiten der Reproduktion ohne Sklaven und ohne Bedienstete geregelt werden müssen. Für Barthes ist Xenophons Darstellung des Zusammenlebens in der antiken Gesellschaft das Modell für ein hierarchisch und funktional organisiertes Haus, in dem Bedürfnis und Begehren durch eine spezifische Taxinomie der Dinge und Personen klar voneinander geschieden werden (Wzl 135). Die Ordnung und Mnemonik der Dinge, bei der sich jedes Ding an seinem Platz befindet, sich mühelos zum Gebrauch und zur Herrschafft anbietet, macht aus Sicht des Xenophon die »Fähigkeit des Hauses« aus. Diese Dynamis des Hauses schließt die räumliche Trennung von Sklaven und Sklavinnen mit ein, die durch eine verriegelte Tür nachts daran gehindert werden, ohne den Willen ihrer Herren Kinder zu zeugen (Oec. 8,9). Sie verbietet auch, Sklaven als Verwalter einzusetzen, die »einen unheilvollen Hang zum Liebesgenuß« haben (Oec. 12,12). Im Oikos des Xenophons ist das Begehren, wenn überhaupt, eine exklusive Sache des Sklavenhalterpaares. Im traditionellen Haushalt einer Kernfamilie ohne Personal werden »die Befriedigung der Bedürfnisse (die Aufgaben der Haushaltsführung) und die Erfüllung des Begehrens« in ein und derselben Person gebündelt (Wzl 136). Im modernen Haushalt, in dem an die Stelle der Sklaven und Bediensteten ihre zahllosen apparativen Supplemente getreten sind und die Frau aus dem (Riehlschen) Hausregiment ausgebrochen ist, lassen sich Bedürfnis und Begehren im alltäglichen Zusammenleben nicht mehr ohne Weiteres auseinanderhalten, wie Barthes unterstreicht: »Wie ist das Bedürfnis zu befriedigen? Wer besorgt die Hausarbeit? Heikles Problem der modernen ›Kommunen‹: Wer spült das Geschirr? Problem des Dienstpersonals.« (Wzl 135) Die von Barthes so bezeichnete Idiorrhythmie ist auf der Suche nach fiktiven Modellen, die Aufschluss über die Bedeutung der Organisation des Wohnraums (Wzl 86) und damit über die Frage geben, wie offen oder geschlossen das Zimmer, die Wohnung, das Haus, kurz: der Ort, an dem das Subjekt jeweils lebt, für den anderen und die anderen sind. Wie viel Nähe und Ferne, wie viele Gerüche und Geräusche, wie viel Einfall und Einbruch, wie viel Schließung und Rückzug braucht es, um das »Pathos der Distanz« (KSA 3, 424 f.) zum Anderen und den Anderen zu bilden und in einer gewissen Intensität aufrechtzuerhalten (Wzl 214)? Da das Begehren stets etwas Singuläres und Idiomatisches hat, kann es sich bei der Idiorrhythmie nicht um eine institutionalisierbare Frage handeln; sie ist nur im Modus des fiktiven, imaginären und phantasmatischen Wohnens zu behandeln (Wzl 265).

Von ein und demselben Subjekt die Befriedigung der Bedürfnisse und die Erfüllung des Begehrens zu erwarten, gehört seit der Abschaffung des Gesindes und der Emanzipation der Frau in das phantasmatische Reich des Begehrens, das von Brunner und Riehl zum politisch maßgeblichen Modell und allgemeinen Bedürfnis erklärt wird. Die Projektmacher des monadisch geschlossenen Hauses scheinen den klaustrophilischen Zug, den jede Praxis des Wohnens in unterschiedlichen Intensitätsgraden des Ein- und Abschließens (von der Bedeckung des Körpers beim Schlafen über die Abriegelung der Haustür bis hin zur befestigten Anlage) realisiert, ins substanzielle Zentrum des Wohnens schlechthin zu stellen. Dieser Wohnraum der »aktiven Schließung« ist »der Raum des Zwanghaften in reinster Form« (Wzl 118), ohne Entkommen für diejenigen, die dort mit Gewalt festgehalten werden, und blind für jene anderen Wohnkulturen, in denen das Wohnen einen durchlässigen Charakter oder gar den der Freiwilligkeit annehmen kann, wo die Hausbewohner also darauf verzichten, eine Autorität oder Funktion auszuüben, kurz: wo es sich um einen Wohnraum ohne Verdrängung handelt (Wzl 142).

VII. Gesellschaftsspiele, Spielelemente der Kultur

Heraklit scheint der Erste gewesen zu sein, der das Spiel im mythologischen Sinne entgrenzt und ein bestimmtes Spiel in der Welt zum Spiel der Welt erklärt hat:[190] Die Lebens- bzw. Weltzeit (*aiôn*) sei ein spielendes Kind, das Brettsteine setze; die Herrschaft gehöre einem Kind (DK 22 B 52). Brett- und Würfelspiele waren in Griechenland, vor allem in Kreta und Zypern, unter ägyptischem Einfluss seit der ersten Hälfte des 2. Jahrhunderts v. Chr. wohleingeführt. Abbildungen von Spielern auf Vasen und Funde von Spielbrettern mit Linien und Spielfiguren verraten indes nichts über die Zahl der Spieler, der Spielrunden oder die Spielregeln und schon gar nichts über ihren je spezifischen geselligen oder rituellen Gebrauch.[191] Denn Brett- und Würfelspiele dürften sich nicht nur zu Kurzweil und Unterhaltung für die Soldaten im Trojanischen Krieg angeboten haben, wie Plinius vermutet, oder zur Ablenkung von Hunger, wie Herodot berichtet,[192] sondern – wegen des hohen Einsatzes des Zufalls, des »Vonselbst« (*automaton*) – vor allem als Weissagungsmedien für göttliche und dämonische Fügungen (*tychê*).[193] Aus der Tatsache, dass in literarischen und auf bildlichen Zeugnissen stets nur würfel- oder brettspielende Erwachsene, vornehmlich Achilles und Ajax, vorzukommen pflegen, hat man den Schluss gezogen, dass sie üblicherweise nicht von Kindern gespielt worden seien.[194] Angesichts dieses Befunds gelingt es Heraklit umso eindrücklicher, mit dem von den Usancen abweichenden Bild des der Regeln unkundigen, brettspielenden Kindes die uneinholbare Kontingenz und nicht berechenbare Regellosigkeit des *aiôn* plastisch vor Augen zu führen.[195] Nietzsche wird das künstlerisch schaffende und zerstörende, kurz: das brettspielende Kind des Heraklit dem Christkind, das heißt der Opferlogik der Kreuzigung und dem Sündenerlösungsdispositiv des Christentums entgegensetzen (KSA 1, 830 ff.) und, wie nach ihm Martin Heidegger und auch Eugen Fink, das Spiel als Symbol für die Abgründigkeit des Seinsgeschicks bzw. für die Grundlosigkeit der Welt in Anspruch nehmen.[196]

Der antike Gegenspieler des Heraklit ist zweifellos Platon. In den einschlägigen Dialogsequenzen wird der Gegensatz von Spiel und Ernst, vor allem aber von Spiel und einem nüchtern Rechenschaft über das eigene Tun ablegenden Logos voll ausgebildet. Damit einher geht die Herabsetzung des Spiels zu scheinhaft-unwirklichem, harmlos-leichtfertigem Tun, kurz: die Herabsetzung des Spiels zu bloßem Spiel. Diese tendenziöse Spieldeutung Platons scheint durch die griechische Sprache auf gewisse Weise vorgebildet. Kennt sie doch »zwei Wörter für spielen: das ältere, poetische *athyro*, das sich seit Homer nur in der Dichtung hält« und auf den dämonischen Maskentanz, die Bewegung der Besessenheit verweist, sowie das jüngere *paízo* und die *paidiá*, jenes Spiel also, das sich »vom Tun des Kindes her bestimmt und damit von vorneherein den Kontrast zum ernsthaften Betreiben« des Erwachsenen mit sich führt. Nicht zufällig findet sich bei Platon, dem unnachgiebigen Kritiker des Kults, der Maske, der Mimesis und Besessenheit nur ein einziges Mal das ältere Spielwort *athyro* (*Nomoi* 796b), dafür aber umso häufiger *paízo* und *paidiá*.[197] So verhält es sich auch im platonischen Dialog *Phaidros*, der die erste europäische Spieltheorie *in nuce* enthält. Mit dieser platonischen Spieltheorie verbindet sich eine Konzeption von Kultur, die um die Pole des planvollen Getreideanbaus im Zeichen der Demeter und der Adonisgärten kreist und das rituelle Spiel zu Ehren des Adonis, des unfruchtbaren Liebhabers der Aphrodite, zum bloßen Spiel herabwürdigt. Von der dramatisierenden Ausarbeitung des Gegensatzes zwischen dem ernsthaften, zielgerichteten und verantwortungsvollen Handeln auf der einen Seite und dem spielerischen, trügerischen, ja frivolen Treiben auf der anderen Seite ist im Übrigen die gesamte platonische Schriftkritik im Dialog *Phaidros* getragen. Sie nimmt ihren Auftakt bekanntlich mit einem selbsterfundenen Mythos über die Erfindung der alphabetischen Schrift, die, wie die Erfindung von Zahl und Rechnung, Messkunst und Sternkunde, Brett- und Würfelspiel, dem ägyptischen Erfindergott Theut zugeschrieben und so zu einer fremden Technik erklärt und geografisch distanziert wird: Der »kunstreiche Theut« legt seine Erfindungen dem ägyptischen König Thamus vor, der sich – ohne auch nur eine dieser Künste zuvor durch eigenen Gebrauch kennengelernt zu haben – ein Urteil über deren Schaden und Nutzen für zukünftig Gebrauchende zutraut und nicht zuletzt die Schrift zum Übel erklärt, das über die lernenden Seelen Vergessenheit bringe, da diese – anstatt sich je von Neuem an das Erlernte »innerlich« und »unmittelbar« aus eigener Kraft zu erinnern – blindes Vertrauen in fremde und äußerliche Schriftzeichen setzten und sich vom Schein des Vielwissens überschwemmen ließen. Theut wird in diesem platonischen Mythos jedoch nicht nur zum Erfinder der Schrift und solch konkreter Spielformen wie des Brett- und Würfelspiels erklärt, sondern zum Vater des Spiels als solchem, das heißt zum Erfinder eines verantwortungslosen Habitus und unproduktiven Zeitvertreibs zugleich (*Phaidros* 274c-275b). Mit der Wahl zwischen Schrift und gesprochenem Logos steht für Platon zugleich die Wahl zwischen Nichtwissen und Wissen, Lüge und Wahrheit, Vergessen und Erinnern und damit die Wahl zwischen Spiel und

Ernst selbst auf dem Spiel, eine Wahl, die sich immer dort verschärft, wo eine grundsätzliche Verkehrung in der Ordnung der Dinge dazu verleitet, das Ernsthafte wie ein Spiel und dasjenige, was bloßes Spiel sein soll, ernsthaft zu betreiben. Das Spiel bringt, im Unterschied zu allen anderen Künsten und Techniken, kein Werk, kein greifbares Resultat und kein dauerhaftes Produkt hervor; es hat nur durch sich selbst und in Bezug auf sich selbst Bestand. Das Spiel stellt nichts her, es ist von ephemerer Dauer. Es exponiert nur sich selbst. Mit einem Wort: Das Spiel ist eine Erfahrung ohne Telos.

Spiel und Ernst, Spiel und Arbeit, Fiktion und Realität, Freiwilligkeit und Zwang, Vergnügen und Mühe – Entgegensetzungen dieser Art werden in den einschlägigen Spieltheorien, die dem Spiel seit dem 18. Jahrhundert ein Gewicht ganz eigener Art zugestehen, ungleich komplexer aufeinander bezogen, als es die platonische Spieltheorie selbst zulassen konnte. Von wenigen Überlegungen abgesehen, etwa bei Aristoteles, der das Kinderspiel als mimetische Einübung in die Handlungsweisen und den Beruf des künftigen Erwachsenen empfahl (*Politik* 1336a), oder bei Nikolaus von Kues, der das nach Regeln bestimmte, aber dennoch unvorhersehbare Spiel als Symbol des gläubigen Lebens verstanden wissen wollte,[198] wird der Spielbegriff erst im 18. Jahrhundert zum politischen Einsatz einer bürgerlichen Geselligkeitskultur. Vor dem Hintergrund erodierender höfischer Etikette einerseits und des Aufkommens von Manufakturarbeit bzw. frühkapitalistischer Ökonomie andererseits erhält das Spiel bei Kant, Schiller, Schleiermacher und später bei Simmel oder Goffman eine systematische Bedeutung im Grenzgebiet zwischen Ästhetik und Gesellschaftstheorie. Im 20. Jahrhundert treten mit den Spieltheorien Johan Huizingas und Roger Caillois' kulturtheoretisch instruierte Versuche hinzu. Sie weisen über die Spielformen im engeren Sinne hinaus und suchen dem »Spielelement der Kultur«

(HL 12) gerecht zu werden, indem sie eine von den konkreten Spielen der jeweiligen Gesellschaft ausgehende Kultursoziologie entwerfen (SuM 78).

VII.1 Gesellschaftsspiele: Immanuel Kant, Friedrich Schiller, Friedrich Schleiermacher und Georg Simmel

Kant und Schiller formulieren angesichts des Schönen ein »ästhetisches Versprechen« (DäV 40), das der Bildung einer neuen, egalitären Gemeinschaft gilt. Dabei kommt dem durch das Schöne ausgelösten »freien Spiel der Erkenntniskräfte« eine systematische Bedeutung für die zeitweilige Verwandlung der Subjekte zu, die, in einen anderen Zustand versetzt, der Welt der Zwecke, des ökonomischen Kalküls, der Begierden und Eigeninteressen entraten. Steht für Schiller das freie Spiel der subjektiven Kräfte bereits für eine Kunst des Zusammenlebens und der Gemeinschaftsbildung, die die Grenzen der Rezeption des Kunstwerks überschreitet, so stecken erst Schleiermacher und Simmel präzise eine bestimmte gesellschaftliche Sphäre ab: die Geselligkeit als freie Spielform und Spielbezirk von Gesellschaft. Simmel nimmt die je konkreten Gesellschaftsspiele dann ganz wörtlich: als Spiele, kraft deren Gesellschaft gespielt, und das heißt: durch sich selbst und für sich selbst zweckfrei gebildet und unterhalten wird (SdG 185).

Immanuel Kant: Das freie Spiel der Erkenntniskräfte

Mit der Ausdifferenzierung der Kunst von allen anderen kulturellen Feldern ist die Herausbildung der Ästhetik als Reflexionsform über den autonomen Status der Kunst verbunden. Das Besondere des Kunstschönen beruht auf einer Grenzziehung, die

die Erzeugnisse des künstlerischen Schaffens von den Dingen des täglichen Lebens, den Instrumenten der Arbeit und den Requisiten der kirchlichen und politischen Macht trennt. Als Meister terminologischer Grenzziehungen hat sich Kant hierbei besonders hervorgetan und das ästhetische Feld exklusiv für das begierde- und interesselose Wohlgefallen am Schönen und Erhabenen reserviert. In der 1790 erschienenen *Kritik der Urteilskraft* sichert Kant die Freiheit der Kunst auf doppelte Weise vor dem Zugriff von Politik, Religion, Ökonomie und dem Besitzstreben des Privatmanns ab: Als frei kann Kunst nur dann gelten, wenn sie weder ein Lohngeschäft noch auch eine Arbeit darstellt, deren Wert »sich nach einem bestimmten Maßstab beurteilen, erzwingen oder bezahlen läßt«. Andernfalls gehört sie dem Handwerk an (KW V, 304). Ferner liegt die »Bedeutung der freien Kunst« darin, dass sie das Gemüt auf eine zwanglose Weise beschäftigt und die Reflexion in ihrem spielerischsten Zustand zeigt (KW V, 321).[199] In diesem Sinne bildet die Vorstellung (nicht die Realität) einer radikalen Ablösung der Kunst von Arbeits- und Besitzverhältnissen eine der wichtigsten Voraussetzungen für die Möglichkeit eines reinen, an der Existenz des Gegenstands völlig uninteressierten, »bloß kontemplativen« (KW V, 209, 222) Geschmacksurteils. Fragt man also nach einer der freien Kunst eigentümlichen Zeit- und Raumdimension, dann muss es sich um einen Spielraum handeln, den nur das Schöne selbst jenseits von Oikos und Polis einzurichten vermag. Doch hört auch die von allen übrigen Tätigkeiten emanzipierte Kunst nicht damit auf, sich auf eine bestimmte Form von Gemeinschaft zu beziehen, die freilich auf einem Bruch mit der sinnlich-gemeinschaftlichen Welt und der Sphäre faktischer Mitteilungen beruht. Es handelt sich um eine Zäsur, die weder die Kunst noch auch die verschiedenen Gebrauchsweisen der Sprache je werden überwinden können. Daher bleibt die Möglichkeit einer ästhetischen Gemeinschaft bei Kant ein uneinlösbares Projekt. Die Spiele und das Schöne sind für Kant indes nicht deckungsgleich. Im Gegenteil lässt sich die Analytik des Schönen als Zurückweisung konkreter Spielformen und Gesellschaftsspiele verstehen: Das Schöne evoziert einerseits eine konsequente Logik des Ohne: Es wird ohne Interesse (an der Existenz des Gegenstands), ohne Begriffe, ohne Zweck erfahren; andererseits stiftet es die Möglichkeit eines einhelligen Sprachspiels, das die Gesellschaftsspiele dagegen unterminieren. Die konkreten Spiele, die Kant vor Augen stehen, versetzen die miteinander spielenden Subjekte gerade nicht in einen Zustand ästhetischer Vereinigung, sondern belassen sie in der mitteilungsarmen Welt der Interessen, Zwecke und Kalküle: »Musik, Tanz und Spiel machen eine sprachlose Gesellschaft aus [...]. Das Spiel, welches, wie man vorgibt, nur zur Ausfüllung des Leeren der Konversation nach der Tafel dienen soll, ist doch gemeiniglich die Hauptsache: als Erwerbsmittel, wobei Affekten stark bewegt werden, wo eine gewisse Konvention des Eigennutzes, einander mit der größten Höflichkeit zu plündern, errichtet, und ein völliger Egoismus, so lange das Spiel dauert, zum Grundsatz gelegt wird, den keiner verleugnet.« (KW VII, § 59)

Muss das Schöne und nicht zuletzt dasjenige, was es in den Subjekten selbst hervorzurufen vermag, von jeder teleologischen Bestimmung frei sein, das heißt als »freies Spiel der Erkenntniskräfte« in und für sich selbst Bestand haben, traut Kant den konkreten Spielen in der Welt nicht zu, eine derartige Verwandlung der Subjekte herbeizuführen. Was aber hat es genau mit dem freien Spiel der Vermögen und dem Versprechen auf eine ästhetische Mitteilungsgemeinschaft auf sich? In Bezug auf das Gefühl der Lust oder Unlust sind alle Geschmacksurteile höchst singuläre Urteile (KW V, 215). Im Unterschied zum Sinnen-Geschmack, dem Kant nur Privaturteile zutraut, »glaubt man«, beim Urteil über das Schöne allerdings »eine allgemeine Stimme für sich zu haben« (KW V, 216). Dieser »Anspruch auf Allgemeinheit« wird von Kant »wie ein Anspruch auf allgemeine Mitteilung«[200] behandelt: Es ist die »allgemeine Mitteilungsfähigkeit des Gemütszustandes« (KW V, 217) selbst, jenes freien, belebend-harmonischen Spiels von Einbildungskraft und Verstand, welches anlässlich einer schönen Form in Gang gesetzt wird, die Erkenntnisvermögen also in diejenige »proportionierte Stimmung bringt, die wir zu allem Erkenntnisse fordern« (KW V, 219). Ich ersuche den Anderen, mir in meinem Urteil über das Schöne beizupflichten, ohne genau sagen zu können, mit welchem Recht ich ihm eigentlich nicht erlauben will, »anderer Meinung zu sein«. Die Notwendigkeit, die wir dem Geschmacksurteil als Notwendigkeit der Beistimmung aller zu unserem Urteil zusprechen, ist lediglich »exemplarisch«, »was wie [das] Beispiel einer allgemeinen Regel, die man nicht angeben kann, angesehen wird« (KW V, 237). Begriffslos und ohne jede allgemeine Regel, muss sich das Geschmacksurteil zumindest auf ein subjektives Prinzip berufen können. Es ist der Gemeinsinn, von dessen Urteil ich mein singuläres »Geschmacksurteil hier als ein Beispiel angebe« (KW V, 239). Der ästhetische *sensus communis* ist die »Idee eines gemeinschaftlichen Sinnes«, unter die jeder sein Urteil »richtig subsumiren« sollte (KW V, 179), wenn er es auf ein reines Geschmacksurteil abgesehen hat: Dabei gilt es, uns »gleichsam an die Stelle jedes andern zu denken« (KW V, 294), um über unser eigenes Urteil »aus einem allgemeinen Standpunkte« heraus zu reflektieren (KW V, 295). Bei der Überprüfung unseres eigenen Urteils aus der imaginären Perspektive fremder Urteile müssen wir uns an »mögliche«, nicht aber an »wirkliche Urteile« halten, müssen wir die apriorische Synthesis einer Gemeinschaft des Urteils bilden, um das eigene Urteil von den Fesseln des Zufälligen und den Schlacken der Materie namens Empfindung zu reinigen (KW V, 223). Nur unter dieser Voraussetzung kann das reflektierende

Ich seinen Anspruch auf Allgemeingültigkeit legitimieren und sein Urteil mitteilungsfähig machen. Die Forderung nach allgemeiner und notwendiger Mitteilungsfähigkeit ist damit nicht gleichbedeutend mit ihrer faktischen Umsetzung. Die Mitteilung selbst, der Gesprächsakt kann für Kant nicht konstitutiv sein für die Möglichkeit des reinen Urteils selbst. Das nämlich hieße, die im Geschmacksurteil enthaltene Forderung nach Mitteilung und Allgemeinheit empirisch auf sprachliche Interaktion zurückzuführen. In derselben Weise, in der die freie Kunst einen radikalen Bruch mit allen zweckgerichteten Tätigkeitsformen ins Werk setzt, zieht sich auch das Geschmacksurteil aus der faktischen Mitteilungssphäre zurück, um das eigene Urteil kritisch auf seine allgemeine Mitteilungsfähigkeit zu überprüfen. Die apriorisch gebildete Gemeinschaft des Urteils über das bei allen gleiche und freie Spiel der Erkenntniskräfte muss daher eine bloße Prätention bleiben, die durch keine einzige sprachliche Äußerung eingelöst werden kann. Daher ist der ästhetische Gesellschaftszustand nur als Anspruch und Versprechen zu haben. Die Wirklichkeit der Mitteilungen aber trägt die bleibende Signatur eines ästhetischen Naturzustands, der von der gedanklichen Synthesis des Urteils freilich zehren kann. Denn die apriorische Katharsis des ästhetischen Urteils vermag immerhin »die Kultur der Gemütskräfte zur geselligen Mitteilung« (KW V, 306) zu befördern, vor allem aber einem zurechenbaren und verantwortlichen Sprechen über das Schöne Vor schub zu leisten.

Friedrich Schiller: »Im ästhetischen Zustand ist der Mensch also Null«

Schillers *Briefe über die ästhetische Erziehung* von 1795 stehen ganz im Bann der »Kantischen Grundsätze« (SW V, 570), vor allem aber unter dem Eindruck der Französischen Revolution und ihres Terrors. Schiller führt die gewaltsamen Auswüchse der Französischen Revolution auf eine ungleiche, nämlich klassenspezifische und einseitige »Aufteilung« von Sinnlichkeit und Verstand zurück (SW V, 580).[201] Diejenigen Vermögen, die in ihrer reziproken Bestimmtheit die Einheit des Subjekts selbst und die freie Subjektivität ausmachen, sind politisch auseinandergerissen, auf die niedere und die zivilisierte Klasse verteilt. Das *ancien régime* hat demnach zwei »komplementär defiziente«[202] Subjektivitätsformen hervorgebracht: eine Subjektform, in der die Sinnlichkeit über den Verstand, und eine Subjektform, in der der Verstand über die Sinnlichkeit regiert. An dieser folgenreichen Vereinseitigung der subjektiven Vermögen auf der einen Seite und der politischen Herrschaft einer Klasse über eine je andere auf der anderen Seite hat auch die Französische Revolution nichts ändern können, die nur eine Umkehrung der bisherigen Herrschaftsverhältnisse bewirkt, jedoch weder die einander fremden Klassen noch auch die beiden subjektiven Vermögen in eine freie Wechselwirkung zueinander gebracht hat. Wer also »von der Herrschaft bloßer Kräfte zu der Herrschaft der Gesetze«, vom physisch-kontingenten zum moralisch-unsichtbaren Staat einen »Übergang« bahnen möchte (SW V, 576), der muss das Pfand auf Erfahrungen des Kunstschönen und auf Spielformen von Gesellschaft setzen. Das durch das Schöne angeregte freie Spiel der Erkenntniskräfte und der schöne Umgang im geselligen Verkehr eröffnen Erfahrungen von Gemeinschaft als Erfahrungen der freien Wechselwirkung zwischen den auseinandergerissenen subjektiven Vermögen einerseits und den voneinander separierten Klassen andererseits. Von ihnen verspricht sich Schiller die Errichtung eines »ästhetischen Staats« als einer spielerischen Organisation und ephemeren Praxis zugleich, »die sich durch sich selbst und für sich selbst bildet« (SW V, 578). Insofern in der Sphäre des schönen Scheins und Verkehrs sowohl in den Dingen als auch in den Menschen alle »Spuren der Dienstbarkeit« (SW V, 665) und des »Nutzens« (SW V,

572) getilgt sind, aber auch aller Bestimmung durch moralische Pflichten Abbruch geschieht, treibt sie exklusive Momente der Zusammenstimmung und Sprechakte der Einhelligkeit hervor. Während sich alle anderen Gebrauchsweisen der Sprache »auf das Unterscheidende zwischen Menschen und Menschen beziehen«, hat die »schöne Mitteilung« als einziges Sprachspiel das Vermögen »der Vereinigung der Gesellschaft, weil sie sich auf das Gemeinsame aller bezieht«. Den ästhetischen Praktiken und schönen Werken soll im »fröhlichen Reiche des Spiels« (SW V, 667) dasjenige gelingen, woran die Französische Revolution gescheitert ist (DäV 40): Eine »totale Revolution« (SW V, 662), die einer Gemeinschaft freier Menschen, ja einer »neuen Menschheit« selbst ohne moralischen Zwang und ohne physische Fesseln den Weg bahnt: »Der Mensch spielt nur, wo er in voller Bedeutung des Worts Mensch ist, und *er ist nur da ganz Mensch, wo er spielt.*« (SW V, 618) Bemerkenswerterweise erweist sich die Erfahrung des Spiels im Wegfall aller inneren und äußeren Bestimmungen für Schiller als eine radikale Erfahrung des »Mangels« an anthropologischen Bestimmungen. Die Bestimmung des Menschen ist gerade seine äußerste »Bestimmungslosigkeit« und Ungeschicklichkeit: Im »ästhetischen Zustand ist der Mensch also Null«, »in Rücksicht auf Erkenntnis und Gesinnung [...] völlig indifferent und unfruchtbar«, im Hinblick auf Wahrheit und Pflicht gleichermaßen »ungeschickt«. Diesen ästhetischen Nullzustand des Spiels aber nennt Schiller Freiheit. Mit anderen Worten: Das Spiel, das nur in sich und durch sich selbst Bestand hat, ist eine abgründige Erfahrung ohne Telos, auch und gerade in Bezug auf den Menschen, »der Grund der Möglichkeit von allem ist«, weil er selbst grundlos, kein Grund für nichts ist (SW V, 635).[203]

Friedrich Schleiermacher hat in seinem 1799 im *Berlinischen Archiv der Zeit und ihres Geschmacks* anonym erschienenen *Versuch einer Theorie des geselligen Betragens* Kants und Schillers Spielbegriff für die Bestimmung einer kulturellen Praxis namens Konversation tauglich gemacht, ohne dabei das Paradigma des Kunstwerks aufzugeben. Es ist die Geselligkeit selbst, der schöne und zwecklos-spielerische Verkehr freier Menschen, der zum Kunstwerk bzw. zur Lebenskunst erhoben wird. Anders als bei Kant sollen sich in einem solchen »Kunstwerk der Geselligkeit« die faktische wechselseitige Mitteilung und die apriorische Mitteilungsfähigkeit des Geschmacksurteils über das gesellige Kunstwerk jedoch gegenseitig bedingen. Die Kunst der anspruchsgeladenen Konversation besteht dann nicht nur darin, die eigenen Mitteilungen durch die Tugenden der Gewandtheit und Schicklichkeit jederzeit für die Mitteilungen anderer anschlussfähig zu machen, sondern auch darin, die Grenzen der faktischen Mitteilungsgemeinschaft jederzeit durch ein anspielungsreiches Sprechen zu überschreiten und somit Möglichkeiten für Individualisierung und »gesellige Kristallisation« zugleich zu stiften. Dabei umreißt die Autonomie des geselligen Kunstwerks die geschlossene politische Lebensart von Gleichen und Freien, bei der »wegen des notwendigen Mangels einer öffentlichen Gewalt, Jeder für sich selbst Gesetzgeber« ist. Im ersten Teil der erstmals 1748 erschienenen Zeitschrift *Der Gesellige* hieß es in diesem Sinne bereits programmatisch: »Wir wollen eine wahre Republik in dem geselligen Leben errichten. [...] Wir wollen, es soll keine andere Gesellschaft seyn, als zu welcher ein jeder in vollkommener Gleichheit das Seine beytragen kann.«[204] In dieser Sphäre »freier Äußerungen« wird Gesellschaft, die nur sich selbst zum Zweck hat, auf exklusive Weise realisiert und vollendet. In ihr »soll« gerade »keine bestimmte Tätigkeit gemeinschaftlich verrichtet, kein Werk vereinigt zu Stande gebracht, keine Einsicht methodisch erworben werden« (TdgB 71), wie es mit Anklängen an Kants Zwecklosigkeit und Schillers Ungeschicklichkeit heißt. Als Spielform von gelingender Gesellschaft, in der den Teilhabern nichts gemein ist, gehört Gesellschaft weder dem Bereich des Werks noch auch dem des Handelns an. Und dennoch soll sie nicht einfach bloß erfahren, als Zufall oder Ereignis erlitten, sondern durch die Tätigkeit jedes Einzelnen und die freie Wechselwirkung aller eigens durch sich selbst und für sich selbst hergestellt werden. Daher weist Schleiermacher alle passiven Formen geselliger Kunstrezeption wie die Versammlung im Schauspielhaus, den Besuch eines Vortrags oder die Teilnahme an einem Ball zurück: Bei all diesen Formen geselliger Unterhaltung sind die Teilhaber an einen äußeren Zweck gebunden, die Geselligkeit ist daher nicht frei (TdgB 70). Das von Schleiermacher formulierte protosoziologische, »formelle« und »materielle Gesetz der geselligen Tätigkeit« lautet denn auch: »Alles soll Wechselwirkung sein« bzw. die Mitteilung des einen soll Stoff und Anregung für die Mitteilung jedes anderen bieten: »die Wirkungen eines Jeden sollen gehen auf die Tätigkeit der übrigen, und die Tätigkeit eines Jeden soll sein seine Einwirkung auf die anderen.« Anders gesagt hat die durch keinen äußeren Zweck gebundene Mitteilung eines jeden bei allen anderen Teilnehmern »ein freies Spiel der Gedanken und Empfindungen« auszulösen, »wodurch alle Mitglieder einander gegenseitig aufregen und beleben« (TdgB 71). Ohne Frage ist hier jeder Rezipient und Produzent, Kunstwerk und Künstler, leidend und wirkend, passiv und aktiv zugleich. Die Einwirkung wird von Schleiermacher jedoch nicht als bloße Passivität gedacht, da sie im Augenblick ihres Erleidens unmittelbar aktiviert, zur Selbsttätigkeit herausfordert. Die faktische Mitteilung des einen bietet selbst jene schöne Form, angesichts deren bei allen übrigen Teilnehmern ein »freies Spiel der Gedanken und Empfindungen« angeregt, belebt wird und so den Anstoß für neue Mitteilungen bildet. So »wie das freie Spiel der Kräfte« eines jeden durch die Mitteilungen aller Übrigen in Schwingung versetzt und »harmonisch weitergebildet« (TdgB 66) wird, so treten auch die wechselseitigen Mitteilungen selbst in ein freies, man möchte sagen: emergentes Spiel ein, das sich – ohne dabei von einer externen Kraft gelenkt oder auf eine einzelne individuelle Tätigkeit zurückgeführt werden zu können – durch sich selbst unterhält und erhält.

Im Hinblick auf Schillers und deutlicher noch in Bezug auf Schleiermachers konkretes Geselligkeitsprojekt stellt sich die Frage, ob der schöne Umgang zum Modell für soziale Beziehungen überhaupt erklärt werden kann, das sich mehr und mehr im übrigen Gesellschaftskörper ausbreiten, zumindest aber doch »in alle Lebensbereiche ausstrahlen soll«.[205] Oder ob es bestenfalls einen entlastenden und »interimistischen« Rückzugsort von denjenigen Asymmetrien darstellt, die in der synchronen, gleichwohl immer stärker von den »Funktionsverrichtungen«[206] der Familie und der arbeitsteiligen Gesellschaft verbrauchten Zeit virulent sind? Ersteres, einen zivilisierenden Zweck verspricht sich Schleiermacher in der Tat vom geselligen Verkehr: »Die gute Lebensart soll nicht eine interimistische Anstalt sein, die sich selbst vernichtet, wenn die Menschen klug genug und bekannt genug sind; sondern sie soll durchgehen. Ihr Ziel ist eigentlich der häusliche und bürgerliche Zustand [...].«[207]

Georg Simmel: Spielformen von Gesellschaft

Simmels Soziologie der Geselligkeit, die das heterotope Vergesellschaftungsmodell des 18. Jahrhunderts ins 20. Jahrhundert überführt, gibt im Rückgriff auf »den tieferen Doppelsinn« des Wortes »Gesellschaftsspiel« die gegenteilige Antwort auf diese

Frage: Im »sozialen Kunstgebilde der Geselligkeit« wird »›Gesellschaft‹ [nur] ›gespielt‹« (SdG 185, 181). Geselligkeit ist »die *Spielform der Vergesellschaftung*« und entlehnt der Realität des gesellschaftlichen Lebens lediglich formale Motive wie »das Jagen und Erlisten, die Bewährung der physischen und der geistigen Kraft, den Wettbewerb und das Gestelltsein auf die Chance und die Gunst der unbeeinflußbaren Lebensmächte« (SdG 185 f.), ohne ihrerseits auf die Gestaltung dieser Vergesellschaftungsformen im wirklichen Leben in zivilisierender Absicht einzuwirken. Mit anderen Worten, Geselligkeit als die »in reiner Wirksamkeit aus den Realitäten des sozialen Lebens [herausgelöste] Form des Miteinanders« (SdG 178) ist nicht der Ort der spielerischen Einübung auf den Ernst von Interaktion und Interpassion. Das nämlich hieße bereits, die Zwecklosigkeit des Spiels selbst zu travestieren. Dieses bestimmte Spiel folgt vielmehr, wenn es gelingen soll, der Aus- und Abgrenzung eines spezifischen Spielbezirks durch die Beachtung bestimmter Spielregeln, die mit dem Takt einerseits und der Diskretion andererseits zwei »Geselligkeitsschwellen« nach oben und unten einziehen. Dabei steht, wie bei Schleiermacher und Schiller auch, die »gute Form«, das »gegenseitige Sich-Bestimmen, Wechselwirken der Elemente« (SdG 179), die Autopoiesis von Sozialität durch eine Relationalität infrage, die »nichts als Relation sein will« (SdG 188). Dem Takt obliegt die Selbstregulierung des Individuums im Verhältnis zu Anderen bei der Zurücknahme aller sozialen Bestimmungen seiner Person – wie Fähigkeiten, Verdienste, Ämter, Reputation; die Diskretion wiederum verhilft zur Zurücknahme des Persönlichsten: »des ganz und gar Subjektiven und rein Innerlichen«. Dieser negativen Grenzbestimmung entspricht ein positives Komplement, das Simmel mit der kantischen Rechtsformel konkretisiert: ihr zufolge soll die Freiheit eines jeden mit der Freiheit jedes anderen zusammenstimmen (SdG 182 f.), spieltheoretisch und affektiv gewendet heißt das, dass die Freude des Einzelnen »daran gebunden ist, dass auch die anderen froh« und niemand auf Kosten des Anderen sein geselliges Glück macht. Mit der Ausblendung der Reibungswiderstände der Realität und der Reduktion auf die soziale und individuelle Peripherie der Person wird die reinste, stilisierteste und durchsichtigste Form von Wechselwirkung gebildet, nämlich die unter Gleichen. Daher stiftet die Spielform der Vergesellschaftung aus Sicht Simmels eine »ideale« und das heißt vor allem demokratische Welt: »Sie ist das Spiel, in dem man ›so tut‹, als ob alle gleich wären, und zugleich, als ob man jeden besonders ehrte.« (SdG 184) Die Zurücknahme der sozialen und individuellen Person durch Takt und Diskretion geht freilich nicht so weit, dass dahinter alle Klassenzugehörigkeit verschwinden könnte. Wie Schleiermacher dekretiert auch Simmel die beschränkte Immobilität des Gesellschaftsspiels: Die gesellige Republik lässt sich nur als eine jeweils geschlossene Republik von sozialen Klassen und Bildungsgraden realisieren. »Geselligkeit unter Angehörigen ganz verschiedener sozialer Klassen« wird dagegen »oft zu etwas Widerspruchsvollem und Peinlichen« (SdG 183). Das hängt für Simmel nicht zuletzt mit der Bedeutung der »gesprächhaften Wechselwirkung« zusammen, die sich nicht vollständig vom Inhalt lösen und zur souveränen Form aufsteigen kann – andernfalls wird sie, wie in der Hofgesellschaft des *ancien régime*, zur Karikatur einer ehemals gehaltvollen Etikette (SdG 191). Dabei darf der Inhalt allerdings kein Eigenwicht erhalten. Es geht vielmehr um die Unterhaltung der Unterhaltung als Selbstzweck. Das Gespräch sollte weder im sachlichen noch im intimen Sinne zugespitzt werden, sondern muss stets ein austauschbarer und rasch wechselnder Spieleinsatz, ein kontingentes Mittel der geselligen Unterhaltung bleiben. Das prolongiert eine »Ethik der Geselligkeit«, die die asymmetrische Erzählung von Geschichten, Anekdoten und Witzen als »Gabe« des Einzelnen an die Gemeinschaft versteht, hinter die er als Person im Namen ausbalancierter Wechselwirkung und reiner Relation zurückzutreten hat (SdG 189).

Kants, Schillers, Schleiermachers und Simmels Konzepte explizieren auf mehr oder minder emphatische Weise den autopoietischen und performativen Charakter von Geselligkeit und können damit als Prototheorien kultureller Praxis zur Bildung von Sozialität in Anspruch genommen werden. Kulturen verfügen zweifellos über verschiedene (religiöse, politische, ästhetische und profane) Spielmodelle für soziale Beziehungen. Für das Spiel als Spiel ist es indes entscheidend, dass es sich vom gewöhnlichen Leben hinreichend absetzt, indem es Schwellen, Grenzen und Spielbezirke einzieht.

VII.2 Spielelemente der Kultur: Johan Huizinga, Roger Caillois und Claude Lévi-Strauss

Johan Huizinga: Spielmacher der Zivilisation

Auf diese räumliche Ab- und Eingrenzung des Spiels, die der expliziten »Abzäunung« vom alltäglichen, durch Zwecke, Kalküle, Aufgaben und Interessen bestimmten Leben dient, hebt nicht zuletzt die Spieltheorie von Johan Huizinga ab. Mit seinem 1938 erschienenen Buch *Homo ludens* ist Huizinga zweifellos der Begründer einer kulturwissenschaftlichen Theorie des Spiels. Einerseits betont er das Eigengewicht des Spiels im engeren Sinne durch seine spezifische Absonderung und Abgeschlossenheit gegenüber der gewöhnlichen Welt. Andererseits spricht er dem Spiel eine derart weite Bedeutung zu, dass er der »Kultur selbst« und ihren verschiedenen Bezirken »Spielcharakter« verleiht. Damit sind die Spiele nicht nur kulturelle Praktiken und Erscheinungen in einer ansonsten anders orientierten Welt; die Spiele der Tiere sind Huizinga vielmehr ein hinreichender Beleg dafür, dass das Spiel älter ist als jede Kultur und daher den Entstehungsherd von Kultur bildet (HL 9, 17). Das ist freilich eine verdrehte Argumentation, die im Hinblick auf den dezidiert kulturellen Charakter des Spiels eher dazu verleiten müsste, den Tieren über ihre Spiele den Zugang zur Kultur zuzubilligen und nicht abzusprechen. So hat etwa Erving Goffman über die Beobachtung der Spiele von Tieren – insbesondere den Kampfspielen von Ottern – im Gefolge von Gregory Bateson[208] und Karl Groos[209] die entscheidenden Hinweise auf jene Module (*keys*) und Modulationen gefunden, die ein »ernstes, wirkliches Handeln in etwas Spielerisches transformieren« und damit Rahmen und Rahmenhandlungen gegenüber der Wirklichkeit ausbilden und *vice versa* (RA 53). Denn auch die Spiele haben ein Ende und nicht nur einen Anfang und müssen durch bestimmte Signale bzw. Module wiederum in eine Wirklichkeit transformiert werden, in der nicht, zumindest nicht auf prominente Weise, gespielt wird. Die kulturelle Familienähnlichkeit im Hinblick auf das Spiel erweist sich nicht zuletzt daran, dass Menschen und Tiere miteinander spielen und spielen können, worauf Goffman auch selbst aufmerksam macht, um die spieltheoretische Transformation – die aus der Beobachtung der Spiele der Tiere gewonnenen und auf die Spiele der Menschen übertragenen Transformationskonventionen – zu legitimieren. Zu derlei Rahmenhandlungen gehört im Hinblick auf die Spiele von Tieren, dass die Handlungsfolge, die, wie das Kämpfen oder das Werben, jeweils als Vorbild dient, nicht vollständig ausgeführt, sondern nur »angefangen und abgebrochen, neu begonnen, kurz unterbrochen und mit Abfolgen aus anderen Zusammenhängen vermischt« wird. Ferner zeichnet sich die »Transformationskraft des Spiels« durch häufige Wiederholungssequenzen und Rollenwechsel, das heißt durch Hierarchieauflösungen,

Freiwilligkeit, zeitliche Dehnungen bzw. Kürzungen und spezifische Zeichen aus, die Beginn und Ende des Spiels markieren. Als solche markierenden Zeichen dienen nicht selten Spielzeuge, ausgelassene Bewegungen, der Körper des Tiers selbst oder einzelne Körperteile (RA 53-55). Nun ist es frappierend, dass ein Übergang in kurzzeitige Spielfrequenzen auch in der Interaktion zwischen Menschen, und zwar »bevorzugt an bestimmten Schnittpunkten« (RA 61), statthat und nicht nur an exklusiven Orten und zu eigens dafür reservierten Zeiten. Damit ist eine strikte Trennung zwischen ernsthaftem und spielerischem Handeln, zwischen wirklichen Rahmungen und Spielbezirken nur mehr in dem Sinne möglich, dass alle kulturelle Praxis und Interaktion eine beständige Transformation von Spiel in Ernst und umgekehrt darstellt, Spielregelverletzungen, Rahmenirrtümer und Rahmenmissverständnisse inklusive (RA 98). Mit anderen Worten: Es gibt Spiele im engeren und weiteren Sinne. Allen ist indes eine spezifische Rahmung mit der Doppelfunktion des Ausschlusses nach außen und des Zusammenschlusses nach innen gemein, das heißt die abwehrende Distanzierung der Umgebung und die Konzentration des Spiels auf sich selbst.[210]

In seiner kulturtheoretisch instruierten Konzeption des Spiels sucht Johan Huizinga zunächst nach formalen Kennzeichen des Spiels; dabei grenzt er den Kreis der Spiele von vorneherein auf Spiele sozialer Art ein. Für soziale, das heißt für Spiele mit mindestens zwei Spielern, gilt, dass sie auf Freiwilligkeit und freiem Handeln beruhen. »Befohlenes Spiel ist kein Spiel mehr.« Die Freiheit zum Spiel und gegenüber dem Spiel zeigt sich daran, dass es jederzeit »ausgesetzt werden oder ganz unterbleiben«, nicht durch physische Notwendigkeiten diktiert oder durch moralische Pflichten auferlegt werden kann. Das Spiel entspringt dem Vergnügen, es ist ein Überschussphänomen, das aus dem gewöhnlichen Leben heraustritt und im Übrigen mit dem Bewusstsein verbunden ist, »bloß zu spielen«, »zu tun als ob« (HL 16 f.). Für Huizinga schließt der »uninteressierte Charakter« des Spiels allerdings nicht aus, dass es mit dem größten Ernst, ja mit Hingabe, Begeisterung und Besessenheit gespielt werden kann. Spiel und Ernst sind daher keine Gegensätze, der Gegensatz selbst »bleibt stets schwebend.« Neben der räumlichen Ein- und Ausgrenzung eines Spielbezirks (Spieltisch, Arena, Zauberkreis) hat das Spiel einen spezifischen Zeitcharakter, der sich nicht nur auf seine zeitliche Begrenzung bezieht, sondern auch auf seine Wiederholbarkeit erstreckt, »die eine der wesentlichsten Eigenschaften des Spiels« ist. Auch wenn nicht alle Spiele formaler Regeln bedürfen, so wird die Wiederholbarkeit des Spiels durch die Befolgung von etablierten Spielregeln erleichtert, insofern sie diesem eine eigene, voraussehbare Choreografie und »unbedingte Ordnung« verschaffen. Die Wiederholbarkeit rührt aber auch an die intergenerative Weitergabe und Tradierung des Spiels, durch die es erst eine »feste Gestalt als Kulturform [annimmt]«. Huizinga demonstriert die unbedingte Gültigkeit der Spielregeln an der Figur des Falschspielers, der diese zum eigenen Vorteil beugt und dennoch nicht umhinkann, sie zum Schein zu respektieren, solange er das Spiel nicht zur Auflösung bringen will. Man kann hier noch mit Bateson anmerken, dass der Falschspieler, der um jeden Preis gewinnen will, eigentlich nicht weiß, »wie man spielt«. Denn er behandelt »ein Spiel, als wäre es ernst«.[211] Zur eigentlichen Bedrohung des Spiels und »der Spielgemeinschaft in ihrem Bestand« wird jedoch nicht der Falschspieler und Betrüger, sondern der Spielverderber, der sich aus der Spielwelt zurückzieht und sie dadurch »zertrümmert« (HL 16-19). Das charakteristische Spannungselement des Spiels sieht Huizinga in der wesentlichen Ungewissheit, Kontingenz und Chance des Spiels begründet, das – trotz oder gerade wegen der Unbedingtheit seiner Regeln – in einer nicht antizipierbaren Weise glücken oder missglücken kann. Das trifft für Geschicklichkeitsspiele, für Wettkämpfe oder Würfelspiele genauso zu wie für Glücksspiele im eigentlichen Sinne. Entscheidend für Huizingas formale Definition des Spiels ist jedoch, dass es an kein »materielles Interesse« geknüpft sein darf (HL 11). Damit schließt er alle gewinn- und verlustbringenden Spiele um Geld – Lotterien, Wetten, Roulette – von vorneherein aus dem Kreis der Spiele aus, wie nicht zuletzt Roger Caillois kritisch gegen Huizinga einwendet (SuM 11). Ferner stellt Huizinga die Tendenz vieler Spiele zur Vermummung, Verkleidung und Maskierung heraus, um eine wesentliche Affinität des Spiels zu Geheimnis und Mysterium zu postulieren (HL 20). Wann immer sich allerdings die Spielbetätigung zum Mysterium hinzugesellt, geschieht dies auf Kosten des Geheimnisses, wie Caillois wiederum gegen Huizinga ins Feld führt: Insofern das Spiel die Neigung zur Öffentlichkeit und Zurschaustellung hat, zeichnet es sich für Caillois dadurch aus, dass es das Geheimnis nachgerade »vergeudet« (SuM 10).

Bereits aus diesen wenigen Einwänden gegen Huizinga wird deutlich, dass eine formale Bestimmung des Spiels nur provisorisch bleiben bzw. sich nur am Kriterium der »Familienähnlichkeit« *sensu* Wittgenstein orientieren kann. Entscheidend für Wittgensteins Verständnis des Sprachspiels ist bekanntlich, dass »das Sprechen der Sprache« jeweils »Teil einer Tätigkeit oder eine Lebensform« ist, das heißt, dass das Sprechen der Sprache jeweils mit einer kulturellen (zumeist nichtsprachlichen) Praxis verschränkt ist und nur in dieser Verschränkung seine je eigene Bedeutung erhält: »Ich werde auch das Ganze: der Sprache und der Tätigkeiten, mit denen sie verwoben ist, das ›Sprachspiel‹ nennen.« Nicht zufällig verzichtet Wittgenstein angesichts der Menge, Verschiedenheit und Vielfalt der Spiele insgesamt auf eine geschlossene und formale Definition des Sprachspiels, das seinerseits nur im Plural, in der »unzähligen Mannigfaltigkeit« des praktischen »Gebrauchs der Sprache« in Erscheinung tritt:[212]

»Betrachte z.B. einmal die Vorgänge, die wir ›Spiele‹ nennen. Ich meine Brettspiele, Kartenspiele, Ballspiel, Kampfspiele usw. Was ist allen diesen gemeinsam? – Sag nicht: ›Es muß ihnen etwas gemeinsam sein, sonst hießen sie nicht ›Spiele‹ – sondern schau, ob ihnen allen etwas gemeinsam ist. – Denn wenn du sie anschaust, wirst du zwar nicht etwas sehen, was allen gemeinsam wäre, aber du wirst Ähnlichkeiten, Verwandtschaften, sehen, und zwar eine ganze Reihe. Wie gesagt: denk nicht, sondern schau! – Schau z.B. die Brettspiele an, mit ihren mannigfachen Verwandtschaften. Nun geh zu den Kartenspielen über: hier findest du viele Entsprechungen mit jener ersten Klasse, aber viele gemeinsame Züge verschwinden, andere treten auf. Wenn wir nun zu den Ballspielen übergehen, so bleibt manches Gemeinsame erhalten, aber vieles geht verloren. – Sind sie alle unterhaltend. Vergleiche Schach mit dem Mühlfahren. Oder gibt es überall ein Gewinnen und Verlieren, oder eine Konkurrenz der Spielenden? Denk an die Patiencen. In den Ballspielen gibt es Gewinnen und Verlieren, aber wenn ein Kind den Ball an die Wand wirft und wieder auffängt, so ist dieser Zug verschwunden. Schau, welche Rolle Geschick und Glück spielen. Und wie verschieden ist Geschick im Schachspiel und Geschick im Tennisspiel. Denk nur an die Reigenspiele: Hier ist das Element der Unterhaltung, aber wie viele der anderen Charakterzüge sind verschwunden! Und so können wir durch die vielen, vielen anderen Gruppen von Spielen gehen. Ähnlichkeiten auftauchen und verschwinden sehen. Und das Ergebnis dieser Betrachtung lautet nun: Wir sehen ein kompliziertes Netz von Ähnlichkeiten, die einander übergreifen und kreuzen. Ähnlichkeiten im Großen und Kleinen.«[213]

Die in diesem Sinne bestimmten Ähnlichkeiten der Sprachspiele mit ihren Differenzen sind Widerstreitsdeckungen, die Wittgenstein im genealogischen Vertrauen auf die reproduktive Institution der Familie »Familienähnlichkeiten« nennt.[214] Das Sprachspiel der formalen Bestimmung von Spielen kann daher bestenfalls formale Familienähnlichkeiten zwischen den verschiedenen

Spielen ausfindig machen, um den Preis, dass einige Spiele durch die Maschen schlüpfen, andere wiederum nur durch lose Fäden mit dem Netz verbunden sind.

Huizingas formale Definition des Spiels ist mit dem weitreichenden Versuch verbunden zu zeigen, dass »Kultur in Form von Spiel entsteht, daß Kultur anfänglich gespielt wird«, dass also der »Kultur in ihren ursprünglichen Phasen etwas Spielmäßiges eigen ist, daß sie in den Formen und der Stimmung eines Spiels aufgeführt wird« (HL 51). Dabei ist es ihm freilich nicht, wie etwa Goffman, darum zu tun, die jederzeit mögliche Transformation von Wirklichkeit in Spiel und *vice versa*, und zwar bei allen kulturellen Praktiken, zum Aufweis zu bringen. Er versucht vielmehr in den unterschiedlichen Spielen und Festen eine Art pädagogischen und kulturellen Mehrwert dingfest zu machen, ganz so, als ob das Spiel jene Sphäre der Einübung von Kräften, Fertigkeiten, Geschicklichkeiten und Erkenntnissen bezeichnete, die einer Kultur jeweils zum eigentlichen Fortschritt verhelfen könnte: Was sich zunächst im sakralen Spielelement herausgebildet haben soll, habe sich alsdann in verschiedene kulturelle Bereiche, in Wissen, Philosophie, Dichtkunst, Rechtsleben, Staatsleben oder Krieg, allerdings unter entschiedener Marginalisierung des Spielelements selbst, ausdifferenzieren können, nicht ohne den Spielen zugleich ganz eigene Reservate vorzubehalten. Das ist eine Säkularisierungs- und Fortschrittskonzeption, die zwischen »primitiven«, »fortgeschrittenen« und »hochentwickelten Kulturphasen« unterscheidet und zur Illustration »primitiver« Spielelemente der Kultur vorzugsweise außereuropäische Gesellschaften und Spielkulturen in Anschlag bringt (HL 101, 51). Sie führt zu befremdlichen Bewertungen und Ausschlüssen, wie folgendes Beispiel zeigt: »Die Würfelspiele sind an sich merkwürdige Kulturobjekte, für die Kultur selbst muß man sie jedoch unfruchtbar nennen. Sie bringen dem Geist und dem Leben keinen

Gewinn.« (HL 53) Abgesehen davon, dass Huizinga die Bedeutung des Spielzeugs »Würfel« für die Geburt der Stochastik und die Mathematisierung des Zufalls verkennt, widerspricht er mit seiner Orientierung auf den kulturellen Spielgewinn flagrant seiner eigenen formalen Bestimmung, die Nachdruck auf den »überflüssigen«, »zwecklosen«, »uninteressierten Charakter des Spiels« (HL 15f.) legt. Der theoretische Spieleinsatz, dass nämlich »Kultur *als* und *in* Spiel aufwächst« (HL 53), prolongiert eine pädagogische Bildungs- und evolutionäre Entwicklungstheorie, für die die Spiele der primitiven und archaischen, das heißt der »unterentwickelten« Kulturen Kinderspiele zur Einübung in die reife und erwachsene Welt der Hochkulturen bedeuten. Huizinga ist damit zweifellos ein Spiel- und Projektmacher der westlichen Welt.

Roger Caillois: Les jeux sont faits

Die »erweiterte Theorie der Spiele«, die Roger Caillois in seinem 1958 veröffentlichten Buch *Les jeux et les hommes* entwickelt, stellt in vielerlei Hinsicht eine kritische Überschreitung von *Homo ludens* dar, nicht zuletzt im Rückgriff auf Spiele wie das Wetten und das Glücksspiel, das Spiel der Mimik und der Interpretation, die Huizinga außer Acht gelassen hatte. Zugleich aber bleibt die ambitionierte Spieltheorie von Roger Caillois dem prekären Evolutionismus Huizingas, der Fortschrittstheorie von Kultur *sub specie ludi*, verhaftet. Caillois konzentriert sich in einem ersten Schritt auf eine Zusammenstellung formaler Merkmale, die an die definitorischen Bemühungen Huizingas anknüpfen: Das Spiel sei eine »freie Betätigung, zu der der Spieler nicht gezwungen werden kann«, da es andernfalls seinen fröhlichen Unterhaltungscharakter verliere. Es vollziehe sich in räumlich und zeitlich klar abgesteckten Grenzen. Ferner sei es eine »ungewisse Betätigung«, deren Ablauf und Ergebnis nicht von vorneherein feststünden. Schließlich müsse es als eine »unproduktive«, »geregelte« und »fiktive Betätigung« angesehen werden (SuM 16). »Freiheit, Konvention [bzw. Regel], Aufhebung des Realen, begrenzter Raum und begrenzte Zeit« bilden Caillois zufolge die elementaren Merkmale aller Spiele (SuM 31).

In einem zweiten Schritt macht sich Caillois an eine Einteilung der Spiele in vier Rubriken, in denen jeweils ein spezifisches Moment überwiegt: das des Wettstreits, des Zufalls, der Maskierung oder des Rausches: »Ich bezeichne sie als *agôn*, *alea*, *mimicry* und *ilinx*. Alle gehören sie in den Bereich der Spiele: man *spielt* Fußball, Billard oder Schach (*agôn*), man *spielt* Roulette oder Lotterie (*alea*), man *spielt* Seeräuber, man *spielt* Nero oder Hamlet (*mimicry*) und man spielt, um durch eine rapide Rotations- oder Fallbewegung in sich selbst einen organischen Zustand der Verwirrung und des Außersichseins (*ilinx*) hervorzurufen.« (SuM 19)[215] Halten wir, zumindest im Vorübergehen, fest, dass Caillois das Spielen eines Musikinstruments mit dieser Einteilung der Spiele außen vor lässt. Damit nicht genug, werden diese vier Kategorien, die untereinander verschiedene, aber nicht beliebige Kombinationen eingehen können, durch zwei entgegengesetzte, aber komplementäre Spielweisen angeordnet: *Paidia* steht für die überschäumende Lebensfreude, die freie Improvisation und ungezügelte Fantasie; *ludens* wiederum für Spielregeln und schwierige Hindernisse, um den Parcours zu Ergebnis und Spielende möglichst aufwendig zu gestalten und die Spielanforderungen – was Geschicklichkeit, Geduld oder Einfallsreichtum angeht – zu erhöhen und nicht zuletzt, um der anarchischen Natur der *paidia* strenge Zügel anzulegen (SuM 21).

Was die vier Grundkategorien des Spiels betrifft, so zeichnet sich der *agôn* für Caillois dadurch aus, dass dabei ein Wettkampf unter der Voraussetzung »künstlicher Chancengleichheit« geschaffen wird, man könnte auch mit Simmel sagen: dass es sich dabei um ein ideales, demokratisches Gesellschaftsspiel handelt, bei dem die Voraussetzungen für alle möglichst gleich sein müssen, so dass über Verlust und Sieg allein die persönliche Leistung im Hinblick auf eine exklusive Eigenschaft oder Geschicklichkeit entscheidet. Der Gewinner kann dann als »Bester einer bestimmten Leistungskategorie« hervortreten. Dieses Bemühen, anders als im wirklichen Leben, im Namen einer bereinigten Rivalität die gleichen Voraussetzungen und Chancen für alle bereitzustellen, zeigt sich im *agôn* auch daran, dass nicht auszuräumende Ungleichheiten »unter verschieden klassifizierten Spielern durch *handicap* wiederhergestellt«, also durch das Einziehen einer Ungleichheit zweiter Ordnung kompensiert werden (SuM 23).

Sämtliche zur Kategorie *alea* gehörigen Spiele – wie das Würfelspiel, Roulette, Zahl oder Adler, Lotterie – stehen im Gegensatz zum *agôn*, insofern sie gerade nicht auf die persönliche Leistung des Spielers setzen. Die aleatorischen Spiele liefern das Spielgeschehen im Gegenteil ganz dem Zufall aus und verlangen vom Spieler äußerste »Hingabe an das Schicksal«. *Alea* – der lateinische Name für Würfelspiel – beruht damit ebenfalls auf einer Art Gerechtigkeitsprinzip, insofern das Regime des Zufalls alle durch Training, Disziplin, Geschicklichkeit, Geburt oder Können bedingten Vor- und Nachteile der Spieler in einem einzigen Augenblick unwirksam macht. Während im *agôn* der Spieler nur auf sich selbst vertraut, rechnet er beim *alea* am wenigsten mit sich und liefert sich stattdessen all jenen »Mächten aus, die ihm entgleiten« (SuM 53). Bei den Spielen, die *agôn* und *alea* kombinieren – man denke an Domino oder die meisten Kartenspiele –, sind die Spieler gehalten, »das Los, das ein blindes Schicksal ihnen zuteilt, nach Kräften« durch Können, Kombinationsgabe oder Scharfblick »auszubeuten« (SuM 25 f.). Je geringer in solchen Mischungskonstellationen der persönliche Anteil des Spielers wiegt, desto bedeutsamer wird mit dem Übergewicht des Zufalls die Rolle des Geldes. *agôn* und *alea* stiften für Caillois zwar entgegengesetzte, aber symmetrisch »perfekte« Ausgangssituationen künstlicher Gleichheit, wie sie in den undurchschaubaren Komplexitäten des Alltags nirgends anzutreffen sind. Mit diesen beiden komplementär »perfekten Situationen« gelingt es den jeweiligen Spielen, die Rolle des Zufalls oder des persönlichen Verdienstes – der Geworfenheit oder des Entwurfs – auf irreduzible Weise hervortreten zu lassen.

Alle Spiele treten für eine begrenzte Zeit in eine künstliche Welt, in ein fiktives Universum ein, in der die Zwänge, Regeln und Notwendigkeiten des *everyday life* weitgend außer Kraft gesetzt sind. Überall dort, wo das Subjekt mit dem Eintritt in ein imaginäres Milieu zeitweilig eine andere Identität annimmt, sieht Caillois eine weitere Spielform realisiert, die er – in Anlehnung an »die Wandlungs- und Anpassungsfähigkeit der Insekten« – *mimicry* nennt. Auch wenn das hauptsächliche Vergnügen bei den Spielen der *mimicry* für das verkleidete Subjekt darin besteht, ein Anderer zu sein oder für einen Anderen gehalten zu werden, geht die Absicht der Verstellung nicht dahin, zu täuschen und eine differenzlose Identifizierung mit der neuen Rolle einzugehen. »Der Spion und der Flüchtling verkleiden sich, um tatsächlich irrezuführen; sie spielen nicht.« (SuM 28-30) Damit ist zugleich eine bestimmte Außenseite, nämlich die »Interpretation« bzw. der darstellende Aspekt im Hinblick auf den Zuschauer und die Möglichkeit der Identifizierung des Zuschauers mit dem Darsteller – sei er nun Schauspieler, Athlet, Champion oder Filmstar – benannt, die Caillois mit der *mimicry* verbindet. Während die Spiele der *mimicry* aus Sicht Caillois' keine Mischungsverhältnisse mit den Spielen der *alea* eingehen können, stehen sie stattdessen umso mehr für Kombinationen mit den agonalen Spielen zur Verfügung (SuM 31).

Mit der vierten Grundkategorie des Spiels nimmt Caillois eine weitere Spielform der Verwandlung der Person in den Blick: den Rausch. Dabei denkt er weniger an Trancen, Besessenheiten oder drogeninduzierte Bewusstseinszustände als vielmehr an körperlich greifbare Sturz-, Dreh-, Schwebe-, Rotations-, Geschwindigkeits- und Beschleunigungserlebnisse, die das klare Bewusstsein »mit einer Art wollüstiger Panik« schlagen und durch die forcierte Ausnutzung der Flieh- oder Schwerkraft kurzzeitig über die Wirklichkeit obsiegen. Der Tanz von Derwischen oder der Walzer, bei dem sich die tanzenden Paare in größtmöglicher Geschwindigkeit um ihre eigene Achse drehen, sind rauschhafte Spiele. Hier wird der eigene Körper, aber auch Dinge wie die Schaukel und das Karussell zu Spielzeugen von *ilinx* und damit von Sensationen am Rande der Übelkeit oder Panik gemacht. Die rauschhaften Spiele bezeugen die Freiheit, sich einer äußersten körperlichen Prüfung zu unterziehen, bis an die eigenen Grenzen zu gehen: Derartige Spiele mussten jedoch auf das Industriezeitalter warten, wie Caillois mit Hinweis auf die verschiedenen motorisierten Fahrzeuge und Rotationsapparate unterstreicht, die auf Jahrmärkten und in Vergnügungsparks zu finden sind (SuM 34 f.).

Korruptionen der unterschiedlichen Spieltypen sieht Caillois immer dort am Werk, wo die kennzeichnenden Merkmale des Spiels als eine freie, abgetrennte, ungewisse, unproduktive, geregelte und fiktive Betätigung in einigen oder allen Punkten ins Gegenteil verkehrt werden. Man könnte auch sagen, dass mit den Spielen zugleich deren Korruptionsmöglichkeiten miterfunden worden sind. So ist das Konkurrenzprinzip, sobald es die geschützte Sphäre der Spiele verlässt und ohne die Spieltugend der Fairness auftritt, die verbreitetste »Perversion des *agôn*«. Die *alea* wird wiederum durch den Aberglauben korrumpiert bzw. verselbständigt sich in dem festen Glauben daran, das Schicksal mit

Hilfe des Wahrsagers, Hellsehers oder der Kartenlegerin vorhersehen und der Macht des Zufalls so ein Schnippchen schlagen zu können, anstatt sich ihm auszuliefern. Die *mimicry* nimmt wiederum Züge der Entfremdung an, wenn die Person sich mit der gespielten Rolle identifiziert und nicht über die freiheitswahrende Möglichkeit der Rollendistanz verfügt. Schließlich verkehrt sich der Rausch in allen Süchten zum Zwang und verliert so seinen freien und freiwilligen Charakter (SuM 52-63).

Caillois möchte eine Antinomie auflösen, die zwischen zwei spieltheoretischen Positionen besteht. Für die verbreitetste Position im Sinne Jean Giraudoux'[216] sind die Spiele nichtssagende Residuen und die Spielzeuge Überlebsel von außer Gebrauch geratenen, aber ehemals entscheidenden kulturellen Tätigkeiten und Instrumenten. Die andere Position *sensu* Huizinga leitet die Kultur aus dem Spiel her. Mit anderen Worten: Für die eine Position fällt alles kulturell Wichtige irgendwann zum Spiel herab; für die andere geht alles kulturell Entscheidende aus dem Spiel hervor (SuM 66 f.). Caillois geht stattdessen von der Gleichzeitigkeit oder, wenn man so will, von der Gleichursprünglichkeit von Spielkultur und seriöser Kultur aus. Denn die Tätigkeiten, Haltungen und Antriebe, die in der schwerelosen Welt der Spiele virulent sind, spielen auch im Alltag eine, wenngleich andersgerichtete, Rolle, worauf im Übrigen bereits die Korruptionsmöglichkeiten der Spiele hindeuten. Zu diesen Motiven, Modalitäten und Prinzipien, die Spiel und Kultur übergreifen, zählen das Leistungs- und Konkurrenzprinzip, die Gnade oder Ungnade der Geburt, das Vergnügen, eine Rolle zu spielen oder Ansehen durch ein Amt zu erlangen, die Regelbefolgung und vieles mehr. Insofern steht für Caillois außer Frage, dass »zwischen den Spielen, den Sitten und den Institutionen enge Beziehungen der Kompensation oder des Einverständnisses bestehen«, die es ratsam erscheinen lassen, sich nicht nur mit einer »Soziologie der Spiele« zufrieden zu geben, sondern »eine von den Spielen ausgehende Soziologie zu erarbeiten« (SuM 77f.).

Hierzu ist eine Sichtung der Kombinationsmöglichkeiten zwischen den Grundkategorien und Habitus des Spiels – Wettspiel, Chance, Verstellung und Rausch – vonnöten. Es gibt (1) verbotene oder unmögliche Verbindungen wie die zwischen geregelter Rivalität und Rausch: Denn der Rausch ist die Verneinung jeder geregelten, verantwortungsbewussten und zurechenbaren Leistung. Es gibt (2) ungewisse Verbindungen wie die zwischen *alea* und *ilinx* oder *agôn* und *mimicry*, die sich nicht gegenseitig verneinen oder zerstören, aber unwahrscheinlicher sind als (3) jene Grundverbindungen, die sich zur gegenseitigen Steigerung beinahe nahtlos zusammenfügen: Dazu gehört die Kombination von *ilinx* und *mimicry* sowie die Verbindung von *alea* und *agôn*.

Caillois hält es für ausgemacht, dass die Heraufkunft der Zivilisationen eine Folge des »fast überall gleichen Einsatzes« war, freilich unter verschiedenen Voraussetzungen. Mit anderen Worten: Der demokratische Spieleinsatz der Zivilisationen besteht in der gemeinsamen Verfügung über die vier Grundantriebe und Kategorien des Spiels bei zugleich undemokratisch verteilten und vorgegebenen Umweltbedingungen des Klimas, der Bodenbeschaffenheit, Lage usf. (SuM 81-86). Bei den verschiedenen Verbindungsmöglichkeiten zwischen *ilinx*, *mimicry*, *alea* und *agôn*, die Caillois ebenso wie Huizinga zum Entwicklungsmotor oder Stagnationseinsatz von Kultur erhebt, kann es jeweils produktive und/oder zerstörerische Komponenten, kulturell tragfähige Resultate oder reine Vergeudungen geben: »Der Wettkampf und die Verkleidung können Kulturformen erschaffen und erschaffen sie auch tatsächlich, denen man einen erzieherischen oder ästhetischen Wert gerne zuerkennt. Aus ihm entstehen feste, wertvolle, häufige und fast unvermeidliche Institutionen. [...] Das Streben nach der Chance, die Sucht nach dem Rausch enden, außer in seltsamen Ausnahmen, bei nichts, sie schaffen nichts, das fähig wäre, sich zu entwickeln oder zu begründen.« So fordert der *agôn* die Entwicklung persönlicher Leistungen und die Erfindung von Techniken heraus, während Magie und Aberglauben mit *alea* im Bunde stehen und dem Fatalismus Vorschub leisten (SuM 87). Je nachdem also, welche Kombinationen bevorzugt und welche Einsätze durch Abspaltungen verloren gegangen oder marginalisiert worden sind, entwickelt sich eine Kultur entweder progressiv zur Hochkultur oder verbleibt in der Stagnation jener »Gesellschaften des Tohuwabohu«, die zwar einen originären, aber unbeweglichen Kulturtypus hervorgebracht haben: »Der Übergang zur eigentlichen Zivilisation [bedeutet] die progressive Ausscheidung [der] Vorherrschaft des mit der Mimikry verbundenen *ilinx* und ihrer Ersetzung durch das Paar *agôn-alea*, Wettkampf und Chance«, so dass mit der Heraufkunft einer Hochkultur jedes Mal »eine merkliche Regression der Kräfte von Rausch und Verstellung« verbunden ist (SuM 110 f.). Kurzum: Der antiken Kultur Griechenlands soll es gelungen sein, sich aus der Herrschaft von Rausch und Verstellung zugunsten von Wettkampf und Chance zu lösen und dadurch erst eigentlich die progressive Entwicklung zu den Hochkulturen der europäischen Hemisphäre ermöglicht zu haben.

Dagegen hätten es zeitgenössische außereuropäische Gesellschaften nicht vermocht, dem ateleologischen Regime von *mimicry* und *ilinx* zu entraten. Daraus ergibt sich die Gegenüberstellung zweier hierarchisch angeordneter Kulturtypen: Die Hochkultur habe es zu staatlicher und militärischer Organisation, Bürokratie, technischer, ökonomischer und wissenschaftlicher Evolution gebracht. Dagegen sei der archaische und primitive Kulturtypus, in dem Rausch und Verstellung vorherrschend seien, über die Entdeckungen der neolithischen Revolution: Ackerbau, Viehzucht, Töpferei und Weberei nicht eigentlich hinausgekommen. Der eine ist der Kulturtypus der Akkumulation und der Produktivität, der andere einer des Mangels: ohne Staat, ohne Gesetz, ohne Geschichte, ohne fortgeschrittene Technik usw.

Mit der Gegenüberstellung von stagnierenden und akkumulierenden Kulturen krankt auch die Spieltheorie Roger Caillois', wie schon die Kultur- und Spieltheorie Johan Huizingas, an einem unreflektierten Ethnozentrismus, der einer genauen Analyse der »Quellen des Widerstands gegen die Entwicklung« aus dem Weg geht.

Claude Lévi-Strauss: Fußball in Neuguinea

Lévi-Strauss macht den Willen zu sozialer Kohärenz und Gleichheit für den Widerstand gegen den Staat und das Konkurrenzprinzip verantwortlich. Dabei handelt es sich um einen Widerstand gegen eine staatliche Ungleichheit, den er bezeichnenderweise am Beispiel der Einführung des agonalen Fußballspiels in Neuguinea bei den Gahuku-Kama durch Missionare vor Augen führt: Die Einheimischen »haben von den Missionaren fußballspielen gelernt, doch statt den Sieg einer Mannschaft anzustreben, spielen sie so viele Spiele, bis die Zahl der Niederlagen und Siege genau im Gleichgewicht ist. Das Spiel endet nicht wie bei uns, wenn es einen Sieg gibt, sondern wenn feststeht, daß es keinen Verlierer gibt.« (DkD 358) Es gibt demnach ganz andere Modalitäten des Spielens, die Wert auf die soziale Balance und das Gleichgewicht legen und sich dadurch Verlierer und Gewinner ersparen. Einen weiteren möglichen Widerstand, und zwar »gegen die Instrumentalität« und gegen die technische Entwicklung, macht Lévi-Strauss mit einem anders gewichteten Verhältnis zwischen Natur und Kultur und dem Hinweis darauf geltend, dass die »bedingungslose Priorität der Kultur vor der Natur« außerhalb der westlichen Industrienationen nicht zu finden sei. Lévi-Strauss führt indianische Gesellschaften (die Menomini) an, die sich von wildwachsendem Reis ernährten, obwohl sie mit den landwirtschaftlichen Techniken ihrer irokesischen Nachbarn bestens vertraut waren, und zwar »aus dem einzigen Grund, weil es ihnen verboten war, ›ihre Mutter Erde zu verwunden‹« (DkD 360).

Diese wenigen Streiflichter machen deutlich, dass für Lévi-Strauss sowohl Huizinga als auch Caillois über die jeweils fremden Kulturen mit dem Bewertungssystem und vom Standort der eigenen Kultur urteilen: Als kumulativ wird dann jede Kultur bezeichnet, »die sich in der gleichen Richtung wie unsere eigene entwickelt, deren Entwicklung also für uns eine *Bedeutung* hat, während die anderen Kulturen uns als stationär« erscheinen, weil wir sie »mit den Begriffen unseres eigenen Bezugssystems« messen (DkD 381 f.). Eine Relativitätstheorie der Kultur, wie Lévi-Strauss sie skizziert, muss dagegen davon ausgehen, dass das Ausmaß und die Erfahrung von Geschwindigkeit bei der Fortbewegung von Körpern – von progressiven oder unbeweglichen Kulturen – zuallererst eine Sache des Standorts des Beobachters ist: So liegt es auf der Hand, dass wir bei einem parallel fahrenden und mit ähnlicher Geschwindigkeit an uns vorbeifahrenden Zug deutlich mehr Informationen erhalten, als bei einem Zug, der in großer Geschwindigkeit und aus entgegenkommender Richtung an uns vorbeirauscht. Dieser Zug erweist sich bestenfalls als eine »vorübergehende Störung unseres Gesichtsfeldes«; wir sammeln keine Informationen über ihn, geschweige denn über seine Insassen, und daher bedeutet er uns auch nichts. Wann immer wir eine Kultur als primitiv, rückständig, »inert oder stationär qualifizieren, müssen wir uns also fragen, ob dieser scheinbare Immobilismus nicht von unserer Unkenntnis ihrer tatsächlichen, bewußten oder unbewußten Interessen herrührt und ob diese Kultur, da sie andere Interessen als unsere eigene hat, nicht uns gegenüber der gleichen Täuschung unterliegt« (DkD 384).

VIII. Die Dinge zwischen uns

In seinem sokratischen Dialog über Haushaltsführung widmet Xenophon der Frage der Vergrößerung des Hauses seine ganze Aufmerksamkeit. Dieser ökonomischen Aufgabe wird die spezifische Ordnung der Dinge (*chrêma*) untergeordnet, die sowohl am alltäglichen als auch am rituellen Gebrauch orientiert ist. Die Taxonomie und Mnemotechnik des Hauses, dass sich nämlich alle Dinge an ihrem je eigenen Platz befinden und zum sofortigen Gebrauch (*chrésthai*) anbieten, macht nach Xenophon die *dynamis oikía*, die Fähigkeit des Hauses aus. Nun sprechen wir zwar lebendigen Personen oder Tieren Fähigkeiten, unlebendigen Dingen und gar Häusern jedoch lediglich Eigenschaften zu. Wer leblosen Dingen, Artefakten, Instrumenten oder Bildern eine Handlungs- und Affektmacht zuschreibt, der gerät leicht in den Verdacht des Fetischismus und der Idolatrie. Dinge sind bloße Dinge, passive Verfügungs- und Transmissionsobjekte, die wir kaufen, tauschen, gebrauchen, bewegen, vergessen und vernichten, wahrnehmen oder vorstellen können. Schon weil die meisten Dinge, mit denen wir heute umgehen, keine Naturdinge, sondern hergestellte Dinge sind, industriell gefertigte, normierte und designte Dinge, mit einer eigenen Physiognomie, einem Eigennamen, Label und »Funktionszusatz« (SO 191), verstehen wir uns als diejenigen, die die Dinge gebrauchen und verbrauchen. Jede Umkehrung dieses Verhältnisses, bei dem wir von den Dingen gebraucht oder wahrgenommen würden, müssten wir entschieden in das Reich des Traums und der Fabel verweisen. Aller aufgeklärten Religionsphilosophie und kritischen Erkenntnistheorie zum Trotz ist gegenwärtig jedoch häufig von einer »Kraft« oder »Macht der Dinge« die Rede; und dies nicht nur im Zusammenhang mit sakralen Objekten, auratischen Kunstwerken oder libidinös besetzten Fetischen, sondern auch im Hinblick auf alltägliche und technische Dinge wie Türen und Schlüssel, Vakuumpumpen oder Zellkulturen. Mit Bruno Latours Akteur-Netzwerk-Theorie, Hans-Jörg Rheinbergers Untersuchungen zu den »epistemischen Dingen«,[217] Michel Serres' Theorie der »Quasi-Objekte«,[218] Hartmut Böhmes[219] und Karl-Heinz Kohls[220] Studien zum inner- und außereuropäischen Fetischismus oder Michael Niehaus' *Buch der wandernden Dinge*[221] bildet die Frage nach dem Ding zweifellos einen wichtigen Schwerpunkt gegenwärtiger kulturwissenschaftlicher Debatten. Namentlich die Akteur-Netzwerk-Theorie von Bruno Latour scheint mit ihrem Schlüsselwort der *agency* den Dingen und nichtmenschlichen Wesen eine ominöse Eigenmacht und Eigenaktivität zusprechen zu wollen und zugleich eine Vielzahl von modernen und technischen Dingen entdeckt zu haben, die als Hybride, Mittler und Aktanten die festgefügten Grenzen zwischen Person und Sache, Subjekt und Objekt, Mensch und Ding unterlaufen. Nicht selten stellen sie eigentümliche Grenzobjekte und Mischwesen dar, die weder als Naturobjekte noch als kulturelle Dinge, weder als eindeutig belebt noch als unbelebt gekennzeichnet werden können, wie etwa die Myriaden von Zellen, die als Zell- und Gewebekulturen außerhalb von Körpern zu verschiedenen Zwecken gezüchtet und gelagert werden. Die Dinge sind, so scheint es zumindest in vielen Fällen, keine indifferenten, fügsamen und willfährigen Objekte, die der uneingeschränkten Handlungs- und Verfügungsmacht der Subjekte unterstehen, sondern mit einem Eigensinn und Eigengewicht ausgestattet: In Michel Serres' Konzept der Quasi-Objekte knüpfen, stabilisieren und zerstören sie unterschiedlich konnotierte Beziehungen, die zwischen Menschen bestehen. Die Objekte, die sich zwischen uns befinden, sind keine bloßen Knechte und dienenden Werkzeuge, sondern »erstaunliche Bildner von Intersubjektivität«, wie Serres am Ballspiel, aber auch an sakralen, ökonomischen, zeichenhaften, agonalen und kriegerischen Gegenständen zeigt:[222] Die Statue in einer Prozession, die Ware, das Geld, die Trophäe oder die Waffe:[223] Solche Quasi-Objekte werden zweifellos von Menschen gemacht und zusammengehalten; zugleich aber haben sie die Kraft, »Menschen und Nicht-Menschen zusammen und andauernd zu halten«, wie Bruno Latour anlässlich des Projekts einer automatisierten Metro unterstreicht.[224] Die Kristallisation von Sozialität bzw. Intersubjektivität in einer bestimmten Situation zeichnet sich durch verschiedene kulturelle Verknüpfungs- und Verkettungstypen aus, in denen Dinge, Menschen, Zeichen, Tiere, Artefakte, Verkehrstechniken und Medien als gemeinsam Handelnde und als Kollektiv in Erscheinung treten.

Nun beklagen die beiden wichtigsten Stichwortgeber dieser Debatte, Bruno Latour und Michel Serres, von der bisherigen philosophischen und soziologischen Theoriebildung im Stich gelassen worden zu sein, die nichts über eine Kraft der Dinge zu sagen und das Ding stattdessen auf ein bloßes Objekt der Erkenntnis bzw. auf einen Gegenstand der Vorstellung reduziert haben: »Wir besitzen Hunderte von Mythen, die erzählen, wie das Subjekt (oder das Kollektiv oder die Intersubjektivität oder die Episteme) das Objekt konstruiert [...]. Wir haben jedoch nichts, um den anderen Aspekt der Geschichte zu erzählen: wie das Objekt das Subjekt schafft.«[225] Sieht man einmal davon ab, dass es mit bloßen Umkehrungen und Machtwechseln zwischen Subjekt und Objekt nicht getan ist, so erweist sich dieser Vorwurf als einigermaßen ungerechtfertigt. Mit Nietzsches Hinwendung zu den »kleinen und nächsten Dingen« (KSA 2, 541 f.; KSA 8, 583, 588), Simmels und Benjamins Mikrologien,[226] Husserls Phänomenologie der Wahrnehmungsgegenstände, Heideggers frühen Zeug- und späten Dinganalysen oder Barthes' Semiologie der Objekte gehören die alltäglichen Dinge, zumindest für eine im weitesten Sinne phänomenologische Traditionslinie, zu einem der wichtigsten Themenfelder des letzten Jahrhunderts. Diese »Parteinahme für die Dinge«[227] gilt freilich nicht so sehr den technischen und industriell gefertigten Dingen, den Gütern und Waren der seriellen Massenproduktionen. Vor dem Hintergrund solcher moderner Dingwelten betreiben zumindest einige der genannten Autoren vielmehr eine unzeitgemäße Rettungsethnologie jener singulären, von Hand gearbeiteten, versprengten und verwitterten Dinge, die an die Ränder von Aisthesis, Alltag und Ästhetik abgedrängt worden sind. Insofern dabei jedoch die Frage nach der »Kraft der Dinge« und das heißt auch der Beitrag der Dinge bei der Bildung von Subjektivität, Mitsein und Sozialität im Mittelpunkt steht, können die einschlägigen Analysen von Martin Heidegger, Georg Simmel und Roland Barthes als Wegbereiter einer Kulturtheorie der Dinge in Anspruch genommen werden.

VIII.1 Martin Heidegger: Zeuggebrauch

In *Sein und Zeit* (1927) versucht Heidegger mit seiner Zeuganalyse eine »vorthematische Seinsart des Seienden« und damit zugleich die Grundverfassung des Daseins als In-der-Welt-sein freizulegen, die der theoretischen Erfassung als dem nur »hinsehenden« Blick auf die bloßen Dinge entgeht (SuZ 59). Heidegger bestimmt das alltägliche In-der-Welt-sein des Daseins in seinem praktischen Verhalten als »hantierendes, gebrauchendes Besorgen«, das darin begegnende Seiende als »Zeug« und dessen Sein als »Zuhandenheit«. Es ist schon vielfach bemerkt worden, dass Heidegger dabei das Ding gegen das Zeug, die *res extensae* gegen die *chrêma*, die Praxis gegen die Theorie ausgespielt und die Praxis selbst wiederum auf die Poiesis, die handwerkliche Herstellung von etwas, reduziert.[228] Drei Gesichtspunkte sind allerdings an Heideggers Zeuganalyse im Hinblick auf die Frage nach der Kraft der Dinge, vor allem auch in ihrer sozialitätsstiftenden Dimension, bemerkenswert. (1) In der »durchschnittlichen Alltäglichkeit« ereignet sich Mitsein durch und vermittels des im weitesten Sinne »handlichen und verfügbaren Zeugs« (SuZ 69). Im hergestellten Schuhwerk »liegt die Verweisung auf den Träger und Benutzer« (SuZ 70 f.); »das benutzte Buch ist gekauft bei« bzw. »geschenkt von«, »das verankerte Boot am Strand verweist auf einen Bekannten, der damit seine Fahrten unternimmt, aber auch als ›fremdes Boot‹ zeigt es Andere«. Kurz: all »diese ›Dinge‹ begegnen aus der Welt her, in der sie für die Anderen zuhanden sind«, wie umgekehrt die Anderen in und über die Dinge begegnen, mit denen sie hantieren, die sie hinterlassen, berühren, überreichen, verkaufen usw. (SuZ 118), ja, in denen sie auf gewisse Weise selbst »›sind‹« (SuZ 71). Anders gesagt, das alltägliche Mitsein ist eine zeughafte Fremderfahrung des Anderen. (2) Das Sein des Zeugs bemisst sich daran, dass es niemals singulär auftritt, sondern je schon einem »Zeugganzen« zugehört, in dem es erst sein kann, was es ist, nämlich »etwas, um zu ...«. Unterschiedliche Modi des »›Um-zu‹ wie Dienlichkeit, [...] Verwendbarkeit, Handlichkeit konstituieren eine Zeugganzlichkeit«, in deren Struktur »eine Verweisung von etwas auf etwas [liegt]«. Zeug ist Zeug nicht nur aus der Zugehörigkeit zu anderem Zeug; das Um-zu der Einrichtungsgegenstände etwa eines Zimmers wird als Wohnzeug und das heißt immer schon als Zeugganzheit entdeckt, das damit bestimmte – man ist trotz Heideggers Reserven gegenüber dem Kulturbegriff versucht zu sagen: kulturell bevorzugte – Gebrauchs- und Verwendungsweisen vorzeichnet, andere dagegen marginalisiert (SuZ 70): Die alltäglichen Dinge selbst legen in dem Kontext, in dem sie sich jeweils befinden, spezifische Handhabungen, Gebrauchs- und Verwendungsweisen nahe. Anders gesagt gehören solche Gebrauchsweisen zum jeweiligen Zeug und Zeugganzen mit dazu. (3) Heidegger attestiert dem »praktischen Verhalten« seine ganz eigene Sicht. Weit davon entfernt, atheoretisch oder blind zu sein, unterstellt sich der Zeuggebrauch »der Verweisungsmannigfaltigkeit des ›Um-zu‹« und findet darin eine »Umsicht«, die als »Sich-Verstehen-auf« den »gebrauchend-hantierenden Umgang« selbst führt und sichtet. Für Heidegger steht in diesem Zusammenhang ein unaufdringliches und unauffälliges »Ansichhalten des Zuhandenen« auf dem Spiel, das die unbefragte und vertraute Selbstverständlichkeit und damit die eigentliche Zuhandenheit des Zeugs auszeichnet (SuZ 69, 75, 80). In den Stör- und Unfällen des alltäglichen Zeuggebrauchs, in denen sich das Zeug hingegen als beschädigt, unbrauchbar, unhandlich oder fehlend erweist, nimmt es eine eigentümliche Seinsart an, die zwischen der eigentlichen Zuhandenheit des Zeugs und der Vorhandenheit bloßer Dinge angesiedelt ist. Denn das solchermaßen unbrauchbar gewordene Zeug bringt in den verschiedenen Modi der Auffälligkeit, Aufdringlichkeit und Aufsässigkeit am Zuhandenen selbst »den Charakter der Vorhandenheit zum Vorschein« (SuZ 74). Heideggers Phänomenologie der Störung ist vorderhand daran interessiert, die Defizienz und Sekundarität der Seinsart des bloß Vorhandenen vor Augen zu führen. Doch die Unverfügbarkeit des Zeugs leistet auf den zweiten Blick der Entdeckung einer gewissen Kraft der Dinge Vorschub, und zwar in doppelter Hinsicht: Wo immer sich das Zeug aus seiner Zweckdienlichkeit zurückzieht, macht es überhaupt erst seine vertraute Handhabbarkeit augenfällig und seine impliziten Gebrauchsanweisungen explizit. Es stößt die Gebrauchenden in die Leere eines fehlenden Zeugs, in das also, was sie jeweils ohne Zeug sind. Ferner kündigt sich in dem Rückzug des Zeugs aus seiner Zuhandenheit eine Widerständigkeit, Unzugehörigkeit und Fremdheit des Dings an, insofern es nicht restlos darin aufgeht, dem Dasein und Mitsein dienlich zu sein.

Spätestens die Kunstwerkabhandlung von 1935/36 zeugt von einer in diesem Sinne präzisierten Dingbestimmung, wenn dem bloßen Ding nunmehr – im Unterschied zur Verlässlichkeit des Zeugs (UdK 19) – in seinem »zu nichts gedrängtem Anwesen« dieselbe »Selbstgenügsamkeit« zugesprochen wird wie dem Kunstwerk (UdK 13). Gegenüber den traditionellen und »gewalttätigen« Dingauslegungen, die das Ding als Träger seiner Merkmale, als geformter Stoff oder als Objekt für ein Subjekt bestimmen, ist es Heidegger jetzt darum zu tun, dem Dinghaften des Dings »ein freies Feld zu gewähren«, es in seinem »Insichruhen [zu] belassen« und »in der ihm eigenen Standhaftigkeit hinzunehmen« (UdK 9-12). Dieses Ansinnen wird noch dadurch verstärkt, dass die »Eigenwüchsigkeit« des Dings ausgehend von der Physis gedacht wird, während Zeug und Kunstwerk ganz auf die Seite der Poiesis gestellt werden und dem Kunstwerk sogar zugetraut wird, Wahrheit ins Werk zu setzen und solchermaßen geschichtsgründend zu sein (UdK 63). Krug, Axt und Schuhe sind damit keine bloßen Dinge (UdK 12), sondern von der Seinsart und »Verlässlichkeit« des Zeugs, wie es nunmehr heißt.

Es ist freilich ein handwerklich hergestellter Krug, dem Heidegger in dem ersten seiner vier Bremer Vorträge von 1949 mit dem Titel *Das Ding*, unter der Voraussetzung der technischen »Vernichtung« und »Vernutzung« der nächsten Dinge (DD 5, 9) und namentlich der Zerstörung des »ursprünglichen Wohnens des Menschen«, seine Aufmerksamkeit schenkt. Es ist ihm um ein Nachdenken über die Möglichkeit des angemessenen Gebrauchs bestimmter Dinge zu tun, auch wenn oder gerade weil mit der Ent-fernung jeder Entfernung durch Flug- und Fahrzeuge, Kino, Rundfunk und Fernsehen »alles« in das »gleichförmige Abstandslose« (DD 3 f.) zusammengebracht worden sei und daher die Erfahrung der Nähe und der Ferne dessen, was *ist*, ausbleibe. Ein nächstes und singuläres Ding, der Krug, soll in eine Erfahrung des Wesens der Nähe weisen. Heidegger jedenfalls ist es um das »Insichstehen« des Kruggefässes zu tun; um ein »Insichstehen« dieses einen exklusiven Dings. Durch den Begriff der Herstellung werde es ebenso verfehlt wie durch das erkenntnistheoretische Konzept des Dings als eines Gegenstands der Vorstellung oder durch eine physikalische Bestimmung des Krugs als eines mit Luft gefüllten Hohlraums (DD 6 ff.). Heidegger findet in der *res* jene *realitas*, »die den Menschen in irgendeiner Weise angeht«, und in der *causa*, »eigentlich und zuerst« nicht die Ursache, sondern dasjenige, was der Fall ist, was sich begibt und fällig wird (DD 14). Und in der Tat: *res* bedeutete genauso wie *prâgma* nicht zuerst »Ding«, sondern »Angelegenheit«, »Sache«, »ein Brennpunkt unserer Handlungsmöglichkeiten in einer bestimmten Situation«,[229] und hat in den romanischen Sprache mit italienisch *cosa* und französisch *chose* im Sinne von »Streitsache« und »Rechtssache« überlebt (DD 14). »*Res* bedeutet das Angehende« (DD 14), womit Heidegger, ohne es ausdrücklich zu sagen, auf den wörtlichen Sinn von *afficere* anspielt: ein An-Tun und An-Gehen (Affekt, Affektion, Widerfahrnis).[230]

Ohne sie als solche zu explizieren, sucht Heidegger das Krughafte des Kruges freilich in einer bestimmten rituellen Praxis, nämlich in dem Geschenk des Gusses, und schließt damit an die ältere und alimentäre Bedeutung des Wortes Schenken im Sinne von »etwas schräg stellen« »einschenken« an, wie man bei Jacob Grimm nachlesen kann.[231] Der Krug als Krug ist auf das Ausgießen »abgestimmt«, ja er empfängt »sein Wesen aus dem Geschenk« des Gusses, das im Einschenken für Sterbliche und im Opfern für Unsterbliche, also für Menschen wie Götter, bestimmt ist. Mit Hölderlin denkt Heidegger an ein »Ganze[s] Verhältniß, samt der Mitt«.[232] In dieser Mitte, in der die »Gegenden des Verhältnisses«, das Geviert von Himmel und Erde, von Sterblichen und Unsterblichen, zusammen- und auseinandergehalten werden, situiert Heidegger das Krugding und die mit ihm korrespondierende Praxis des Einschenkens und Opferns des Tranks. Dem zum Einschenken und Opfern gleichermaßen gebrauchten Krug traut er nicht nur zu, »Muße« und »Geselligkeit« und das heißt eine bestimmte Form des Mitseins zu stiften, sondern auch, das sterbliche vom unsterblichen Geschlecht zu trennen und zugleich im Modus eines respektvollen Kontakts miteinander zu verbinden.[233] Insofern im Guss des Weins Himmel und Erde in der »Frucht des Rebstockes [...] einander zugetraut sind« (DD 10 f.), hat das Trankopfer zudem die *dynamis*, die Gegenden von Himmel und Erde aufeinander zu und auseinander zu spannen. Diese unzeitgemäße Beschwörung einer erschöpften religiösen Praxis, die in mancherlei Hinsicht an eine rituelle Wiederholung des prometheischen Gründungsopfers bei Hesiod und in anderer Hinsicht an Schleiermachers Kunstwerk der Geselligkeit erinnert, hat doch zumindest eines für sich und bleibt darin auf gewisse Weise der Zeuganalyse von *Sein und Zeit* treu: Die Bedeutung und die Kraft eines Dings ist sein Gebrauch, der in rekursiven Schleifen stets beides ist – der Gebrauch der Dinge durch die Menschen und der Gebrauch der Menschen durch die Dinge –, wie man in Fortsetzung von Heideggers Analyse an dieser Stelle sagen könnte. Doch auch wenn das Ding durch seine spezifische Gestalt und »Designiertheit zum praktischen Zweck« (DH 347) des Einschenkens eine bestimmte Verwendungsweise vorzeichnet, so ist damit, wie man wiederum gegen Heidegger einwenden muss, noch nicht über seinen besonderen alltäglichen oder zeremoniellen Gebrauch entschieden, der in einem je verschiedenen Kontext, in einer gewissen Konstellation von Dingen und ihren je besonderen performativen Praktiken und Semantiken angesiedelt werden muss.

VIII.2 Georg Simmel: Der Henkel und das Geld

Auch Georg Simmel hat sich, allerdings knapp sechzig Jahre früher, in einer dichten Studie mit einem profanen Gegenstand, einer Vase, und, kleinteiliger noch als Heidegger, mit deren »Henkel« auseinandergesetzt, was ihm von Adorno den Vorwurf eingetragen hat, eine Soziologie des Kunstgewerblichen zu betreiben.[234] Dieser demokratische Einzug alltäglicher Dinge in die Sphären kultursoziologischer Reflexion ist allerdings von der Einsicht in die Unmöglichkeit einer olympischen Beobachterposition getragen, dem das Ganze, die Gesellschaft, von einem außerkulturellen Posten zugänglich werden könnte. Es sind die ästhetischen Experimente, die marginalen Lebensformen und versprengten Existenzen, die trivialen Dinge und »unscheinbare Phänomene« (DH 349), die Simmels Aufmerksamkeit in Bann gezogen haben, weil sich dem Theoretiker nur hier, an den kulturellen Rändern, da, wo Kultur mit sich differiert und uneins mit sich selbst ist, eine »Lücke« auftut, in der sich das »Ganze« in problematischen Hinsichten zu erkennen gibt.[235] Dabei kann Simmel – im Unterschied zu Heidegger – als Theoretiker der kulturellen Moderne gelten, der den Verkehrstechniken, dem großstädtischen Leben und nicht zuletzt der Kulturgeschichte der modernen Geldwirtschaft und des Geldes als eines Mediums von Relationen zwischen Dingen und Menschen, Dingen und Dingen, Menschen und Menschen, just um 1900 ausgedehnte Analysen gewidmet hat; Analysen, vor deren Hintergrund die 1905 in der Berliner Zeitung *Tag* erschienene Studie über den Henkel erst ihr eigenes Gewicht erhält.

An der Vase, mit Henkel, imponiert Simmel, dass es sich dabei um ein Artefakt und Grenzobjekt handelt, das zwei verschiedenen Welten angehört: Die ästhetisch gestaltete Vase partizipiert an der Eigenexistenz, Selbstgenügsamkeit und »Geschlossenheit des Kunstwerks« (PG 630), dem durch Bilderrahmen und andere Grenzziehungen eine Abschirmung von der realen Außenwelt und so eine Konzentration auf sich selbst eingeräumt wird. Zugleich hat sie – und dies vor allem durch das eigentümliche Element des Henkels – Teil an dem von Heidegger so bezeichneten Wohnzeug, das durch Zweckmäßigkeit und Dienlichkeit charakterisiert ist. Die Vase mit Henkel bringt die beiden kulturell voneinander getrennten Bezirke der Autonomie des Kunstwerks und der Funktionalität des Gebrauchsgegenstands, kurz: »inselhafte Unberührsamkeit« und umwelthafte »Hantierung« – das Greifen, Kippen, Ausgießen – in einem einzigen Objekt zusammen (DH 345 f.). Diese Doppelstellung der Vase, nämlich als Kunstwerk »gleichgültig gegenüber ihrem praktischen Zwecksinn« zu sein und als Gebrauchsgegenstand zugleich gebraucht werden zu können und dies auch »durch seine Erscheinung« kenntlich zu machen (DH 346), tritt nirgendwo deutlicher als im Design des Henkels zutage, dem die Aufgabe der Vermittlung des Kunstwerks der Vase in die Welt hinein obliegt. Von dieser Aufgabe ausgehend gewinnt Simmel das »Prinzip des Henkels«, das ihm bei der Durchmusterung verschiedener Henkelgestaltungen als Leitfaden dient. Die beiden entgegengesetzten, aber komplementären Varianten – diejenige, bei der der Henkel »mit der Substanz des Vasenkörpers« von innen heraus, wie »aus einem Fluss gebildet« (DH 346), und die andere, bei der der Henkel »durch eine übertriebene Abtrennung von der Eindruckseinheit der Vase« (347) gelöst ist – erscheinen ihm als die misslungensten Umsetzungen des Henkelprinzips. Sowenig die ästhetische Eigenwilligkeit der Vasenform die »Zweckmäßigkeit des Henkels dementieren« darf, sowenig darf die dem Henkel zugedachte »Sprache des Materials« sich von dem Gefäßkörper so vollständig lösen, dass die »feine und labile« (DH 348) Interaktion zwischen den beiden kulturell geschiedenen »Ordnungen der Dinge« unterbrochen wird (DH 349). In dem einen Fall ist die Familiarität, in dem anderen die Heterogenität zwischen der Sphäre des Kunstwerks und der des Gebrauchsgegenstands zu groß. Dafür stehen zum einen »chinesische Schalen, deren Henkel aus dem kalten Metall herausgeschnitten sind« (DH 347), und zum anderen japanische Bronzevasen, bei denen das Porzellanimitat von strohgeflochtenen Henkeln dem Vasenkörper wie ein Fremdkörper umlegt wird (DH 348). Wie die Brücke oder Haustür, so ist auch die Gestaltung des Henkels eine Sache der glücklichen Gestaltung von »Zwischenräumen« und »Intervallen« (DH 346), in denen Getrenntes verbunden werden muss oder besser noch: die durch eine spezifische Kunst der Trennung verbinden müssen. Diese Aufgabe scheint für Simmel in all jenen Fällen geglückt, wo der Henkel – in Form einer gewundenen Schlange, Eidechse oder eines Drachens – von »äußeren Mächten, aus einer äußeren Ordnung der Dinge«, an die Vase herangetragen worden ist, um die »reine Kunstform der Vase« desto deutlicher hervortreten zu lassen (DH 346). Man kennt solche Stücke seit der Mitte des 19. Jahrhunderts aus der Porzellanmanufaktur Meissen. Simmels eindeutige Favoriten sind jedoch flache Schalen, wie sie sich aus der alten mittelamerikanischen Kultur erhalten haben, die wie ein Blatt mit Stiel wirken.

In einer ziemlich abrupten Wendung gerät ihm der Henkel schließlich zum Symbol der Individuen, die zwischen den widerstreitenden Anforderungen des Drinnen und Draußen, Staat und Familie stehen. Der Staat hantiert mit jedem einzelnen Mitglied der Familie, gewissermaßen wie ein Drache aus einer anderen Welt, um seiner eigenen »Zwecke willen«. Will der Einzelne nicht auf einen staatlichen Gebrauchsgegenstand reduziert werden, tut eine »Lebenskunst« not, die ihm Zugang zu einer Sphäre offenhält, die, wie Geselligkeit und Gesellschaftsspiel, um ihrer selbst willen existiert. Der Einzelne selbst muss Henkel, allerdings ein kunstvoll gestalteter Henkel werden, der durch seine »Bereitheit zu de[n] praktischen Aufgabe[n]« von Staat und Beruf »die Formeinheit« des familiären Kreises nicht »durchbrechen«, sondern mit seiner Lebenskunst selbst eine »vermittelnde Brücke« zwischen den beiden »Ordnungen der Dinge« bilden soll, so dass die »Bindung« nach der einen Seite zugleich »Lösung ist, weil ihr die Bindung« nach der jeweils anderen Seite offensteht (DH 349). Wäre der Henkel in diesem Sinne bloß Symbol und Sinnbild individueller Lebenskunst, wäre für die Frage nach der »Kraft der Dinge« nicht viel gewonnen. Allerdings spricht Simmel von einem »Lebensreichtum der Menschen und der Dinge, der doch in der Vielfachheit ihres Zueinandergehörens ruht« (DH 349).

Simmels *Philosophie des Geldes* kann deutlicher machen, worin genau dieses Zueinandergehören von Dingen und Menschen besteht. Das Geld, das Aufkommen der Geld- und Kreditwirtschaft, hat das eine für sich, nämlich »den Kern der Dinge, ihre Eigenart, ihren spezifischen Wert, ihre Unvergleichlichkeit rettungslos ausgehöhlt«[236] zu haben. Diese Nivellierung, diese »Gleichgültigkeit gegen individuelle Eigenheiten« erstreckt sich ebenso auf alle einzelnen Menschen. Eine weitere Folge des modernen Geldverkehrs, der in alle Lebensbereiche und Teilsysteme eindringt (PH 676), ist die Distanzierung von den Dingen und der Menschen untereinander: »Die Geldhaftigkeit der Beziehungen schiebt eine unsichtbare, funktionelle Distanz zwischen die Menschen«: »wie sich das Geld zwischen Mensch und Mensch schiebt, so zwischen Mensch und Ware« (PH 665). Nun ist Distanz für Simmel allerdings die Voraussetzung für Bindung und Verbindung; Ineinander ist nur im Auseinander möglich; Pathos nur *par distance*.[237] Erst wenn Menschen und Menschen nicht mehr familiär zwangsverbunden, sondern durch den Einfluss des Geldes auseinandergetreten sind; erst wenn die Dinge den Charakter des Äußerlichen, Fremden, Autonomen und Eigenbeweglichen angenommen haben und nicht mehr persönlich eingefärbt, wenn also auch »Dinge und Menschen auseinandergetreten sind«, tun sich Möglichkeiten für ein neues Zusammengehören von Menschen und Menschen und von Dingen und Menschen auf. Auch wenn die Dinge, »die unser Leben sachlich erfüllen und umgeben, Geräte, Verkehrsmittel, die Produkte der Wissenschaft, der Technik, der Kunst [...] unsäglich kultiviert« sind, so ist doch die »Kultur der Individuen« dahinter zurückgeblieben (PG 620). Das geht mit Entfremdungserfahrungen, dem »Gefühl der Unfreiheit den Objekten gegenüber« einher (PG 638). Das Übergewicht der objektiven Kultur gegenüber der subjektiven Kultur bezeichnet für Simmel die Krise der Moderne.[238] Zugleich eröffnet sie Chancen für neue Formen der Kultivierung, namentlich was die Beziehung von Menschen und Dingen angeht.

Als der spätere Industriedesigner Raymond Loewy 1919 erstmals in New York eintraf, war er »fassungslos über die unerhörte Diskrepanz zwischen der überragenden Qualität vieler amerikanischer Produkte und ihrer unförmigen, schwerfälligen, ja häßlichen und schreienden Aufmachung«.[239] In diesem Zwiespalt, der sich zwischen der objektiven Kultur und ihrer Außenseite bzw. Oberfläche auftut, findet Simmel einen Spielraum für Stilisierungen, die nicht nur die Wechselwirkungen zwischen den Individuen, sondern auch diejenigen zwischen Individuen und Dingen kultivieren könnten, Wechselwirkungen, in denen Dinge und Menschen aufeinander einwirken und zugleich durcheinander bewirkt werden. Dabei geht es Simmel nicht um stilisierende Praktiken, die aus dem Individuum und den Dingen ein einzigartiges Kunstwerk machen. Stil ist vielmehr diejenige Formgebung, die die »Einzigkeitsbedeutung verneint« und sich an der »Originalitätsgrenze des Individuums« befindet, wie Simmel in *Das Problem des Stils* unterstreicht. Stil ist die überindividuelle Gestaltung der Gebrauchsgegenstände, auch und gerade unter Bedingungen ihrer Reproduzierbarkeit, dass nämlich »unzählige Stoffe und Schmuckstücke, Stühle und Bucheinbände, Leuchter und Trinkgläser nach je einem Modell unterschiedslos produziert werden«. Weil sich die alltäglichen Dinge, die zwischen uns sind, »die gebraucht und verbraucht, gerückt und herumgereicht werden«, an »das Allgemeine, Generelle in uns wenden, an das mit vielen Geteilte«,[240] dürfen sie gerade nicht persönlich eingefärbt, sondern müssen in einem allgemeinen Stil designt sein. Das erinnert in mancherlei Hinsicht an die Forderungen einer neuen Sachlichkeit, wie sie das Gründungsmanifest des Werkbundes von 1907 und das Bauhausmanifest von 1918, durchaus im Sinne dauer-»sezessionistischer Reinheitsbewegungen«, formuliert haben.[241] Mit dem von Walter Gropius formulierten Anspruch der Vereinigung von Kunst und Handwerk wird nicht nur die Trennung zwischen ästhetischer Erfahrung und Funktionalität obsolet; das Kunstgewerbliche zieht ein ins alltägliche Leben und verspricht eine neue, egalitäre Auf- und Verteilung von Stilen und Lebenskünsten.[242] Weil sich die Kultivierung der Subjekte und der intersubjektiven Beziehung nur über und durch die Objektwelt vollzieht, ist beispielsweise die stilistische Gleichartigkeit der Gläser und Gedecke bei Tisch und deren gleichmäßiger proxemischer Abstand für Simmel nicht nur ein Symbol für die egalitäre Verteilung der Nahrung und Gleichheit der sozialen Positionen. Von der formalen Egalität dieser Gebrauchsdinge geht vielmehr eine konstitutive Kraft aus, die die demokratische Verfasstheit der Tischgesellschaft selbst konfiguriert (SdM 143 f.). Die Stilisierung der Gebrauchsdinge und die Kultivierung des alltäglichen Lebens eröffnen damit Möglichkeiten, den Hiatus zwischen objektiver und subjektiver Kultur zu schmälern und das »Zueinandergehören« von Menschen und Dingen (DH 349) so zu gestalten, dass »wie in einem Gemälde jeder Farbfleck nicht nur mit dem benachbarten in Relation steht, sondern mit jedem anderen derselben Leinwand, und dadurch jenes Netzwerk von Gegenständen, Synthesen, Steigerungen entsteht, das wir als die ›Notwendigkeit‹ im Kunstwerk ausdrücken, d.h. als die Unerläßlichkeit eines jeden Teiles, weil *jeder* andere eben dieser bestimmte ist, und zwar wechselseitig«[243]. Simmels Ding-Mikrologien können demnach als Versuch verstanden werden, die soziologischen Zauberworte der Wechselwirkung und Wechselseitigkeit nicht nur für die Beziehungen zwischen Menschen, sondern auch für die Relationen zwischen Dingen und Menschen in Anschlag zu bringen. Simmel findet damit auf die Grundfrage der Soziologie: »Wie ist Gesellschaft möglich?« eine neue Antwort, die lautet: kraft der Reziprozität zwischen Dingen und Menschen.

VII.3 Roland Barthes: Semantik der Objekte

Die Dinge stehen allerdings nicht für sich, beziehen ihre Bedeutung nicht nur aus ihren spezifischen Gebrauchs-, Verwendungs- und Stilisierungsweisen. Das Zeugganze, die Wechselwirkungen zwischen Dingen und Menschen, impliziert darüber hinaus eine spezifische »Semantik der Objekte«. In seinem gleichnamigen Essay widmet sich Roland Barthes in Anlehnung an Ferdinand de Saussures programmatische Skizzen zur Semiologie der Frage, wie all jene Dinge, die keine artikulierten sprachlichen Laute, sondern Gebrauchsobjekte sind, zu Sinn und Bedeutung kommen. Dabei legt er Nachdruck darauf, dass es keine »signifikanten Objektsysteme im Reinzustand« gibt. Das Reich der Objekte ist vom Reich der Zeichen nicht trennscharf geschieden. Die Sprache interveniert je schon, wo Objekte im Spiel sind; sie »greift immer als Relais an, namentlich in Bildersystemen wie Titeln, Bildunterschriften und Artikeln« (SO 187).[244] Objekte semiologisch in den Blick zu nehmen heißt, sie als eine Art Sprache anzusehen, und zwar im Sinne eines Zeichensystems, das aus »Unterschieden, Oppositionen und Kontrasten« gebildet ist. Ihre je spezifische Bedeutung erhalten die einzelnen Objekte somit nicht aus und durch sich selbst, sondern nur in dem Maße, in dem sie in einem differenziellen Spiel mit anderen Objekten stehen: Ein Stuhl ist ein Stuhl, weil er kein Tisch, kein Sofa, kein Schrank, kein Regal ist usf. Zunächst sucht Barthes die Konnotationen, die Bei- bzw. Nebenbedeutungen auf, die jeweils implizit mitschwingen, wenn wir es mit Objekten zu tun haben. Die »existentielle Konnotation« gilt dem Eigensinn und Eigenleben der Objekte, die außerhalb des Menschen existieren, einen unmenschlichen Zug annehmen und »ein wenig gegen den Menschen gerichtet sind« (SO 188). Barthes denkt dabei nicht, wie Heidegger, an die Tücken des Objekts, die Stör- und Unfälle, in denen die Undienlichkeit der Dinge zutage tritt, auch nicht an die durch den Geld- und Warenverkehr fremdgewordenen und unpersönlichen Dinge, wie Simmel, sondern an eine ästhetische Behandlung der Objekte, die deren monströses, unheimliches oder phantastisches Eigenleben betont. Dafür stehen Sartres *Der Ekel* oder das Theater Ionescos Pate, die beide das »außerordentliche Wuchern der Objekte« demonstrieren, die den wehrlosen Menschen angreifen und ihn zu ersticken drohen. Auf eine stilistisch noch andere Weise steht die Wider- und Eigensetzlichkeit der Objekte wiederum bei den Malern von Stillleben, bei manchen Regisseuren der Nouvelle Vague oder bei Schriftstellern des Nouveau Roman infrage. Die Objekte erscheinen wie auf sich selbst zurückgeworfen und werden in ihrer »strikten Erscheinung beschrieben«. In diesem ästhetischen Fürsich-sein der Objekte, in dem sie sich paradoxerweise in das »unendlich Subjektive« (der Darstellung) verflüchtigen und außerhalb jedes Gebrauchszusammenhangs gestellt sind, tendieren sie ebenfalls zur Absurdität und nehmen »den Sinn eines Unsinns« an (SO 188 f.). Die zweite Konnotation des Objekts, die überall mitschwingt, wo wir es mit Objekten zu tun haben, bezieht sich auf ihren »technologischen« Charakter: »Das Objekt wird dabei als das Hergestellte definiert; als bearbeitete, standardisierte, geformte und normalisierte, das heißt den Herstellungs- und Qualitätsnormen unterworfene Materie«, das »millionenfach, in Millionen Kopien in der Welt« reproduziert wird. Dabei verflüchtigt sich das Objekt nicht »ins unendlich Subjektive«, sondern ins »unendlich Soziale«.

Es ist eben diese Konnotation des Objekts, von der ausgehend Barthes die Semantisierung des Objekts in den Blick nimmt: Für gewöhnlich wird das Objekt als etwas verstanden, »das zu etwas dient«; es scheint vollständig in Funktionen aufzugehen, und zwar so sehr, dass es keine Objekte ohne Funktion und Zweckbestimmung gibt. Allerdings transportieren Objekte jeweils noch eine oder mehrere zusätzliche Bedeutungen, die ihren bloßen Zwecksinn und instrumentalen Charakter übersteigen. Das Telefon ist nicht einfach ein Telefon; es gibt weiße, altmodische, bürokratisch aussehende Telefone, die kraft ihres Aussehens und unabhängig von ihrem Funktionssinn »einen bestimmten Sinn des Reichtums, der Einfachheit, der Seriosität, der Phantasie usw. zur Schau stellen« (SO 190 f.). Die Objekte sind also nicht nur jeweils Zeichen ihrer eigenen Funktionalität, das darüber verfügt, dass »die Objekte zumindest immer sich selbst bedeuten«. Sie stehen zugleich noch für etwas anderes, bedeuten stets mehr als sich selbst. Mit der Situierung des Objekts an der Schnittstelle zweier Koordinaten versucht Barthes diesen Mehrwert genauer zu fassen. Bei der ersten, der »symbolischen Koordinate«, handelt es sich um den signifikanten Überschuss des Objekts, der darin besteht, als Signifikat für einen anderen Signifikanten zu fungieren. Das weiße Telefon verweist auf Reichtum, Luxus oder das Bordell; die in der Werbung gezeigte Lampe steht für die behagliche Entspannung am Abend; das abgenutzte und verschmutzte

Kleidungsstück für Obdachlosigkeit; das Glas Wasser auf dem Rednerpult ist das typische Zeichen für den Vortragenden (SO 191). Die überschüssigen Konnotationen, die über den bloßen Funktionssinn der Objekte hinausgehen, können unter bestimmten Umständen oder in gewissen medialen Arrangements auch zu Denotationen, zu Hauptbedeutungen werden. Barthes bezeichnet solche Umkehrungen als »Sinnverlagerungen« bzw. »metonymische Verschiebungen«: Die in der Werbung ausgestellte pralle Orange wird dann selbst zum Attribut für etwas anderes, für das Erfrischende und Durstlöschende einer Limonade (SO 193 f.) ohne Orangengeschmack oder ein Attribut des Erfolgs, der sich bei der Anwendung eines bestimmten therapeutischen Verfahrens gegen Cellulitis respektive Orangenhaut einstellen soll. Die zweite, »taxinomische Koordinate« verweist auf die Einteilung, Klassifikation, Anordnung und Sammlung der Objekte, auf den jeweiligen Kontext, in den die Objekte gestellt sind. Warenhäuser, Kataloge, Illustrierte, Archive, Asservatenkammern, Fundbüros, Leichenhallen, Fertigungshallen und Industriebetriebe, Müllhalden, Garagen oder Arbeitsämter verfügen über ganz unterschiedliche, räumlich konfigurierte Einteilungs-, Ordnungs- und Zugriffssysteme, die den platzierten, ausgestellten, verwahrten, verlorenen oder vernutzten Objekten eine spezifische Bedeutung verleihen, Bedeutungen, die ihnen außerhalb solcher taxinomischer Ordnungen nicht zukommen würden. Damit einher geht jeweils eine bestimmte Syntax der Objekte, die im alltäglichen Leben zumeist die Form der Parataxe, des Nebeneinanderstehens von Objekten annimmt. Je nachdem, um welche Objekte es sich handelt, kann etwa durch gewisse Arrangements von Möbeln ein geradezu »finaler Sinn«, können spezifische Stilisierungen des Landhausschicks oder des Britischen, wenn nicht ein stereotyper und starrer Sinn evoziert werden. Ohne Frage, »das Objekt ist polysemisch«, es steht verschiedenen, auch konfligierenden kulturellen Bedeutungszuweisungen und Lektüren offen (SO 195). Roland Barthes zieht aus diesen Überlegungen den Schluss, dass es in unserem Objektverständnis einen Widerstreit zwischen der Aktivität seiner Funktion und der Inaktivität seiner Bedeutung gebe. In diesem Kräftemessen obsiege die Bedeutungszuweisung, indem sie demjenigen, was eigentlich dem Bereich der Kultur entstamme, der Sinngebung, einen starren Platz zuweise und so der Natur zuspreche, kurz: einer »Naturalisierung des Kulturellen« Vorschub leiste:[245] »Die Funktion bringt das Zeichen hervor, aber dieses Zeichen wird in das Schauspiel einer Funktion zurückverwandelt. Ich glaube, gerade diese Umkehrung der Kultur in Pseudonatur kann die Ideologie unserer Gesellschaft definieren.« (SO 197) Ich würde eher zu einer andersgerichteten Schlussfolgerung neigen: Die in unserer Kultur vorherrschende Bedeutung und Zurichtung der Dinge als nützliche Gebrauchsdinge, die dem Selbstverständnis einer »totalen Domestikation der Objekte« (SO 197) entspricht, macht uns blind für ihre exzessive Polysemie, für ihren signifkanten Bedeutungsüberschuss, der im kulturellen Imaginären auf nahezu ungewusste, implizite und daher umso nachdrücklichere Weise die eigentliche »Kraft der Dinge« ausmacht.

Anhang

Siglen

John L. Austin

TdS	*Zur Theorie der Sprechakte* (*How to do Things with Words*), übers. v. Eike von Savigny, Stuttgart 1979.

Roland Barthes

MdT	»Die Macht der antiken Tragödie« (1953), in: ders., *Schriften zum Theater*, hrsg. v. Jean-Loup Rivière, übers. v. Dieter Hornig, Berlin 2000, S. 40-54.
SO	»Semantik des Objekts«, in: ders., *Das semiologische Abenteuer*, übers. v. Dieter Hornig, Frankfurt a.M. 1988, S. 187-198.
Wzl	*Wie zusammen leben. Simulationen einiger alltäglicher Räume im Roman. Vorlesung am Collège de France 1976-1977*, hrsg. v. Éric Marty, übers. v. Horst Brühmann, Frankfurt a.M. 2007.

Pierre Bourdieu

DzG	*Die zwei Gesichter der Arbeit. Interdependenzen von Zeit- und Wirtschaftsstrukturen am Beispiel einer Ethnologie der algerischen Übergangsgesellschaft*, übers. v. Franz Schultheis, Konstanz 2000.
TdP	*Entwurf einer Theorie der Praxis auf der ethnologischen Grundlage der kabylischen Gesellschaft*, übers. v. Cordula Pialoux, Frankfurt a.M. 1976.

Otto Brunner

DGH	»Das ›Ganze Haus‹ und die alteuropäische ›Ökonomik‹«, in: ders., *Neue Wege der Verfassungs- und Sozialgeschichte*, 2., vermehrte Aufl., Göttingen 1968, S. 103-127.

Roger Caillois

SuM *Die Spiele und die Menschen. Maske und Rausch*, übers. Sigrid von Massenbach, Frankfurt/M./Berlin/Wien 1982.

Cicero

Off. *De officiis. Vom rechten Handeln*, lateinisch/deutsch, hrsg. u. übers. v. Karl Büchner, Zürich 1994.

Michel de Certeau

KdH *Kunst des Handels*, übers. v. Rolland Vouié, Berlin 1988.

Norbert Elias

DhG *Die höfische Gesellschaft. Untersuchungen zur Soziologie des Königtums und der höfischen Aristokratie*, 9. Aufl., Frankfurt a.M. 1999.

Erving Goffman

Ir *Interaktionsrituale. Über Verhalten in direkter Kommunikation*, übers. v. Renate Bergsträsser/Sabine Bosse, Frankfurt a.M. 1986.

RA *Rahmen-Analyse. Ein Versuch über die Organisation von Alltagserfahrungen*, übers. v. Hermann Vetter, Frankfurt a.M. 1980.

Valentin Groebner

AH »Außer Haus. Otto Brunner und die ›alteuropäische Ökonomik‹«, in: Geschichte in Wissenschaft und Unterricht, Jg. 46 (1995), S. 69-80.

Martin Heidegger

SuZ Sein und Zeit, 15. Aufl., Tübingen 1984.

UdK »Der Ursprung des Kunstwerkes«, in: *Holzwege*, 6. Aufl., Frankfurt a.M. 1980, S. 1-72.

DD »Das Ding«, in: *Gesamtausgabe*, III. Abtl., Bd. 79, hrsg. v. Petra Jaeger, Frankfurt a.M. 1994, S. 5-23.

Johan Huizinga

HL *Homo Ludens. Vom Ursprung der Kultur im Spiel*, Hamburg 1956.

Immanuel Kant

KW *Kants Werke. Akademie-Textausgabe*, Berlin 1968.

Jacques Lacan

DSp »Das Spiegelstadium als Bildner der Ichfunktion wie sie uns in der psychoanalytischen Erfahrung erscheint« (1949), übers. v. Peter Stehlin, in: ders., *Schriften I*, 3. Aufl., Weinheim/Berlin 1991, S. 63-70.

Karin Lehmeier

OuO *Oikos und Oikonomia. Antike Konzepte der Haushaltsführung und der Bau der Gemeinde bei Paulus*, Marburg 2006.

Claude Lévi-Strauss

AkE »Kleine Abhandlung in kulinarischer Ethnologie«, in: ders., *Mythologica III: Der Ursprung der Tischsitten*, übers. v. Eva Moldenhauer, Frankfurt a.M. 1976, S. 504-532.

DkD »Die kulturellen Diskontinuitäten und die ökonomische und soziale Entwicklung«, in: ders., *Strukturale Anthropologie II*, übers. v. Eva Moldenhauer u.a., Frankfurt a.M. 1992, S. 351-362.

SdV *Die elementaren Strukturen der Verwandtschaft*, übers. v. Eva Moldenhauer, 2. Aufl., Frankfurt a.M. 1984.

WS »Die Wirksamkeit der Symbole«, in: ders., *Strukturale Anthropologie*, Bd. I, übers. v. Hans Naumann, Frankfurt a.M. 1977, S. 204-225.

Marcel Mauss/Henri Hubert

EM »Entwurf einer allgemeinen Theorie der Magie«, in: Marcel Mauss, *Soziologie und Anthropologie*, Bd. 1, übers. v. Eva Moldenhauer u.a., Frankfurt/M./Berlin/Wien 1978, S. 45-179.

Jean-Luc Nancy

Wng »Was nicht geopfert werden kann«, übers. v. Hans-Dieter Gondek, in: Iris Därmann/Christoph Jamme (Hg.), *Fremderfahrung und Repräsentation*, Weilerswist 2002, S. 47-80.

Friedrich Nietzsche

KG *Geschichte der griechischen Literatur (I und II)*, in: *Kritische Gesamtausgabe*, Vorlesungsaufzeichnungen, II. Abtl., Bd. 5 (WS 1874/75 – WS 1878/79), bearbeitet v. Fritz Bornemann/ Mario Carpitella, Berlin/New York 1995.

KSA *Kritische Studienausgabe*, hrsg. v. Giorgio Colli/Mazzino Montinari, München 1988.

Jacques Rancière

DäV »Schiller und das ästhetische Versprechen«, in: Felix Ensslin (Hg.), *Spieltrieb. Was bringt die Klassik auf die Bühne. Schillers Ästhetik heute*, Berlin 2006, S. 39-55.

Wilhelm Heinrich Riehl

DF *Die Familie* (1854), 3. Aufl., Stuttgart/Augsburg 1861.

Friedrich Schiller

SW *Über die ästhetische Erziehung des Menschen in einer Reihe von Briefen* (1795), in: *Sämtliche Werke*, Bd. V, hrsg. v. Gerhard Fricke/ Herbert G. Göpfert, 9. Aufl., München/Damstadt 1993.

Friedrich Schleiermacher

TdgB »Versuch einer Theorie des geselligen Betragens« (1799), in: *Schriften*, hrsg. v. Herman Nohl/Andreas Arndt, Frankfurt a. M. 1996, S. 65-91.

Georg Simmel

DH »Der Henkel. Ein ästhetischer Versuch«, in: *Aufsätze und Abhandlungen 1901-1908*, Bd. I, *Gesamtausgabe*, Bd. 7, hrsg. v. Rüdiger Kramme/Angela Rammstedt/Otthein Rammstedt, Frank. furt a.M. 1995, S. 345-350.

PG *Philosophie des Geldes*, hrsg. v. David P. Frisby/Klaus Christian Köhnke, Frankfurt a.M. 1989.

SdG »Soziologie der Geselligkeit«, in: *Aufsätze und Abhandlungen 1909-1918*, Bd. I, *Gesamtausgabe*, Bd. 12, hrsg. v. Klaus Latzel, Frankfurt a.M. 2001, S. 177-193.

SdM »Soziologie der Mahlzeit«, in: ders., *Aufsätze und Abhandlungen 1909-1918*, Bd. I, *Gesamtausgabe*, Bd. 12, hrsg. v. Klaus Latzel, Frankfurt a.M. 2001, S. 140-147.

Victor Turner

DR *Das Ritual. Struktur und Antikstruktur*, übers. v. Sylvia M. Schomburg-Scherff, Frankfurt/New York 2000.

Arnold van Gennep

Ür *Übergangsriten*, übers. v. Klaus Schomburg/Sylvia M. Schomburg-Scherff, 3., erweiterte Aufl., Frankfurt/New York 2005.

Jean-Pierre Vernant

DO »Von den Menschen zu den Göttern: das Opfer«, in: ders., *Mythos und Religion im Alten Griechenland*, übers. v. Eva Moldenhauer, Frankfurt/New York 1995, S. 61-77.

Xenophon

Oec. *Gespräch über die Haushaltsführung*, in: *Ökonomische Schriften*, griechisch/deutsch, übers. u. hrsg. v. Gert Audring, Berlin, 1992.

Anmerkungen

1 Claude Lévi-Strauss, »Die kulturellen Diskontinuitäten und die ökonomische und soziale Entwicklung«, in: ders., *Strukturale Anthropologie II*, übers. v. Eva Moldenhauer u.a., Frankfurt a.M. 1992, S. 351-362, hier: S. 359.

2 Vgl. dazu die entsprechenden Passagen meines Aufsatzes »Die Tischgesellschaft. Zu einer Kulturwissenschaft und Philosophie des Essens«, in: Ralf Konersmann (Hg.), *Das Leben denken – die Kultur denken*, Freiburg 2007, S. 106-126, hier: S. 106-107.

3 Zu diesem Problemfeld siehe die umfangreiche Studie von Harald Lemke, *Ethik des Essens. Eine Einführung in die Gastrosophie*, Berlin 2007.

4 Alois Wierlacher/Gerhard Neumann/Hans Jürgen Teuteberg (Hg.), *Kulturthema Essen. Ansichten und Problemfelder*, Berlin 1993, S. 1-21, hier: S. 1.

5 Elisabeth Leicht-Eckardt, »Ausstattungsvarianten und Nutzungsformen von Küchen vom achtzehnten Jahrhundert bis heute«, in: Elfie Miklautz/Herbert Lachmayer/Reinhard Eisendle (Hg.), *Die Küche. Zur Geschichte eines architektonischen, sozialen und imaginativen Raums*, Wien/Köln/Weimar 1999, S. 161-206, hier: S. 161.

6 Zu den *faits de civilisation*, zu denen Mauss Körpertechniken wie das Essen, die Mythen, das Geld, die schönen Künste, Sprachen usf. zählt, vgl. Émile Durkheim/Marcel Mauss, »Note sur la notion de civilisation« (1913), in: Marcel Mauss, *Œuvre 2*, Paris 1974, S. 451-455, hier: S. 454; sowie Marcel Mauss, »Les civilisations. Éléments et formes« (1929), in: ders., *Œuvre 2*, a.a.O., S. 456-479, hier: S. 476.

7 Roland Barthes, *Der entgegenkommende und der stumpfe Sinn*, übers. v. Dieter Hornig, Frankfurt a.M., S. 95.

8 Siehe Jean-Louis Flandrin, »L'ordre de succession des mets en France aux XVIIe et XVIIIe siècles«, in: Lothar Kolmer/Christian Rohr (Hg.),

Mahl und Repräsentation. Der Kult ums Essen, Paderborn/München/Wien/Zürich 2000, S. 167-179.

9 Claude Lévi-Strauss, *Das wilde Denken*, übers. v. Eva Moldenhauer, Frankfurt a.M. 1973, S. 25, S. 308.

10 Claude Lévi-Strauss, »Die Struktur der Mythen«, in: ders., *Strukturale Anthropologie I*, übers. v. Hans Naumann, Frankfurt a.M. 1977, S. 226-254, hier: S. 254.

11 Claude Lévi-Strauss, *Mythologica I: Das Rohe und das Gekochte*, übers. v. Eva Moldenhauer, Frankfurt a.M. 1976, S. 26.

12 Claude Lévi-Strauss, »Die Struktur der Mythen«, a.a.O., S. 238.

13 Siehe dazu auch eine deutsche – antifranzösische und antirömische – Erzählvariante, die auf die Lévi-Strauss'schen Modalitäten der Nahrung zurückgreift: Carl Friedrich von Rumohr, *Geist der Kochkunst* (1822), Berlin 2010, S. 51 ff.

14 Roland Barthes, »Beefsteak und Pommes frites«, in: ders., *Mythen des Alltags*, übers. v. Helmut Scheffel, Frankfurt a.M. 1964, S. 36-38.

15 Jacques Derrida, »›Man muss wohl essen‹ oder die Berechnung des Subjekts«, in: ders., *Auslassungspunkte*, übers. v. Karin Schreiner/Dirk Weissmann, Wien 1998, S. 267-298, hier: S. 292.

16 Valerie Mars, »Die angelsächsische Einstellung zu Küche und Speisezimmer«, in: Elfie Miklautz/Herbert Lachmayer/Reinhard Eisendle (Hg.), *Die Küche*, a.a.O., S. 115-159, hier: S. 138 f.

17 Zum Folgenden Iris Därmann, »Die Tischgesellschaft«, a.a.O., S. 115-119.

18 Rolf Schwendter, *Arme essen, Reiche speisen*, Wien 1995.

19 Hasso Spode, »Von der Hand zur Gabel. Zur Geschichte der Eßwerkzeuge«, in: Alexander Schuller/Jutta Anna Kleber (Hg.), *Verschlemmte Welt. Essen und Trinken historisch-anthropologisch*, Göttingen 1994, S. 20-46, hier: S. 35.

20 Gerhard J. Baudy, »Hierarchie oder: Die Verteilung des Fleisches. Eine ethologische Studie über die Tischordnung als Wurzel sozialer Organisation, mit besonderer Berücksichtigung der altgriechischen Gesellschaft«, in: Burkhard Gladigow/Hans G. Kippenberg (Hg.), *Neue Ansätze in der Religionswissenschaft*, München 1983, S. 131-174, hier: S. 156 f.

21 Matthias Klinghardt, *Gemeinschaftsmahl und Mahlgemeinschaft. Soziologie und Liturgie frühchristlicher Mahlfeiern*, Tübingen/Basel 1996.

22 Erich Garhammer, »Gott und Gaumen. Theologisches zum Motivkomplex ›Essen‹«, in: Lothar Kolmer/Christian Rohr (Hg.), *Mahl und Repräsentation*, a.a.O., S. 77-85, hier: S. 79 ff.

23 Gerd Althoff, »Der frieden-, bündnis- und gemeinschaftstiftende Charakter des Mahles im früheren Mittelalter«, in: Irmgard Bitsch/Trude Ehlert/Xenja von Ertzdorff (Hg.), *Essen und Trinken in Mittelalter und Neuzeit*, Sigmaringen 1987, S. 13-25.

24 Andreas Gugler, »Speisen der Augen. Allegorische Schaugerichte bei den Krönungen von Kaiser Karl VI.«, in: Lothar Kolmer/Christian Rohr (Hg.), *Mahl und Repräsentation*, a.a.O., S. 125-134.

25 Norbert Elias, *Über den Prozeß der Zivilisation* (1939), Bd. I, Frankfurt a.M. 1997, S. 262.

26 Hasso Spode, »Von der Hand zur Gabel«, a.a.O., S. 27; Pasi Falk, »Essen und Sprechen. Über die Geschichte der Mahlzeit«, in: Alexander Schuller/Jutta Anna Kleber (Hg.), *Verschlemmte Welt*, a.a.O., S. 103-131, hier: S. 104 f.

27 Norbert Elias, *Über den Prozeß der Zivilisation*, Bd. I, a.a.O., S. 175, S. 177.

28 Stefan Nienhaus, *Geschichte der deutschen Tischgesellschaft*, Tübingen 2003, S. 1.

29 Jean Anthèlme Brillat-Savarin, *Physiologie des Geschmacks oder Betrachtungen über das höhere Tafelvergnügen* (1825), übers. v. Emil Ludwig, Frankfurt a.M./Leipzig 1979, S. 88.

30 Siehe dazu bereits Iris Därmann, »Die Tischgesellschaft. Zur Einführung«, in: dies./Harald Lemke (Hg.), *Die Tischgesellschaft. Philosophische und kulturwissenschaftliche Annäherungen*, Bielefeld 2008, S. 15-41, hier: S. 27-30.

31 Marcel Mauss, »Conceptions qui ont précédé la notion de matière« (1939), in: *Œuvre 2*, a.a.O., S. 161-166, hier: S. 164 f.

32 Zum Folgenden siehe nochmals Iris Därmann, »Die Tischgesellschaft«, a.a.O., S. 122-126.

33 Siehe Pari Falk, »Essen und Sprechen«, a.a.O., S. 119.

34 Bronislaw Malinowski, »The Problem of Meaning in Primitive Languages«, in: C.K. Odgen/I.A. Richards (Hg.), *The Meaning of Meaning*, New York 1923, S. 313-316.

35 Jean-Luc Nancy, *singulär plural sein*, übers. v. Ulrich Müller-Scholl, Zürich 2000, S. 135.

36 Zu den alimentären Aspekten einer »allgemeinen Verführungstheorie« siehe schon Jean Laplanche, *Vie et mort en psychanalyse*, Paris 1970, S. 84.

37 Jacques Derrida, »›Man muss wohl essen‹ oder die Berechnung des Subjekts«, in: ders., Auslassungspunkte, übers. v. Karin Schreiner/Dirk Weissmann, Wien 1998, S. 267-298, hier: S. 293.

38 Jean-Pierre Vernant, »À la table des hommes. Mythe de fondation du sacrifice chez Hésiode«, in: Marcel Detiènne/Jean-Pierre Vernant (Hg.), *La cuisine du sacrifice en pays grec*, Paris 1979, S. 37-132.

39 Sigmund Freud, »Das ökonomische Problem des Masochismus« (1924), in: *Gesammelte Werke*, Bd. XIII, hrsg. v. Anna Freud u.a., London/Frankfurt a. M. 1940 ff., S. 371-383, hier: S. 383.

40 Lukian, Ikaromenippus oder die Luftreise, in: ders., *Der Lügenfreund und andere phantastische Erzählungen*, übers. v. Christoph Martin Wieland/Karl Mras, Zürich/München 1990, S. 136-158, hier: S. 153 f.

41 Aristophanes, *Die Vögel*, übers. v. Christian Voigt, Stuttgart 2008, 1515 ff.

42 Marcel Detiènne, *Die Adonis-Gärten. Gewürze und Düfte in der griechischen Mythologie*, übers. v. Gabriele und Walter Eder, Darmstadt 2000, S. 53. Die Hinweise auf Lukian und Aristophanes ebd.

43 C. Plinius Secundus d. Ä., *Naturkunde*, Bücher XII/XIII: Botanik: Bäume, übers. v. Roderig König, Kempten 1977, XXX, 51, S. 45.

44 Hesiod erzählt den Mythos vom Raub des Feuers und der Zerlegung des Opfertiers sowohl in der *Theogenie* als auch in den Werken und Tagen. Zur Interaktion dieser beiden Erzählungen siehe Jean-Pierre Vernant, »Der Prometheusmythos bei Hesiod«, in: ders., *Mythos und Gesellschaft im alten Griechenland*, übers. v. Gustav Roßler, S. 170-186.

45 Woldemar Graf Uxkull-Gyllenband, »Griechische Kultur-Entstehungslehren«, Beilage zu Heft 3/4 des *Archivs für Geschichte der Philosophie* XXXVI (1924).

46 Siehe dazu Hesiods Schilderung der fünf Weltalter in *Werke und Tage*, in: *Sämtliche Werke*, übers. v. Thassilo von Scheffer, 2. Aufl., Leipzig 1965, S. 90-120.

47 Hesiod, *Theogonie*, übers. v. Otto Schönberger, Stuttgart 2008, S. 535 ff.

48 Jean-Paul Vernant, »À la table des hommes«, a.a.O.

49 Johannes Haussleiter, *Der Vegetarismus in der Antike*, Berlin 1935, S. 55.

50 Jean-Luc Durand, »Bêtes grecques«, in: Marcel Detiènne/Jean-Pierre Vernant (Hg.), *La cuisine du sacrifice en pays grec*, a.a.O., S. 133-157, hier: S. 136.

51 Jean-Luc Durand, »Bêtes grecques«, a.a.O., S. 136.

52 Marcel Detiènne, »Pratiques culinaires et esprit de sacrifice«, in: Marcel Detiènne/Jean-Pierre Vernant (Hg.), *La cuisine du sacrifice en pays grec*, a.a.O., S. 7-35, hier: S. 34 f.

53 *Phaidon* 63d-67b, 69e-72e; vgl. *Phaidros* 245b-246a; *Politeia* 608d-611a, 611a-612a.

54 Fritz Graf, *Gottesnähe und Schadenzauber. Die Magie in der griechisch-römischen Antike*, München 1996, S. 72.

55 Richard Schenk, »Opfer und Opferkritik aus der Sicht der römisch-katholischen Theologie«, in: ders. (Hg.), Zur Theorie des Opfers. *Ein interdisziplinäres Gespräch*, Stuttgart/Bad Canstatt 1995, S. 193-250, hier: S. 197.

56 Augustinus, *Vom Gottesstaat*, übers. v. W. Thimme, 2. Aufl., München 2007, S. 475. Diesen Hinweis verdanke ich Jean-Luc Nancy (Wng 53).

57 Zur »Ökonomie des Himmels« siehe Jacques Derrida, »Den Tod geben«, übers. v. Hans-Dieter Gondek, in: Anselm Haverkamp (Hg.), *Gewalt und Gerechtigkeit. Derrida-Benjamin*, Frankfurt a.M. 1994, S. 331-445, hier: S. 427.

58 Wolfgang Kersting, *Platons ›Staat‹*, Darmstadt 1990, S. 160 ff., bes. S. 162.

59 Genesis 1, 26-27; vgl. auch die neutestamentliche Auslegung der Ebenbildlichkeit, nach der Jesus Christus das Ebenbild des unsichtbaren Gottes ist: 1 Moses 1, 27; Jakobus 3, 9; Johannes 14, 9.

60 Mensch wie Tier werden im Übrigen nur pflanzliche Nahrung zuteil; erst in der Notordnung nach der Sintflut wird das Töten von Tieren als Konzession an die Gewalttätigkeit des Menschen zugelassen (Genesis 9, 2-4).

61 Odo Marquard, »Anthropologie«, in: *Historisches Wörterbuch der Philosophie*, Bd. 1, hrsg. v. Joachim Ritter, Basel/Stuttgart 1971, S. 362-376, hier: S. 362.

62 Giovanni Pico della Mirandola, *Oratio de hominis dignitate/Über die Würde des Menschen* (1486), übers. v. August Buck, Hamburg, S. 5 f. Zu dieser Interpretation siehe Wolfgang Erb, »Kantische Religionsphilosophie und Absolutes Nichts«, in: Norbert Fischer (Hg.), *Kants Metaphysik und Religionsphilosophie*, Hamburg 2004, S. 663-691, hier: S. 690.

63 Hans Blumenberg, *Die Legitimität der Neuzeit*, Frankfurt a.M. 1985, S. 607f.

64 Vgl. dazu die instruktive Lektüre von Bettina Stangneth, *Kultur der Aufrichtigkeit. Zum systematischen Ort von Kants ›Religion innerhalb der Grenzen der bloßen Vernunft‹*, Würzburg 2000, S. 47-57.

65 Sigfried Giedion, *Die Herrschaft der Mechanisierung. Ein Beitrag zur anonymen Geschichte*, Frankfurt a.M. 1987, S. 238ff.

66 Die Haustiere, so die entscheidende Diagnose von Thomas Macho, sind »aus allen konkreten Lebens- und Arbeitskontexten der Moderne« durch Maschinisierung, Mechanisierung, Verkehrs- und Kommunikationstechniken »verdrängt worden«: »Schlachttiere sind keine Haustiere mehr; sie wohnen nicht in Häusern, werden nicht wahrgenommen, angesprochen oder benannt. Sie werden nicht genutzt, sondern verbraucht – oft unter grausamen Bedingungen«: »Der Wandel der Mensch-Tier-Beziehung und die Bedeutung der Medien«, Vortrag zur Tagung der *Allianz für Tiere in der Landwirtschaft*, Berlin, den 13.12.2005. Siehe auch Thomas Macho, »Tiere, Menschen, Maschinen. Zur Kritik der anthropologischen Differenz«, in: Jörn Ahrens/Mirjam Biermann/Georg Toepfer (Hg.), *Die Diffusion des Humanen. Grenzregime zwischen Leben und Kulturen*, Frankfurt/M./Berlin/Bern 2007, S. 17-29, hier: S. 27.

67 Zu Nietzsches »Anthropologie« siehe die lehrreiche Studie von Paul van Tongeren, auf die ich mich hier stütze: *Die Moral von Nietzsches Moralkritik. Studie zu ›Jenseits von Gut und Böse‹*, Bonn 1989, S. 76-78.

68 Jeanne Favret-Saada, *Die Wörter, der Zauber, der Tod. Der Hexenglauben im Hainland von Westfrankreich*, übers. v. Eva Moldenhauer, Frankfurt a.M. 1979, S. 10.

69 »Weiße« und »schwarze Magie« sind freilich Begriffe von James G. Frazer, *Der Goldene Zweig. Das Geheimnis von Glauben und Sitten der Völker* (1922), übers. v. Helen von Bauer, Reinbek bei Hamburg 1989, S. 15.

70 Paul Huvelin, »Magie et droit individuel«, in: *L'Année Sociologique* (1905-1906), S. 1-47, hier: S. 46.

71 Vgl. Sigmund Freud, *Totem und Tabu* (1912/13), in: GW, Bd. IX, S. 104.

72 James G. Frazer, *Der Goldene Zweig*, a.a.O., S. 15ff.

73 Zu den Lévi-Strauss und Lacan betreffenden Ausführungen siehe bereits meinen Aufsatz: »Symbolische und pikturale Wirksamkeit bei Lévi-Strauss und Lacan«, in: Iris Därmann/Steffi Hobuß/Ulrich Lölke (Hg.), *Konversionen. Fremderfahrungen in ethnologischer und interkultureller Perspektive*, Amsterdam/New York 2004, S. 123-143.

74 Nils M. Holmer/Sir Henry Wassén, *Mu-Igala or the Way of Muu, a Medicine Song from the Cunas of Panama*, Göteborg 1947.

75 Siehe die Autobiografie von Guillermo Hayans in: Nils M. Holmer/Sir Henry Wassén, *The Complete Mu-Igala in Picture Writing, a Native Record of a Cuna Indian Medicine Song*, Göteborg 1953, S. 8 f. 1953 konnte der 553 Verse umfassende erste und zweite Teil des *Mu-Igala* durch einen dritten Teil, der den Gesang auf 657 Verse anwachsen ließ, sowie durch seine komplette Piktografie aus der Feder von Guillermo Hayans vervollständigt werden.

76 Erland Nordenskiöld, *An Historical and Ethnographical Survey of the Cuna Indians, in Collaboration with the Cuna Indians Rubén Pérez Kantuele*, hrsg. v. Henry Wassén, Göteborg 1938, S. 85. Fritz W. Kramer, *Literature among the Cuna Indians*, Göteborg 1970, S. 97, sowie Jörg Wolfgang Helbig, *Religion und Medizinmannwesen bei den Cuna*, Hohenschäftlarn 1983, S. 142, S. 169 ff., S. 181.

77 Erland Nordenskiöld, *An Historical and Ethnographical Survey of the Cuna Indians*, a.a.O., S. 345-347.

78 Fritz W. Kramer, »Notizen zur Ethnologie der Passiones«, in: *Kölner Zeitschrift für Soziologie und Sozialpsychologie* 36. Jg., Opladen 1984, S. 297-313, hier: S. 300. Für Micheal Taussig stellt diese mimetische Aneignung der westlichen Kultur in den verschiedenen Bereichen des gesellschaftlich-spirituellen Lebens jene paradoxe Möglichkeit der Cuna dar, »gleich zu bleiben« und »ihre Identität zu wahren«. Michael Taussig, *Mimesis und Alterität. Eine eigenwillige Geschichte der Sinne*, übers. v. Regina Mundel/Christoph Schirmer, Hamburg 1997, S. 123. Siehe dazu auch die mit Emblemen der technischen Zivilisation bestickten Mola-Blusen in: Ann Parker und Avon Neil, *Molas. Folk Art of the Cuna Indians*, Barre, MA 1977.

79 Jörg Wolfgang Helbig, »Einige Bemerkungen zum muu ikala, einem Medizingesang der Cuna Panamas«, in: *Gedenkschrift für Gerd Kutscher*, Bd. 2, Indiana 10, Berlin 1985, S. 323-339, hier: S. 325.

80 Jörg Wolfgang Helbig, *Religion und Medizinmannwesen bei den Cuna*, a.a.O., S. 183.

81 Nils M. Holmer/Sir Henry Wassén, *Mu-Igala or the Way of Muu*, a.a.O., S. 96. In ihrem Kommentar sprechen die beiden Herausgeber ebenfalls vom »Bewusstseinsverlust« der Gebärenden.

82 Norman Macpherson Chapin, »Muu Ikala. Cuna Birth Ceremony«, in: Phillip Young/James Howe (Hg.), *Ritual and Symbol in Native Central America*, Eugene/Oregon 1976, S. 57-62, hier: S. 62 f.; sowie Michael Taussig, *Shamanism. A Study in Colonialism, and Terror and the Wild Man Healing*, Chicago/London 1987, S. 460.

83 Joel Sherzer, »Namakke, Sunmakke, Kormakke: three types of Cuna speech event«, in: Richard Baumann/Joel Sherzer (Hg.), *Explorations in the Ethnography of Speaking*, Cambridge 1974, S. 263-282, hier: S. 271; zur Analyse von Lévi-Strauss, die Sherzer trotz ihres Scheiterns als »interessant« bezeichnet, siehe S. 462, Anm. 10.

84 Das hat bereits Jörg Wolfgang Helbig unter Berufung auf Chapin und Sherzer mit Nachdruck herausgestellt: »Zur Interpretation von Medizingesängen der Cuna: eine Kritik an Lévi-Strauss und Kramer«, in: *Festschrift für László Vajda*, München 1988, S. 105-144, hier: S. 110.

85 Daran ändert auch Lévi-Strauss' Beteuerung nichts, dass die Form des Mythos wichtiger als sein Inhalt sei (WS 214).

86 Diese pointierte Überlegung verdanke ich einem Diskussionsbeitrag von Friedrich Balke.

87 Hans-Dieter Gondek, »Die Rezension: Hanna Gekle: Tod im Spiegel. Zu Lacans Theorie des Imaginären«, in: *Riss* 42 (1998), S. 146-152, hier: S. 148.

88 Jacques Lacan, »Vortrag über die psychische Kausalität« (1946), übers. v. Hans-Joachim Metzger, in: ders., *Schriften III*, Weinheim/Berlin 1986, S. 125-171, hier: S. 164.

89 Jacques Lacan, »Die Familie« (1938), übers. v. Friedrich A. Kittler, in: ders., *Schriften III*, a.a.O., S. 17-100, hier: S. 59.

90 Sigmund Freud, »Das Ich und das Es« (1923), in: GW, Bd. XIII, S. 237-298, hier: S. 253

91 Jacques Lacan, »L'aggressivité en psychanalyse« (1948), in: ders., *Écrits*, Paris 1966, S. 101-124, hier: S. 116.

92 Sigmund Freud, *Neue Folge der Vorlesungen zur Einführung in die Psychoanalyse* (1933), in: GW, Bd. XV, S. 71.

93 Ebd., S. 117.

94 Jacques Lacan, »Propos sur la causalité psychique«, in: ders., *Écrits*, a.a.O., S. 151-193, hier: S. 188 ff.

95 Jacques Lacan, »Vortrag über die psychische Kausalität«, a.a.O., S. 167 f. sowie DSp 65.

96 »Urbild« im Original deutsch: Jacques Lacan, »L'aggressivité en psychanalyse«, a.a.O., S. 116.

97 James G. Frazer, *Der Goldene Zweig*, a.a.O., S. 15 ff.

98 Jacques Lacan, »L'aggressivité en psychanalyse«, a.a.O., S. 113.

99 Sigmund Freud, »Zur Einführung des Narzißmus« (1914), in: GW, Bd. X, S. 138-147, hier: S. 156.

100 In *Massenpsychologie und Ich-Analyse* ([1921], in: GW, Bd. XIII, S. 73-161, hier: S. 121, Anm. 2) liefert Freud eine Darstellung seiner Theorie der Identifizierung, von der er jedoch freimütig eingesteht, sie niemals so weit vorangetrieben zu haben, wie es wünschenswert gewesen wäre. Er unterscheidet drei Formen der Identifizierung: (1) Eine totale Identifizierung »als früheste Äußerung einer Gefühlsbindung an eine andere Person«, die sich an der Imago des Vaters ausrichtet; (2) im Falle der Trauer, eine Regression auf die Identifizierung, bei der das Ich »die Eigenschaften des [verlorenen] Objektes an sich nimmt« und die »geliebte Person kopiert«; sowie (3) eine partielle Identifizierung, die auf keiner »Objektbeziehung«, sondern nur auf der Wahrnehmung einer begehrten Gemeinsamkeit mit der »kopierten Person« beruht, weshalb Freud hier nicht nur von »Imitation«, sondern auch von »psychischer Ansteckung« spricht (ebd., S. 113-118). Weit davon entfernt, diese verschiedenen Identifizierungsmodi in Abrede zu stellen, geht es Lacan um eine »Ur-Identifizierung«, die ihnen vorausgeht und sie allererst ermöglicht, wie Hans-Dieter Gondek unterstreicht: »Eine psychoanalytische Anthropologie des Bildes«, in: *Riss* 48 (2002), S. 9-27, hier: S. 11 f.

101 Jean Laplanche/Jean-Bertrand Pontalis, *Das Vokabular der Pychoanalyse*, Bd. I, übers. v. Emma Moersch, Frankfurt a.M. 1972, S. 92.

102 John L. Austin, *Philosophical Papers*, 2. Aufl., Oxford 1970, S. 67.

103 Heinrich Niehues-Pröbsting, *Überredung zur Einsicht. Der Zusammenhang von Philosophie und Rhetorik bei Platon und in der Phänomenologie*, Frankfurt a.M. 1987, S. 110.

104 Gorgias von Leontinoi, *Reden, Fragmente und Testimonien*, hrsg. v. Thomas Buchheim, Hamburg 1989, S. 14, S. 8, S. 9 ff.; vgl. Manfred Fuhrmann, *Dichtungstheorie der Antike. Aristoteles, Horaz, Longin*, 2. Aufl., Darmstadt 1992, S. 95 ff.

105 Antje Hellwig, *Untersuchungen zur Theorie der Rhetorik bei Platon und Aristoteles*, Göttingen 1973, S. 33.

106 Roland Barthes, »Die alte Rhetorik«, in: ders., *Das semiologische Abenteuer*, übers. v. Dieter Hornig, Frankfurt a.M. 1988, S. 15-101.

107 Markus H. Wörner, *Performative und sprachliches Handeln*, Hamburg 1978, S. 10.

108 John L. Austin, *Philosophical Papers*, a.a.O., S. 71.

109 Émile Durkheim, *Physik der Sitten und des Rechts. Vorlesungen zur Soziologie der Moral*, übers. v. Michael Bischoff, Frankfurt a.M. 1991, S. 252 f.

110 Markus H. Wörner, *Performative und sprachliches Handeln*, a.a.O., S. 15.

111 Sybille Krämer, »Sprache – Stimme – Schrift: Sieben Gedanken über Performativität als Medialität«, in: Uwe Wirth (Hg.), *Performanz. Zwischen Sprachphilosophie und Kulturwissenschaft*, Frankfurt a.M. 2002, S. 323-346, hier: S. 333 f.

112 Vgl. dazu Dmitri Zakharine, *Von Angesicht zu Angesicht. Der Wandel direkter Kommunikation in der ost- und westeuropäischen Neuzeit*, Konstanz 2005.

113 John L. Austin, *How to do Things with Words*, hrsg. v. J.O. Urmson, Cambridge/Mass. 1962, S. 6 f.

114 Bernhard Waldenfels, *Antwortregister*, Frankfurt a.M. 1994, S. 84.

115 Zu dieser Kritik siehe Jacques Derrida, »Signatur, Ereignis, Kontext«, in: ders., *Randgänge der Philosophie*, übers. v. Gerhard Ahrens u.a., Wien 1988, S. 291-314, hier: S. 304 ff.

116 Fritz Kramer, »Ritual«, in: *Wörterbuch der Ethnologie*, hrsg. v. Bernhard Streck, Köln 1987, S. 181-183.

117 James G. Frazer, *Der Goldene Zweig*, a.a.O., S. 79.

118 Alfred Lehmann, *Aberglaube und Zauberei*, aus dem Dänischen v. Dr. Petersen, Stuttgart 1889, S. 2.

119 Edward B. Tyler, *Die Anfänge der Cultur. Untersuchungen über die Entwicklung der Mythologie, Philosophie, Religion, Kunst und Sitte*, Erster Band, übers. v. J.W. Spengel/Fr. Posku, Leipzig 1873, S. 111 ff.

120 Werner Hamacher, »Das Versprechen der Auslegung. Zum hermeneutischen Imperativ bei Kant und Nietzsche«, in: ders., *Entferntes Verstehen*, Frankfurt a. M. 1998, S. 49-112, hier: S. 103.

121 Frances A. Yates, *Gedächtnis und Erinnern. Mnemonik von Aristoteles bis Shakespeare*, Weinheim 1999, S. 13.

122 Susanne Elm, »›Sklave Gottes‹«, in: *Historische Anthropologie* 7. Jg. (1999), S. 345-363.

123 Norbert Brockmeyer, *Antike Sklaverei*, Darmstadt 1979, S. 4.

124 Albert Wirz, *Sklaverei und kapitalistisches Weltsystem*, Frankfurt a.M. 1984, S. 185.

125 Christian Meier, *Die Entstehung des Politischen bei den Griechen*, Frankfurt a.M. 1980, S. 155.

126 Roland Barthes, »Das griechische Theater«, in: ders., *Der entgegenkommende und der stumpfe Sinn*, übers. v. Dieter Hornig, Frankfurt a.M. 1990, S. 69-93, hier: S. 75.

127 Rudolf Fietz, *Medienphilosophie. Musik, Sprache und Schrift bei Friedrich Nietzsche*, Würzburg 1992, S. 280 ff.; Christof Kalb, *Desintegration. Studien zu Friedrich Nietzsches Leib- und Sprachphilosophie*, Frankfurt a.M. 2000, S. 118 ff. Zu Nietzsches Theater- und Tragödienkonzept siehe die gleichlautenden Passagen in meinem Buch *Figuren des Politischen*, Frankfurt a.M. 2009, S. 192-196.

128 Barbara von Reibnitz, »Vom ›Sprechkunstwerk‹ zur ›Leselitteratur‹. Nietzsches Blick auf die griechische Literaturgeschichte als Gegenentwurf zur aristotelischen Poetik«, in: Tilman Borsche/Federico Gerratana/Aldo Venturelli (Hg.), *»Centauren-Geburt«. Wissenschaft, Kunst und Philosophie beim jungen Nietzsche*, Berlin/New York 1994, S. 42-66, hier: S. 55 f.

129 Christian Meier, »Zur Funktion der Feste in Athen im 5. Jahrhundert vor Christus«, in: Walter Haug/Rainer Warning (Hg.), *Poetik und Hermeneutik: Das Fest*, Bd. XIV, München 1989, S. 569-591, hier: S. 581.

130 Manfred Fuhrmann, »Persona, ein römischer Rollenbegriff«, in: Odo Marquard/Karlheinz Stierle (Hg.), *Identität und Hermeneutik: Identität*, Bd. VIII, München 1979, S. 83-106, hier: S. 97 f.

131 Ebd., S. 105.

132 Erving Goffman, *Wir alle spielen Theater. Die Selbstdarstellung im Alltag*, übers. v. Peter Weber-Schäfer, 4. Aufl., München 2006.

133 Herbert Willems, *Rahmen und Habitus. Zum theoretischen und methodischen Ansatz Erving Goffmans: Vergleiche, Anschlüsse und Anwendungen*, Frankfurt a.M. 1997, S. 198.

134 Erving Goffman, *Interaktion. Spaß am Spiel. Rollendistanz*, übers. v. Hansheinz Werner, München 1973, S. 133.

135 Niklas Luhmann, »Kultur als historischer Begriff«, in: ders., *Gesellschaftsstruktur und Semantik. Studien zur Wissenssoziologie der modernen Gesellschaft*, Frankfurt a.M. 1995, S. 31-54.

136 Joseph Niedermann, *Kultur. Werden und Wandlungen eines Begriffs*, Florenz 1941, S. 15ff.

137 So eine Formulierung Hartmut Böhmes.

138 Siehe die entsprechenden Abschnitte dieses Kapitels in: »Haus und Verwandtschaft in der antiken politischen Philosophie. Kreuzfahrten der Lektüre mit Claude Lévi-Strauss«, in: *Allgemeine Zeitschrift für Philosophie* 1 (2011).

139 Claude Lévi-Strauss, »Die Strukturanalyse in der Sprachwissenschaft und in der Anthropologie«, in: ders., *Strukturale Anthropologie I*, a.a.O., S. 43-67, hier: S. 66.

140 Zur differenztheoretischen Leseweise von Lévi-Strauss' Verwandtschaftskonzeption siehe Susanne Lüdemann, »Jenseits der Normalisierung. Das Inzestverbot und die Logik der Kultur«, Vortragstyposkript, Konstanz 2007.

141 Claude Lévi-Strauss, »Kreuzfahrten der Lektüre«, in: ders., *Der Blick aus der Ferne*, übers. v. Hans-Horst Henschen/Joseph Vogl, Frankfurt a.M. 1993, S. 120-140, hier: S. 124.

142 Claude Lévi-Strauss, »Die Familie«, in: ders., *Der Blick aus der Ferne*, a.a.O., S. 73-104, hier: S. 103.

143 Karl Schmid, *Geblüt, Herrschaft, Geschlechterbewußtsein. Grundfragen zum Verständnis des Adels im Mittelalter*, Habil., Freiburg 1961; ders., »Zur Problematik von Familie, Sippe, Geschlecht, Haus und Dynastie beim mittelalterlichen Adel. Vorfragen zum Thema ›Adel und Herrschaft im Mittelalter‹«, in: *Gebetsgedenken und adliges Selbstverständnis im Mittelalter. Ausgewählte Beiträge*, Sigmaringen, 1983, S. 183-244.

144 Vgl. dazu die instruktive Doktorarbeit von Nacim Ghanbari, die die analytische Kategorie des »Hauses« unter Berufung auf Lévi-Strauss für eine systematische Lektüre der Literatur der wilhelminischen Zeit

fruchtbar macht (etwa für die Romane Fontanes, für Thomas Manns *Buddenbrooks*, Kafkas *Schloß* oder Gustav Freytags *Soll und Haben*), der ich den wichtigen Hinweis auf Lévi-Strauss' »Häusergesellschaft« verdanke: *Das Haus. Eine deutsche Literaturgeschichte* (1850-1926), Konstanz 2008, unveröffentlichtes Manuskript; sowie dies., »Haus und Häusergesellschaft. Claude Lévi-Strauss' Theorie des historischen Übergangs«, in: Inken Schmidt-Voges (Hg.), *Ehe – Haus – Familie. Soziale Institutionen im Wandel*, Köln 2010, S. 71-98.

145 Claude Lévi-Strauss, »Maison«, in: *Dictionnaire de l'ethnologie et de l'anthropologie*, 3. Aufl., Paris 2004, S. 434-436, hier: S. 435.

146 Claude Lévi-Strauss, *Das wilde Denken*, a.a.O., S. 292.

147 Claude Lévi-Strauss, »Clan, Lineage, Haus«, in: ders., *Eingelöste Versprechen*, übers. v. Rainer Rochlitz, München 1985, S. 199-253, hier: S. 235, S. 205.

148 Moses I. Finley, »Aristoteles und die ökonomische Analyse«, in: *Jahrbuch für Wirtschaftsgeschichte II* (1971), S. 87-105; ders., *Die antike Wirtschaft*, 3. Aufl., München 1993.

149 Peter Spahn, »Oikos und Polis. Beobachtungen zum Prozeß der Polisbildung bei Hesiod, Solon und Aischylos«, in: *Historische Zeitschrift*, Bd. 231 (1980), S. 529-564; Jochen Martin, »Zur Stellung des Vaters in antiken Gesellschaften«, in: Hans Süssmuth (Hg.), *Historische Anthropologie*, Göttingen 1984, S. 84-109.

150 Ulrich Meyer, *Soziales Handeln im Zeichen des ›Hauses‹*, Göttingen 1998, S. 48.

151 Hannah Arendt, *Vita activa oder Vom tätigen Leben*, 6. Aufl., München 2007, S. 35; Émile Benveniste, *Indoeuropäische Institutionen. Wortschatz, Geschichte, Funktionen*, übers. v. Wolfram Bayer/Dieter Hornig/Katharina Menke, Frankfurt/New York 1993, S. 166-169.

152 Zum Folgenden meine Ausführungen in *Figuren des Politischen*, a.a.O., S. 17 f.

153 Hannah Arendt, *Vita activa*, a.a.O., S. 40; Jacques Rancière, *Das Unvernehmen. Politik und Philosophie*, übers. v. Richard Steurer, Frankfurt a.M. 2002, S. 83.

154 Rainer Bernhardt, *Luxuskritik und Aufwandsbeschränkungen in der griechischen Welt*, Stuttgart 2003, S. 19-21.

155 E. Ruschenbusch, *SOLONOS NOMOI*, Wiesbaden 1966, F 71-73; Johannes Engels, *Funerum sepulcrorumque magnificentia. Begräbnis- und*

Grabluxusgesetze in der griechisch-römischen Welt mit einigen Ausblicken auf Einschränkungen des funeralen und sepulkralen Luxus im Mittelalter und in der Neuzeit, Stuttgart 1998, S. 93f.

156 Josef Wieland, *Die Entdeckung der Ökonomie*, Bern/Stuttgart 1989, S. 308.

157 Hans Derks, »Über die Faszination des ›Ganzen Hauses‹«, in: *Geschichte und Gesellschaft. Zeitschrift für Historische Sozialwissenschaft* 22. Jg. (1996), S. 221-242, hier: S. 224.

158 εξουσια bedeutet das Können, Vermögen, die Freiheit und das Recht, etwas zu tun, bzw. Macht und Gewalt.

159 Giorgio Agamben, *Die Zeit, die bleibt. Ein Kommentar zum Römerbrief*, übers. v. Davide Giurato, Frankfurt a.M. 2006, S. 19ff.

160 Ebd., S. 70.

161 Siehe Albrecht Koschorke, *Die Heilige Familie und ihre Folgen*, 2. Aufl., Frankfurt a.M. 2000, S. 27, sowie die einschlägigen Überlegungen von Thomas Macho, »Politik der Bergpredigt«, in: *Zeitschrift für Neues Testament* 12. Jg., Heft 24 (2009), S. 52-60.

162 Giorgio Agamben, *Die Zeit, die bleibt*, a.a.O., S. 34, S. 64.

163 Albrecht Koschorke, *Die Heilige Familie*, a.a.O., S. 135.

164 Siehe die entsprechenden Passagen in: *Figuren des Politischen*, a.a.O., S. 8f.

165 Albrecht Koschorke, *Die Heilige Familie*, a.a.O., S. 133-135; Jack Goody, *Die Entwicklung von Ehe und Familie in Europa*, übers. v. Eva Horn, Frankfurt a.M. 1989, S. 89, S. 112.

166 Jean-Louis Flandrin, *Familien. Soziologie – Ökonomie – Sexualität*, übers. v. Eva Brückner-Pfaffenberger, Frankfurt/M./Berlin/Wien 1978, S. 36f.

167 Robin Fox, *Kinship and Marriage: An Anthropological Perspective*, Cambridge 1983; ders., »The Virgin and the Godfather: Kinship versus the State in Greek Tragedy and After«, in: Paul Benson (Hg.), *Anthropology and Literature*, Illinois 1993, S. 107-150, hier: S. 144. Die Hinweise auf Robin Fox verdanke ich Albrecht Koschorke.

168 Georg Simmel, »Exkurs über das Problem: Wie ist Gesellschaft möglich?« (1908), in: *Schriften zur Soziologie*, hrsg. u. eingel. v. Heinz-Jürgen Dahme/Otthein Rammstedt, Frankfurt a.M. 1983.

169 Jacques Rancière, *Das Unvernehmen*, a.a.O., S. 44.

170 Vgl. Jasper von Altenbockum, *Wilhelm Heinrich Riehl 1823-1897. Sozialwissenschaft zwischen Kulturgeschichte und Ethnographie*, Köln/Weimar/Wien 1994.

171 Karl Kroeschel, »Familia«, in: *Handwörterbuch zur Deutschen Rechtsgeschichte*, I. Bd., Berlin 1971, 1066-1067.

172 Claudia Opitz, »Neue Wege der Sozialgeschichte? Ein kritischer Blick auf Otto Brunners Konzept des ›ganzen Hauses‹«, in: *Geschichte und Gesellschaft* 20 (1994), S. 88-98, hier: S. 95 f.

173 Karl Kroeschel, *Haus und Herrschaft im frühen deutschen Recht*, Göttingen 1968, S. 14, S. 46 f.

174 Hans-Ulrich Wehler, *Deutsche Gesellschaftsgeschichte*, Bd. 1, München 1987, S. 82 f.; Irmintraut Richarz, *Herrschaftliche Haushalte in vorindustrieller Zeit im Weserraum*, Berlin 1971, S. 14.

175 Winfried Schulze, »Die ständische Gesellschaft des 16./17. Jahrhunderts und die moderne Forschung«, in: Hans Erich Bödecker/Ernst Hinrichs (Hg.), *Alteuropa – Ancien Regime – Frühe Neuzeit. Probleme und Methoden der Forschung*, Stuttgart (1991), S. 51-77.

176 Werner Troßbach, »Das ›ganze Haus‹ – Basiskategorie für das Verständnis ländlicher Gesellschaften in der frühen Neuzeit?«, in: *Blätter für deutsche Landesgeschichte* 129 (1993), S. 277-314.

177 Ferdinand Tönnies, *Gemeinschaft und Gesellschaft. Grundbegriffe einer reinen Soziologie* (1887), 3. Aufl., Darmstadt 1991, S. 3 f.

178 Hannah Arendt, *Vita activa*, a.a.O., S. 47 ff.

179 Vgl. Jean-Luc Nancy, *Die undarstellbare Gemeinschaft*, übers. v. Gisela Febel/Jutta Legueil, Stuttgart 1988.

180 Moses I. Finley, *Die antike Wirtschaft*, a.a.O., S. 11, S. 25 f.

181 Moses I. Finley, »Aristoteles und die ökonomische Analyse«, a.a.O., S. 103.

182 Karl Polanyi, »Aristotle Discovers the Economy«, in: ders.,/C.M. Ahrensberg/H.W. Pearson (Hg.), *Trade and Market in the Early Empires. Economies in History and Theory*, New York/London 1957, S. 64-94, hier: S. 70 f.; Michael Austin/Pierre Vidal-Naquet, *Gesellschaft und Wirtschaft im alten Griechenland*, übers. v. Andreas Wittenburg, München 1984, S. 8-10; kritisch dagegen Josef Wieland, *Die Entdeckung der Ökonomie*, a.a.O., S. 16 f., S. 257 ff.

183 Karl Polanyi, *Ökonomie und Gesellschaft*, Frankfurt a.M. 1979, S. 151 f.

184 Max Weber, *Wirtschaft und Gesellschaft. Grundriß der verstehenden Soziologie*, 4. Aufl., Tübingen 1956, 2. Teil, 8. Kap., § 5.

185 Michael Austin/Pierre Vidal-Naquet, *Gesellschaft und Wirtschaft im alten Griechenland*, a.a.O.; Ferdinand Wagner, *Das Bild der Frühen Ökonomik*, Salzburg/München 1969, S. 80.

186 Thomas Pékary, *Die Wirtschaft der griechisch-römischen Antike*, Wiesbaden 1976, S. 4.

187 Jutta Zander-Seidel, *Textiler Hausrat. Kleidung und Haustextilien in Nürnberg von 1500-1650*, München 1990.

188 Marcel Mauss, *Die Gabe. Form und Funktion des Austauschs in archaischen Gesellschaften*, in: ders., *Soziologie und Anthropologie*, Bd. II, übers. v. Eva Moldenhauer u.a., Frankfurt/M./Berlin/Wien 1978, S. 67.

189 Edward Twitchell Hall, *Die Sprache des Raumes*, übers. v. Hilde Dixon, Düsseldorf 1976.

190 Vgl. Jacques Derrida, *Grammatologie*, übers. v. Hans-Jörg Rheinberger/Hanns Zischler, Frankfurt a.M. 1983, S. 88.

191 Regine Schmidt (*Die Darstellung von Kinderspielzeug und Kinderspiel in der griechischen Kunst*, Wien 1977, S. 12) hält dafür, dass »es im antiken Griechenland Spielzeug für sich allein nicht gibt; nie ist es bloße Belustigung oder Beschäftigung für die Kinder, stets steht ein zumeist religiöser Zusammenhang dahinter«.

192 Siehe Robert Ineichen, »Würfel, Zufall und Wahrscheinlichkeit. Ein Blick auf die Stochastik«, in: *Magdeburger Wissenschaftsjournal* 2 (2002), S. 39-45, hier: S. 39.

193 Aristoteles, *Physik*, II 6, 197a36 ff.; II 5, 197a5; *Metapysik* VII 7, 1032a12.

194 W.M.N. Reiter, »Puer Ludens – Über antike Spiele und deren pädagogische Relevanz im Unterricht«, in: *Forum Archaeologia – Zeitschrift für klassische Archäologie* 3/V (1997), S. 1-4, hier: S. 2.

195 Ohne die Erfindung des Würfels und der Glücksspiele wäre die Erfindung der Wahrscheinlichkeitsrechnung, d.h. die Mathematisierung des Zufalls nicht denkbar gewesen, deren Beginn mit dem Briefwechsel zwischen Blaise Pascal und Pierre de Fermat im Jahre 1654 datiert wird. Siehe Robert Ineichen, »Würfel, Zufall und Wahrscheinlichkeit«, a.a.O., S. 45.

196 Martin Heidegger, *Der Satz vom Grund*, 8. Aufl., Stuttgart 1997, S. 188: »Das Seinsgeschick: ein Kind, das spielt«; Eugen Fink, *Spiel als Weltsymbol*, hrsg. v. Chathrin Nielsen/Hans Rainer Sepp, Freiburg 2010, S. 48.

197 Zu alledem siehe Hermann Gundert, »Zum Spiel bei Platon«, in: Ludwig Landgrebe (Hg.), *Beispiele. Festschrift für Eugen Fink zum 60. Geburtstag*, Den Haag 1965, S. 188-221, hier: S. 189f.

198 Nikolaus von Kues, *De ludo globi*, in: *Werke*, Bd. 2, hrsg. v. Paul Wilpert, Berlin 1967, S. 594; vgl. A. Corbineau-Hoffmann, »Spiel«, in: *Historisches Wörterbuch der Philosophie*, S. 1384-1390, hier: S. 1384.

199 Vgl. Jean-François Lyotard, *Die Analytik des Erhabenen. Kant-Lektionen*, übers. v. Christine Pries, München 1994, S. 16.

200 Ebd., S. 216.

201 Jacques Rancière, *Die Aufteilung des Sinnlichen. Die Politik der Kunst und ihre Paradoxien*, übers. u. hrsg. v. Maria Muhle, Berlin 2006.

202 Vgl. dazu die instruktive Analyse von Christoph Menke, an der ich mich hier orientiere: »Vom Schicksal ästhetischer Erziehung. Rancière, Posa und die Polizei«, in: Felix Ensslin (Hg.), *Spieltrieb. Was bringt die Klassik auf die Bühne. Schillers Ästhetik heute*, Berlin 2006, S. 58-70, hier: S. 62f.

203 Siehe ebd., S. 64.

204 *Der Gesellige*, eine moralische Wochenschrift, herausgegeben von Samuel Gotthold Lange und Georg Friedrich Meier, 6 Tle, Halle 1748-1750, neu hrsg. v. Wolfgang Martens, Hildesheim/Zürich/New York 1987, I. Teil, S. 24; siehe dazu Wolfram Mauser, »Geselligkeit. Zu Chance und Scheitern einer sozialethischen Utopie um 1750«, in: Karl Eibl (Hg.), *Entwicklungsschwellen im 18. Jahrhundert*, Hamburg 1989, S. 6-36, hier: S. 16.

205 Bernd Oberdorfer, *Geselligkeit und Realisierung von Sittlichkeit*, Berlin/New York 1995, S. 498.

206 Niklas Luhmann, *Gesellschaftsstruktur und Semantik. Studien zur Wissenssoziologie der modernen Gesellschaft*, Bd. 1, Frankfurt a.M. 1993, S. 123, S. 160.

207 Schleiermachers *Tagebuch*, in: *Werke*, Bd. II, hrsg. v. Otto Braun, Leipzig 1913, Nr. 156.

208 Gregory Bateson, »The Message ›This is Play‹«, in: Bertram Schaffnern (Hg.), *Group Processes*, New York 1955, S. 145-241, hier: S. 175.

209 Karl Groos, *Die Spiele der Tiere*, 2. Aufl., Jena 1930; sowie F.J.J. Buytendijk, *Wesen und Sinn des Spiels. Das Spielen des Menschen und der Tiere als Erscheinungsform der Lebenstriebe*, Berlin 1933.

210 Zu dieser Funktion der Rahmung vgl. Georg Simmel, »Der Bilderrahmen. Ein ästhetischer Versuch« (1902), in: *Aufsätze und Abhandlungen 1901-1908*, Bd. I, *Gesamtausgabe*, Bd. 8, hrsg. v. Rüdiger Kramme/Angela Rammstedt/Otthein Rammstedt, Frankfurt a.M. 1995, S. 101-108.

211 Gregory Bateson, »Metalog: Über Spiele und Ernst«, in: ders., *Ökologie des Geistes*, übers. v. Hans Günther Holl, Frankfurt a.M. 1985, S. 45-52, hier: S. 45.

212 Ludwig Wittgenstein, *Philosophische Untersuchungen*, Frankfurt a.M. 1977, §§ 7, 23, 24, S. 19, S. 28f.

213 Ebd., § 66, S. 56.

214 Ebd., § 67, S. 57. »Ich kann diese Ähnlichkeiten nicht besser charakterisieren als durch das Wort ›Familienähnlichkeiten‹; denn so übergreifen und kreuzen sich die verschiedenen Ähnlichkeiten, die zwischen den Gliedern einer Familie bestehen: Wuchs, Gesichtszüge, Augenfarbe, Gang, Temperament etc. etc. – Und ich werde sagen: die ›Spiele‹ bilden eine Familie.«

215 Sacha-Roger Szabo, *Rausch und Rummel. Attraktionen auf Jahrmärkten und in Vergnügungsparks. Eine soziologische Kulturgeschichte*, Bielefeld 2006.

216 Jean Giraudoux, *Sans pouvoirs*, Monaco 1946, S. 112-113.

217 Michel Foucault, *Die Ordnung der Dinge. Eine Archäologie der Humanwissenschaften*, übers. v. Ulrich Köppen, Frankfurt a.M. 1974; Hans-Jörg Rheinberger, *Experiment, Differenz, Schrift: Zur Geschichte epistemischer Dinge*, Marburg an der Lahn 1992; sowie ders., *Experimentalsysteme und epistemische Dinge. Eine Geschichte der Proteinsynthese im Reagenzglas*, Göttingen 2001.

218 Michel Serres, *Der Parasit*, übers. v. Michael Bischoff, Frankfurt a.M. 1987, S. 345 ff.

219 Hartmut Böhme, *Fetischismus und Kultur. Eine andere Theorie der Moderne*, Reinbek bei Hamburg 2006.

220 Karl-Heinz Kohl, *Die Macht der Dinge. Geschichte und Theorie sakraler Objekte*, München 2003.

221 Michael Niehaus, *Das Buch der wandernden Dinge. Vom Ring des Polykrates bis zum entwendeten Brief*, München 2009.

222 Michel Serres, *Genèse*, Paris 1982, S. 150.

223 Michel Serres, *Atlas*, übers. v. Michael Bischoff, Berlin 2005, S. 189.

224 Bruno Latour, *Aramis, ou l'amour des techniques*, Paris 1992, S. 174.

225 Bruno Latour, *Wir sind nie modern gewesen. Versuch einer symmetrischen Anthropologie*, übers. v. Gustav Roßler, Frankfurt a.M. 2002, S. 111 f.; Michel Serres, *Statues. Le second livre des fondations*, Paris 1987, S. 209. Siehe dazu den lehrreichen Artikel von Gustav Roßler, dem ich viele Hinweise verdanke: »Kleine Galerie neuer Dingbegriffe: Hybriden, Quasi-Objekte, Grenzobjekte, epistemische Dinge«, in: Georg Kneer/Markus Schroer/Erhard Schüttpelz (Hg.), *Bruno Latours Kollektive*, Frankfurt a.M. 2008, S. 76-107.

226 Walter Benjamin, »Lob der Puppe«, in: *Gesammelte Schriften*, Bd. III, hrsg. v. Rolf Tiedemann/Hermann Schweppenhäuser, Frankfurt a.M. 1991, S. 213-218, hier: S. 216. Zur Gebrauchsweise des Sammelns: »Die wahre, sehr verkannte Leidenschaft des Sammlers ist immer anarchistisch, destruktiv. Denn dies ist ihre Dialektik: Mit der Treue zum Ding, zum Einzelnen, bei ihm Geborgenen, den eigensinnigen subversiven Protest gegen das Typische, Klassifizierbare zu verbinden.« Siehe auch ders., »Russische Spielsachen«, in: *Gesammelte Schriften* IV/2, S. 623-624.

227 Vgl. Francis Ponge, *Le Parti Pris des Choses*, Paris 1942.

228 Romano Pocai, »Die Weltlichkeit der Welt«, in: Thomas Rentsch (Hg.), *Martin Heidegger. Sein und Zeit*, Berlin 2001, S. 51-67, hier: S. 55 f.

229 Mit herzlichem Dank an Klaus Held für seinen erhellenden Vortrag: »Die Dinge und ihr Ansichsein«, 23. Juli 2010, Humboldt-Universität zu Berlin.

230 Vgl. dazu Bernhard Waldenfels, *Bruchlinien der Erfahrung. Phänomenologie – Psychoanalyse – Phänomenotechnik*, Frankfurt a.M. 2002, S. 14-34.

231 Jacob Grimm, »Über Schenken und Geben«, 26. October 1848, in: *Kleinere Schriften, Zweiter Band: Abhandlungen zur Mythologie und Sittenkunde*, Berlin 1865, S. 173-210, hier: S. 179 f.

232 Friedrich Hölderlin, »Der Vatikan«, in: *Sämtliche Werke*, hrsg. v. Friedrich Beißner, Bd. II.I, Stuttgart 1951, S. 252-253; siehe Dieter Thomä, *Die Zeit des Selbst und die Zeit danach. Zur Kritik der Textgeschichte Martin Heideggers 1910-1976*, Frankfurt a.M. 1990, S. 795.

233 Es ist die »Innigkeit« der voneinander Unterschiedenen; vgl. Martin Heidegger, »Das Wort« (1958), in: ders., *Unterwegs zur Sprache*, 9. Aufl., Pfullingen 1990, S. 219-238, hier: S. 232.

234 Theodor W. Adorno, »Henkel, Krug und frühe Erfahrung«, in: ders., *Noten zur Literatur*, hrsg. v. Rolf Tiedemann, Frankfurt a.M. 1981, S. 556-566.

235 Vgl. dazu den erhellenden Beitrag von Andreas Hetzel, »Georg Simmels Beitrag zu einer kritischen Theorie der Kultur«, in: Iris Därmann/ Christoph Jamme (Hg.), *Kulturwissenschaften. Konzepte. Theorien. Autoren*, München 2007, S. 227-242, hier: S. 230.

236 Georg Simmel, »Die Großstädte und das Geistesleben«, in: ders., *Aufsätze und Abhandlungen 1901-1908*, Bd. I, *Gesamtausgabe*, Bd. 7, hrsg. v. Rüdiger Kramme/Angela Rammstedt/Otthein Rammstedt, Frankfurt a.M. 1995, S. 116-131, hier: S. 121 f.

237 Vgl. Klaus Lichtblau, »Das ›Pathos der Distanz‹. Präliminarien zur Nietzsche-Rezeption bei Georg Simmel«, in: Hans-Jürgen Dahme/ Otthein Rammstedt (Hg.), *Georg Simmel und die Moderne*, Frankfurt a.M. 1984, S. 231-281.

238 Georg Simmel, »Die Krisis der Kultur«, in: ders., *Aufsätze und Abhandlungen 1909-1918*, Bd. II, *Gesamtausgabe*, Bd. 13, hrsg. v. Klaus Latzel, Frankfurt a.M. 2000, S. 190-201, hier: S. 193.

239 Raymond Loewy, *Industrie-Design*, Berlin 1979, S. 10.

240 Georg Simmel, »Das Problem des Stiles«, in: ders., *Aufsätze und Abhandlungen 1901-1908*, Bd. II, *Gesamtausgabe*, Bd. 8, hrsg. v. Allesandro Cavalli/Volkhard Krech, Frankfurt a.M. 1993, S. 266-286.

241 Peter Sloterdijk, *Du musst dein Leben ändern. Über Anthropotechnik*, Frankfurt a.M. 2009, S. 218.

242 Vgl. Jacques Rancière, *Die Aufteilung des Sinnlichen*, a.a.O., S. 84 f.

243 Georg Simmel, »Das individuelle Gesetz«, in: ders., *Das individuelle Gesetz*, hrsg. v. Michael Landmann, Frankfurt a.M. 1987, S. 174-230, hier: S. 209.

244 Auch wenn »die Geburt des illustrierten Magazins« und »seine massenhafte Verbreitung« im Gefolge von Daguerreotypie und Talbotypie zu einer historisch nie da gewesenen »Förderung des Visuellen« geführt hat, so ist die heutige, »technizistische« Kultur für Barthes keine exklusive Kultur des Bildes, wie er auch andernorts betont: »Pour une histoire de l'enfance«, in: ders., *Œuvres complètes, Tome I 1942-1961*, hrsg. v. Éric Marty, Paris 1993, S. 548-554, hier: S. 550.

245 Roland Barthes, »Die Fotografie als Botschaft«, in: ders., *Der entgegenkommende und der stumpfe Sinn*, übers. v. Dieter Hornig, Frankfurt a.M., S. 11-27, hier: S. 21.

Personenregister

Iris Därmann, Dr. phil., ist Professorin für Geschichte der Kulturtheorien am Institut für Kulturwissenschaft der Humboldt-Universität zu Berlin und am Exzellenzcluster »Topoi«. Veröffentlichungen u. a.: *Theorien der Gabe* (Hamburg: Junius 2010), *Figuren des Politischen* (Frankfurt a. M.: Suhrkamp 2009), *Fremde Monde der Vernunft. Die ethnologische Provokation der Philosophie* (München: Fink 2005); *Tod und Bild. Eine phänomenologische Mediengeschichte* (München: Fink 1995).

Reihe »Zur Einführung« im Junius Verlag

Michel Foucault
von Philipp Sarasin

Sigmund Freud
von Hans-Martin Lohmann

Hans-Georg Gadamer
von Udo Tietz

Arnold Gehlen
von Christian Thies

Jürgen Habermas
von Mattias Iser/David Strecker

Friedrich August von Hayek
von Hans Jörg Hennecke

Georg Wilhelm Friedrich Hegel
von Herbert Schnädelbach

Martin Heidegger
von Günter Figal

Johann Gottfried Herder
von Jens Heise

Thomas Hobbes
von Wolfgang Kersting

David Hume
von Heiner F. Klemme

Edmund Husserl
von Peter Prechtl

C.G. Jung
von Micha Brumlik

Immanuel Kant
von Jean Grondin

Sören Kierkegaard
von Konrad Paul Liessmann

Friedrich Kittler
von Geoffrey Winthrop-Young

Konfuzius
von Xuewu Gu

Siegfried Kracauer
von Gertrud Koch

Jacques Lacan
von Gerda Pagel

Bruno Latour
von Henning Schmidgen

Gottfried Wilhelm Leibniz
von Hans Poser

Emmanuel Levinas
von Werner Stegmaier

John Locke
von Walter Euchner

Niklas Luhmann
von Walter Reese-Schäfer

Reihe »Zur Einführung« im Junius Verlag

Jean-François Lyotard
von Walter Reese-Schäfer

Niccolò Machiavelli
von Quentin Skinner

Karl Marx
von Rolf Peter Sieferle

Maurice Merleau-Ponty
von Christian Bermes

John Stuart Mill
von D. Kuenzle/M. Schefczyk

Michel de Montaigne
von Peter Burke

Friedrich Nietzsche
von Werner Stegmaier

Charles Sanders Peirce
von Helmut Pape

Platon
von Barbara Zehnpfennig

John Rawls
von Wolfgang Kersting

Paul Ricœur
von Jens Mattern

Richard Rorty
von Walter Reese-Schäfer

Jean-Jacques Rousseau
von Günther Mensching

Jean-Paul Sartre
von Martin Suhr

Ferdinand de Saussure
von Ludwig Jäger

Max Scheler
von Angelika Sander

Friedrich W.J. Schelling
von Franz Josef Wetz

Carl Schmitt
von Reinhard Mehring

Arthur Schopenhauer
von Volker Spierling

Adam Smith
von Michael S. Aßländer

Sokrates
von Christoph Kniest

Baruch de Spinoza
von Helmut Seidel

Thomas von Aquin
von Rolf Schönberger

Max Weber
von Volker Heins

Reihe »Zur Einführung« im Junius Verlag

Ludwig Wittgenstein
von Richard Raatzsch

Slavoj Zizek
von Rex Butler

Analytische Philosophie
von Albert Newen

Antike politische Philosophie
von Walter Reese-Schäfer

Antike und moderne Skepsis
von Markus Gabriel

Argumentationstheorie
von Josef Kopperschmidt

Ästhetik
von Stefan Majetschak

Biophilosophie
von Kristian Köchy

Biopolitik
von Thomas Lemke

Theorien des Computerspiels
von GamesCoop

Erkenntnistheorie
von Herbert Schnädelbach

Feministische Theorien
von R. Becker-Schmidt/G.-A. Knapp

Fernsehtheorie
von Lorenz Engell

Filmtheorie
von Thomas Elsaesser/Malte Hagener

Theorien der Fotografie
von Peter Geimer

Theorien der Gabe
von Iris Därmann

Theorien der Gemeinschaft
von Hartmut Rosa u.a.

Gerechtigkeitstheorien
von Bernd Ladwig

Geschichtsphilosophie
von Johannes Rohbeck

Hermeneutik
von Matthias Jung

Historische Anthropologie
von Jakob Tanner

Historische Epistemologie
von Hans-Jörg Rheinberger

Theorien des Internet
von Martin Warnke

Kulturphilosophie
von Ralf Konersmann

Reihe »Zur Einführung« im Junius Verlag

Kulturtheorien
von Iris Därmann

Kulturwissenschaftliche Gedächtnistheorien
von Nicolas Pethes

Philosophie der Lebenskunst
von Ferdinand Fellmann

Literaturtheorien
von Oliver Simons

Theorien der Macht
von Andreas Anter

Medientheorien
von Dieter Mersch

Philosophie der Menschenrechte
von Christoph Menke/Arnd Pollmann

Moralbegründungen
von Konrad Ott

Theorien des Museums
von Anke te Heesen

Neoliberalismus
von Thomas Biebricher

Neue Philosophien des Politischen
von Uwe Hebekus/Jan Völker

Phänomenologie
von Ferdinand Fellmann

Philologie
von Marcel Lepper

Postkoloniale Theorien
von Ina Kerner

Pragmatismus
von Hans-Joachim Schubert u.a.

Theorien des Sozialstaats
von Stephan Lessenich

Sprachphilosophie
von Georg W. Bertram

Technikphilosophie
von Alfred Nordmann

Tierphilosophie
von Markus Wild

Theorien des Todes
von Petra Gehring

Umweltethik
von Konrad Ott

Visuelle Kulturen/Visual Culture
von Marius Rimmele/Bernd Stiegler

Wirtschaftsethik
von Felix Heidenreich

Wissenschaftstheorie
von Martin Carrier